安泰纵横集

（第二辑）

——上海交通大学行业研究院行研时论精选

陈方若　主编

陈宏民　田新民　罗　俊　副主编

内容提要

本书收集了39篇教授、学者的时事评论，包括了对行业的热点、难点问题的分析和建言。其中大部分文章来自上海交通大学行业研究院公众号“安泰研值”的原创行研文章，也有些是刊登在知名媒体上的时事评论，小部分节选自教授学者们的公开演讲。本书适合政府决策者、企业管理者和对行业有兴趣的人士阅读。

图书在版编目(CIP)数据

安泰纵横集：上海交通大学行业研究院行研时论精选．第二辑／陈方若主编．—上海：上海交通大学出版社，2022.12

ISBN 978-7-313-28109-8

Ⅰ．①安… Ⅱ．①陈… Ⅲ．①经济管理—文集 Ⅳ．①F2-53

中国版本图书馆CIP数据核字(2022)第254116号

安泰纵横集(第二辑)

——上海交通大学行业研究院行研时论精选

ANTAI ZONGHENG JI(DI ER JI)

—— SHANGHAI JIAOTONG DAXUE HANGYE YANJIUYUAN HANGYAN SHILUN JINGXUAN

主　　编：陈方若

出版发行：上海交通大学出版社　　地　　址：上海市番禺路951号

邮政编码：200030　　电　　话：021-64071208

印　　制：上海盛通时代印刷有限公司　　经　　销：全国新华书店

开　　本：710 mm×1000 mm　1/16　　印　　张：16

字　　数：268千字

版　　次：2022年12月第1版　　印　　次：2022年12月第1次印刷

书　　号：ISBN 978-7-313-28109-8

定　　价：88.00元

序 FOREWORD

上海交通大学安泰经管学院于2018年底正式提出了“纵横交错、知行合一”的发展战略，旨在改变商学院重理论、轻实践的不良势头，使其重回正轨，达到理论与实践紧密结合、相互促进的健康状态。该战略一经提出，立刻得到了社会各界的广泛关注，特别是得到了安泰师生以及广大校友们的高度认同和积极响应。通过过去几年的改革实践，我们欣喜地发现，我们的路越走越宽，我们的视野越来越广阔，我们的事业越来越兴旺。

在过去几年的改革探索过程中，我们对“纵横交错”的理解也在不断地发生变化，从一开始研究导向的纵横交错，到学科交叉和复合型人才培养，再到区域联动和空间上的纵横交错。最后，我们发现其实纵横交错还是一种情怀，一种格局，一种不安于现状、勇于探索的精神，而这种精神正是推动社会不断发展的动力源泉。

2018年底，我们的想法是十分朴素的。商学院传统的学科布局，大家都很清楚。每一个商学院里的每一个系几乎就代表着一个学术领域，因此学科导向的科研工作就成了商学院知识创造的主流模式。这种模式已经沿用了将近一个世纪了，也遇到了一些问题。其中最主要的问题就是高度专业化的知识创造过程使得学科壁垒高筑、理论与实践脱节。这是一个全球性的问题，是商学院发展过程中的一个重要难点，许多商学院也尝试过寻找解决办法，但一直都没有找到有效的路径。安泰经管学院希望在这方面进行一次前所未有的探索。我们把原有的学科导向的研究称为“横向”，把行业导向的研究叫作“纵向”，而“纵横交错”的意思就是学术研究和行业研究交错发展，相辅相成。几年的改革经验使得我们坚信这条路是正确的，纵横交错的知识创造体系有利于理论的发展，有利于人才培养，也有利于更好地服务行业、服务社会。

行业研究的思路开阔了我们的视野，把我们带到了学科交叉和复合型人才培养的前沿。对行业的关注使我们清晰地看到科技的力量，以人工智能和大数据为核心的第四次工业革命正在席卷全球，对各行各业产生了深远的影响。在这个全球性的变革浪潮中，我们意识到科技和管理的结合是多么重要，因为技术要变成实实在在的生产力，是一个漫长的过程，而且每一个环节都需要管理的支持。2022 年安泰经管学院成立中银科技金融学院，就是希望更好地开展管理与理工科及其他相关学科的交叉研究，促进复合型人才的培养，特别是科创人才的培养。因此，我们对“纵横交错”的理解又进了一步，从学院内部交叉到院院交叉。

纵横交错最根本的一个特点就是“连接”，而这种连接应该是立体的、开拓性的。它强调不同的思想相互碰撞，而“纵横”在数学上代表着最大限度的不同（orthogonal，垂直）。不同区域的发展，由于种种原因，通常都带有各自的特色，体现了不同的文化、不同的基因。因此区域之间的联动符合纵横交错的思想。也是在 2022 年，安泰深圳行业研究院成立。我们希望通过这个平台，促进长三角与大湾区在行业研究方面联动起来，研究区域行业生态的特色，以期达到互学互鉴、共同发展的目的。

最后，我认为，纵横交错也有精神层面的意义。纵横交错也是一种情怀、格局、视野、闯劲、心态。这些精神特质恰恰都是一名优秀企业家所应该具备的。纵横交错反对线性思维，提倡发散思维；反对同质竞争、红海战略，提倡差异化竞争、蓝海战略；反对封闭，提倡开放。大家知道，老是从一个角度看问题，我们是看不清问题的，而从不同的角度看，就会豁然开朗。在几何学里，这叫 triangulate（三角测量）。因此，许多安泰的企业家校友把“纵横交错、知行合一”战略和他们公司的业务结合起来，我认为这是很正确的。纵横交错，区区四字，可以用来不断地提醒企业，要拓展思路、解放思想，他山之石，可以攻玉。

谨以此序祝贺《安泰纵横集（第二辑）——上海交通大学行业研究院行研时论精选》的出版！跟第一辑一样，我们在这里收集了过去一年里，安泰师生的一些时论文章，他们就各种社会热点话题，各抒己见。学院的改革带来了一个十分可喜的变化，那就是更多的老师走出去了，原来“两耳不闻窗外事”的象牙塔文化正在悄然转变，而如今“扎根中国管理实践”的理念已经深入人心，理论与实践紧密结合的氛围已具雏形。我们希望这套丛书能够真实地记录下安泰人“纵横江湖、改变自己、放眼世界”的心路历程。哪有容易的改革？唯有先改变自己，方可改变世界。

陈方若

上海交通大学安泰经管学院院长

上海交通大学行业研究院院长

2022 年 12 月 17 日

目录 CONTENTS

面对复杂问题，谨防思维陷阱[①]

陈方若[②]

【摘要】

我们每天都在做大量的思考，对很多事情发表自己的观点，这中间有多少是正确的？相信不同的人对这个问题有截然不同的回答，而我自己持相对悲观的态度，因为错误的判断实在是太多了，这里包括专家学者的观点、判断，特别是针对那些复杂的、前所未有的问题。我们不断地学习，提高自己分析问题的能力，目的就是要更好地看清事物的本质，以期把事情做得更好。可是，我们的大脑却有不少不良的思维习惯，这些习惯在不知不觉中，左右了我们的思考，影响了我们的判断，把我们带进思想的泥潭。本文希望给大家介绍一些常见的思维陷阱，敲响警钟。让我们共同努力，增强意识，避开陷阱，在理性思维的道路上，不断前进。

最近一段时间，由于疫情防控，我很少出门。正好借此机会，翻阅了一些书籍，有浏览，也有精读。2002 年诺贝尔经济学奖得主丹尼尔·卡尼曼（Daniel Kahneman）的一本著作《思考，快与慢》（*Thinking, Fast and Slow*），属于精读之列。众所周知，卡尼曼是行为科学（behavioral sciences）学科的集大成者。我在宾州大学读博期间就拜读过他的许多论文。卡尼曼的这本书让我

---

① 原文发表于上海交通大学行业研究院官方微信公众号“安泰研值”2022 年 4 月 28 日。

② 上海交通大学安泰经济与管理学院院长、上海交通大学行业研究院院长、上海交通大学光启讲席教授。

重温了行为科学许多有趣的发现。结合当下发生的种种事情，我感慨颇多，深感行为科学的很多概念值得大家了解、学习。因此就有了写这篇短文的念头。

行为科学，顾名思义，是通过科学的方法研究人的行为，从而发现行为规律，并以此来提高人们认知的水平与决策的质量。这个学科的发展已经走过了半个多世纪，相关文献浩如烟海。我们在这里只能略窥冰山一角。本文希望以最小的篇幅说好两句话：① 思维陷阱是普遍存在的，而且种类很多、分布很广；② 通过自身的努力，我们是可以避开这些陷阱的。

人类的大脑就像是一台庞大、复杂的计算机，既有存储功能，又有计算功能。一方面，我们不断地积累知识和经验，并把这些东西储存在大脑里。这是大脑的记忆（存储）功能。另一方面，我们从小就接受各种各样的教育，以此不断提高我们的计算功能，包括逻辑分析能力和专业能力。一台计算机要充分发挥作用，还需要“程序”或“指令”来指挥计算机的运行，以期达到最终解决问题的目的。同样，大脑也有自己的运行程序或模式，即调动资源、解决问题的具体方式。大脑的运行大致有两种模式：“快捷模式”和“高能模式”（卡尼曼是用“系统一”和“系统二”来描述大脑的这两种运行模式的，而我更喜欢直观一点的名称）。快捷模式是一种比较简单的运行模式，例如通过简单的记忆搜索或凭感觉来找到答案。它不需要太多的注意力，消耗的精力也十分有限。相比之下，高能模式则需要开动大量的计算功能，来进行信息处理和逻辑推理。这需要注意力高度集中，因此是十分耗费精力的。

经过长期的进化，我们的大脑已经“找到”了一种最优的工作方式。快捷模式是大脑的第一道“防线”。如果它解决不了问题，那么大脑的运行模式就会升级到高能模式。快捷模式是大脑的“长明灯”，只要我们处于清醒状态，它就在运行，不断地接收、处理信息，并生成诸如印象、感觉、判断等结果。这些结果在大多数情况下已经足够解决问题了。否则，高能模式就会启动，对快捷模式生成的结果做进一步处理和分析。显然，从资源利用的角度看，大脑的这种“分级处理”的工作方式是十分合理的。

我们的大脑有许多神奇之处，但是它也有不尽如人意的地方。行为科学研究表明，大脑有一些根深蒂固的“不良习惯”，它们在思维的道路上挖下了各种各样的陷阱，影响了我们对世界的正确认识。下面我们介绍几种比较常见的思维陷阱。

一、陷阱一：以简代繁

当面对一个复杂问题的时候，我们通常会把这个复杂的问题用一个相对简单的问题来替代，然后去努力回答那个简单的问题。这符合大脑的“惰性”特点，毕竟回答一个简单问题要省力得多。值得注意的是这种替换经常是不知不觉的、下意识的。因此，在我们找到简单问题的答案之后，就会理所当然地认为原来的问题已经解决了，答案就是我们找到的那个简单问题的答案。虽然化繁为简是我们认识复杂世界的一个行之有效的方法，但是这种简单的套用是不严谨的，是有害的，它给我们带来的只是一种幻觉。

行为科学有一个专门的术语，WYSIATI（What you see is all there is，你看到的就是所有存在的），用来代表一种常见的思维习惯。其实，在我们中国有一个更加形象的说法：井底之蛙。井底之蛙看到了一小片天空，却误以为那就是整片天空了。虽然井底之蛙十分可笑，但在现实中这种现象随处可见。很多时候我们根本不会意识到自己的局限性，对自己的无知毫无防范之心。大家经常会感慨，书读得越多，就越觉得自己懂得很少。这不仅是说我们学到了原来没有掌握的知识，还是感叹未知空间的巨大。因此，“以简代繁”的思维陷阱是可以通过学习、接受教育来加以克服的。

二、陷阱二：先入为主

只要我们处于清醒状态，大脑就在不断地接收、处理信息并做出反应。这些信息和反应生成的结果都被储存在我们的大脑里，成为未来思维的基础。现在被储存在大脑里的东西，如印象、感觉、观念，将不断地影响我们未来的思维。这是“先入为主”的第一层含义。我们经常说的“第一印象很重要”就是这个意思。也就是说，我们的每一次思考都在大脑里留下了一个印记。这个印记就像一个路标，一直在影响着我们未来思维的方向。

“先入为主”的第二层含义是不管什么东西，一旦被存入大脑，它就很难改变。这可能也是大脑惰性的一种表现吧，因为改变意味着推翻原来的成果，使得先前的努力付之东流。大脑的这种思维惯性有时会使我们变得墨守成规，变得不愿意去接受新的信息、新的理念。当旧的观念受到挑战的时候，人们经常会选择抵制或寻找各种理由来维护旧观念，从而失去了宝贵的学习和进步的机会。所以我们说：思考容易，反思难。

三、陷阱三：过度自信

自信是做人的一种优良品质，它给予我们勇气去克服人生道路上的种种困难。但是，并不是越自信越好。其实，很多时候人们表现出来的却是“过度自信”，以及由此而产生的许多判断与决策的失误。

人为什么会变得过度自信呢？一个主要原因是人们经常高估了自己的知识储备的适用性和可靠性。当然，知识的来源有许多，其中一个重要来源是对经验的思考与总结。在回顾过往经历的时候，我们努力去梳理事件的前因后果，直到找到一个自圆其说的逻辑图谱，然后把这个结论储存在大脑里，以备后用。这些知识增强了我们的自信。但是，如果我们觉得未来的事情也会依照同样的逻辑图谱演进，那我们就已经掉进“过度自信”的陷阱中了。理由很简单，没有一个未来和过往一模一样。比如，如果我们觉得已经搞懂一家企业成功的秘诀，就以为自己也能够创办一家成功的企业，那么这就有点过度自信了。看透历史并不意味着能够预见未来。很多自以为看透历史的人却完全误读了未来，就是这个道理。还是那句话说得好，具体问题要具体分析。在这个复杂的世界面前，我们都要有一点敬畏之心，常常提醒自己或许犯错的那个人就是自己，而不是别人。

过度自信的另外一个主要原因是过度地相信自己的直觉。直觉是我们对事物的一种感觉。这种感觉很奇妙，虽然我们有时能够强烈地感受到它，但说不清楚这种感觉是从哪里来的，是为什么产生的。关于直觉，行为科学有许多研究。首先，直觉是大脑的一种“图像或样式识别”功能的产物（pattern recognition）。在外部信号的刺激下，储存在我们大脑里的大量信息可以迅速组合，进而形成某种感觉或判断。例如，当遇见一个陌生人，我们马上就会有一个“此人是否友善”的判断。这是我们大脑的快捷模式运行的结果，它并不牵涉任何逻辑运算。当然，大脑里储存的信息越多，我们的直觉就越丰富。这就是为什么在很多复杂问题的研讨会上，我们经常能听到专家们的观点，而这些观点在大多数情况下也都是直觉。有趣的是行为科学研究却发现我们的直觉经常是靠不住的，甚至包括专业人士的直觉。在许多应用场景下，特别是那些突发的、没有经验可循的场景，直觉通常还不如一些非常简单的经验公式可靠。经验公式建立在对历史数据进行统计分析的基础之上，它把一些可观测的基础变量与要预测的未知变量通过简单的数学公式连接起来。简单公式之所以能够超越直觉，原因有很多。例如，人不能像公式那样客观冷静、千篇一律，大脑的算力不足等。当然，很多时候相关的经验公式并不存在，这时我们就只好依赖直觉了。方兴未艾的人工智能和大数据产业就是希望解决这个问题，通过机器学习发现系统运行的内在规律，从而总结出更多实用的经验公式。

过度自信还与社会的影响有关。大家都喜欢自信的人，这是人类社会的一个普遍现象，不论是国内还是国外。自信给我们带来勇气，增添了我们克服困难的力量。自信也给我们带来了“市场”，它使得我们在很多场合备受欢迎。比如你作为一个电视节目的嘉宾，你的自信会为你赢来观众。相反，如果在一个问题上你表现出某种不确定的态度，或是因为众多不确定因素而无法给出一个明确的预判，人们就会怀疑你的水平，进而怀疑电视节目的质量。然而，这个世界是复杂的，并且掺杂着各种各样的随机因素。成败不仅取决于我们的决策与努力，还与许多随机因素有关，而这些随机因素说不清、道不明，就像一阵风。但是，大家更喜欢听逻辑清晰的故事，喜欢把成败归功于突出的人和事，而不喜欢模糊的东西。撇开任何随机因素，高谈阔论，道出一个自圆其说的故事，这是需要很强的自信心的。由此可见，生活在这样的社会里，你不得不自信，结果就会产生社会性的过度自信。

四、陷阱四：群体思维

物以类聚，人以群分。在寻找适合自己的群体的时候，人们会考虑各种因素，如兴趣、爱好、信念等。在复杂问题面前，各种观点都会出现。这时持相同或相似观点的人群就会聚集在一起，互相理解、互相支持。然而，行为科学研究表明，这种以思想为纽带形成的群体能够支撑几乎任何观点，甚至是十分错误、可笑的观点。有时，一个观点已经被证明是错误的，但群体不予理睬、拒不接受，继续坚持原有的错误观点。如果一个观点已经成为群体文化的一部分，那么它就更难改变了。企业变革经常是困难重重的，很重要的一个原因就是文化。长时间生活、工作在这个文化中的人们已经麻木，他们不会去主动挑战自己、改变自己。存在即合理，没有人再去问其他问题了。因此，一个群体在思想上的“抱团取暖”有时会使人们陷入困境，不能自拔。

在互联网时代，由于群体造成的思维陷阱更是比比皆是。由于社交媒体的广泛应用，人们很容易找到与自己思想相似的人群，而成为这个群体的一部分。这群人经常在一起讨论问题、交换观点，渐渐成为思想高度一致的“网友”。值得注意的是由于算法的推介功能，人们获取的信息通常是经过算法筛选的，而算法为了最大化顾客满意度，所推介的内容也是尽量地投顾客所好。换句话说，虽然互联网中有海量的信息，包括五花八门、无奇不有的信息，可是人们实际消费的信息种类是十分有限的，因为你所看到的一切都是你比较容易接受或喜欢的东西。因此，在群体效应和信息过滤的双重影响下，人们的思想更容易极端化，不利于社会的和谐共存。可见，互联网加剧了群体思维的陷阱风险。

五、结语

以上我们简要介绍了几种常见的思维陷阱，希望对大家有所帮助。经过长期的进化，再加上后天的不断学习与训练，我们的大脑已经发展成为一个神奇的信息汇集点和处理器。在大多数情况下，大脑的反应既神速又准确，它的快捷模式与高能模式分工明确、切换自如、合作默契。而且，大脑的创造性是如此神秘，以至于它到现在还是一个科学之谜。然而，在充分肯定大脑的强大功能的同时，我们也应该认识到大脑存在的不足之处。有关行为科学的半个多世纪的研究表明，一些思维习惯很容易把我们带入陷阱里，造成认知的缺陷、观点的错误、不必要的矛盾等等。为了避免这些思维陷阱，我们有必要经常反问自己如下几个问题：① 是否用了一个简单的问题去替代原来的复杂问题？② 是否有先入为主的习惯，即由于事先形成的观点而拒绝考虑新动向、新观点？③ 是否过度自信？④ 是否受群体思维的影响，所在群体是否已经形成一种封闭文化？这些问题能够起到有效的提醒作用，并可以引申出相应的应对办法，帮助我们做好思维的风险管理。

我们每天都会思考许多问题，这中间或许有关乎人类安危的大问题，也有在日常生活、工作中遇到的小问题。在思考这些问题的时候，尤其是一些复杂问题，我们要特别注意，不要掉进思维陷阱中。当前国际形势风云变幻，如气候变化给人类带来前所未有的巨大挑战，又如复杂多变的国际关系和地缘政治，尤其是波谲云诡的中美关系，再如俄乌战争等等。对于这些或其他重大问题，由于互联网的缘故，人们会接触到许多相关的信息，并由此形成自己的观点、看法。关心国际问题和国家大事，是十分正常的，也是我们社会文明程度的一种象征。但是由于问题的复杂程度，要把它想清楚、想透彻是相当不容易的。原因很简单，因为我们有太多的短板，例如我们的知识结构和储备、专业能力、掌握的信息不足，甚至思考问题的角度有偏差。这个时候我们要记得问问自己上述的几个问题，检查一下是否可能已经掉进思维陷阱中。最近大家都说在饭桌上，最好不要谈论俄乌战争问题，否则好朋友可能会反目为仇，导致一场饭局不欢而散。这就和美国人说在饭桌上最好不要谈论总统竞选一样。我想只要大家都有一点陷阱意识，饭桌上的争论就不至于失控，朋友之间的交谈就会更多一些理性，饭局的风险管理就会做得更好一点。

成熟的思考者一定知道自己的局限性，而思维陷阱是造成局限性的一个重要原因。只要认识到思维陷阱的存在，并且有意识地去避开它们，我们就已经前进了一大步。希望大家都能够成为一个成熟的思考者。

产业政策板块

大力发挥平台效应 提升上海生物医药产业的能级与稳定性[①]

陈宏民[②]

【摘要】

推进上海生物医药产业高质量发展，要在机制创新上下功夫。要运用平台思维，顺应该产业开放合作的结构转型，在产业链的研发、临床、制造等各个环节上搭建开放式平台，突破研发机构在临床研究和新药制造等方面的瓶颈，促进企业间合作，提升产业的能级和稳定性。

近年来，上海的平台经济发展取得了长足进步。工信部发布的《2021 年 1—7 月互联网和相关服务业运行情况》中显示，1—7 月，在互联网业务累计收入排名中，上海位列第三，但是其增长 44. 0%的增速超过了位列第一的北京（32. 7%）与位列第二的广东（10. 5%）。上海虽然没有拥有像腾讯、阿里、字节跳动这样集团式的互联网头部企业，但是在用户培育、人才储备和产业拓展等方面还是具备相当优势的。

从前年开始，国家对互联网超级平台加强了监管。在新形势下，我对上海

---

① 此文是作者领衔的上海市决策咨询重点课题《新环境下上海平台经济发展的思路与举措研究》研究报告的部分内容。作者曾在 2021 年 12 月 28 日由上海市龚正市长主持的座谈会上做主题发言，原文发表于上海交通大学行业研究院官方微信公众号“安泰研值”2022 年 1 月 12 日。课题组的胥莉、谢天和潘宇超对本文观点也有贡献。

② 上海交通大学安泰经济与管理学院教授、上海交通大学行业研究院副院长、上海交通大学行业研究院“互联网+”行研团队负责人、中国管理科学与工程学会副理事长、上海市人民政府参事。

发展平台经济在大思路上有如下建议。上海发展平台经济可以沿两个方向展开：一方面在原先那些全国平台发展比较成熟的领域，如电商、出行等，针对当前国家对互联网超级平台强监管的政策大环境，要顺应监管转型，创新商业模式，加快培育和做大上海的相关平台，以实现弯道超车；关于这方面，我们写了一个关于传统出租车领域综合改革的专报，已经递交市政府，并且得到了几位相关市领导的肯定性批示。另一方面在原先那些平台还未曾有效发挥作用的领域，尤其是一些制造业领域，应该凭借工业互联网兴起，依托城市数字化转型，着重围绕产业链协同，加快打造更多开放型服务平台，有效促进上海的制造业转型升级。也就是说，在这些新领域，打造平台的目的不仅是把平台做大，更多是在于赋能相关行业，提升行业能级。在这方面，生物医药是个比较典型的领域。下面是我们对于在生物医药行业发展平台的若干建议。

生物医药是上海“十四五”期间的三大核心产业之一，近年来发展势头良好。但是也存在不少问题。一是整体实力虽然不弱，但转型艰难；二是行业前程远大，但竞争激烈，上海缺乏有竞争优势的头部企业；三是研发有短板，下游成果存在流失趋势。

2021 年的上海市《政府工作报告》中指出，生物医药产业“要提升产业链协同水平，加快打通临床研究及应用快通道，推动创新药等研发攻关和产业化”，这是非常到位的判断。

根据对该产业的长期跟踪和深入调研，我们认为，在生物医药产业全方位打造平台，通过发挥平台效应来促进产业链协同，有可能走出一条使该产业快速健康发展的“上海之路”。也就是说，政府通过各种政策加以协调，有效促进上海的优势资源整合，在生物医药产业链的各个环节，包括研发、临床、制造、销售等，打造一系列开放型的服务平台，促进“三个化”，即重要信息的透明化，重要资源的共享化，重要服务的专业化，从而加快实现整个产业补短板、稳结构、提能级的目标。

具体来讲，有如下几点建议：

第一，在研发环节要发挥基础研究和新技术的综合优势，打造高水平开放式的药物研发技术平台。建议以创新分子药物研发为突破口，引导国家蛋白质科学研究设施、软/硬 X 射线、上海光源等大科学设施集群与商汤科技等人工智能技术领军企业共同参与，同时政府提供部分经费支持、设立研发基金，对重要衔接节点进行新的能力建设与提升，从而开拓上海生物医药产业转型升级的顶层空间。

第二，在临床环节，要发挥上海的资源优势，积极打造信息透明、配置高效的临床服务平台，并适时向全国性临床综合服务平台延展。建议在原有试点平台的基础上加快迭代，并且引入社会资本和市场化机制，放大平台的规模效应与网络效应，在全国范围吸纳优质的医院、医生和企业资源，扩大平台规模，提升匹配精度。

第三，在制造环节，要促进优势互补，加快培育 MAH 制造能力。药品上市许可持有人（MAH）制度由上海率先倡议和推行。上海非常适合打造具有高附加值的创新药制造基地，应继续保持领先并持续做出模式创新。原先医药的研发和制造是封闭环节，MAH 制度使得这两者成为开放式，这就需要信息平台去牵引，搭建新的生态。建议上海尽快打造生物医药制造的信息综合服务平台，促进供求信息对接，推动和提升富余产能向 MAH 转型发展，为本地中小型研发机构提供支持，加快研发成果在本地实现商业化，提升上海生物医药产业链的稳定性。

第四，在生物医药产业链的更多其他领域发挥平台效应，提升产业链的协同效应。比如在销售领域加强对新兴在线医药零售平台的横向整合及提升数据安全的监管力度，在规范的前提下不断提高大数据技术的应用场景，赋能制药企业，提升运营能力。

总之，通过在生物医药产业链各个环节打造服务平台，可以有效提升各个环节的运营水平和协同能力，促进整个行业的稳定和升级。在条件成熟时再引导这些平台进一步整合，形成全行业一体化的综合服务平台。

互联网平台的反垄断监管：状态、特征和趋势[①]

陈宏民[②]

【摘要】

我国互联网领域的监管从早期的关于企业的行业属性认定、经营范围限定发展到当前的全方位反垄断监管，正逐渐走向成熟。鉴于互联网平台具有显著的网络效应和一定的规模经济，监管应遵循“规模监管从宽，行为监管从严”的基本原则，创新监管模式，聚焦复杂多变的垄断行为，有效发挥平台对经济社会发展的牵引作用。

互联网平台经济的快速发展在大力推动经济循环、有效提升产业升级、整合优化资源配置、充分提高生产效率等方面起到了重要作用。数字经济时代，互联网平台已经发展成为社会生产与再生产的新组织形式，其在众多领域的跨界发展激发了传统行业的活力。但在过去的十多年里，从互联网企业的行业属性确定到“拉架式规范”的经营属性区分，监管当局在“鼓励创新”与“规范发展”之间艰难平衡，始终探索着对平台的有效监管。

---

① 此文根据作者于2022年2月16日在《财新传媒》以互联网监管为主题的讲座上的发言修改而成，发表于上海交通大学行业研究院官方微信公众号“安泰研值”2022年3月23日。

② 上海交通大学安泰经济与管理学院教授、上海交通大学行业研究院副院长、上海交通大学行业研究院“互联网+”行研团队负责人、中国管理科学与工程学会副理事长、上海市人民政府参事。

一、我国互联网企业的快速成长和反垄断监管的早期探索

中国的互联网经济经过二十多年的蓬勃发展，已经取得举世瞩目的成就。数字技术、通信技术和网络技术的迅猛发展，与平台型商业模式的持续创新，使得数字化平台日益成为经济社会的重要形态，引领越来越多的行业转型发展。

中国互联网企业的发展起始于20、21世纪之交，壮大于2003年非典疫情之后，到2015年前后已经巍巍壮观。按照2015年5月的市值排名，阿里巴巴、腾讯和百度分别位于全球互联网企业的第三、第六和第八名。继门户网站和电商之后，餐饮、传媒、出行、社交、金融、医疗、物流等领域先后进入平台化，中国正迈向平台经济时代。

所谓“平台经济时代”，有如下两个特征：一是在越来越多的行业中出现平台型企业，二是平台型企业在行业中发挥着越来越重要的作用。

随着互联网产业在经济社会中全方位的扩展，互联网巨型企业应运而生。

2010年就有研究报告指出，我国互联网产业已出现寡头垄断现象。腾讯、百度、阿里巴巴这三家公司的市值合计已达774亿美元，占据中国所有上市互联网公司市值总和的70%。从一些具体行业看，“一家独大”也正在形成。腾讯在即时通信领域独占76.56%的份额，百度以80%的市场份额雄踞中国搜索“龙头”，阿里巴巴则在中国B2B电子商务领域拥有54.39%的“半壁江山”。2014年，历时四年的奇虎诉讼腾讯滥用市场支配地位的案件，虽然以奇虎败诉而告结束，但它意味着互联网领域的反垄断已经不再遥远。

然而，之所以互联网领域反垄断的第一步很难迈出，很大程度上是因为那些日新月异成长起来的互联网企业的行业属性的界定还不清楚；而企业监管通常是按行业及其相关市场来执行的。美团大众属于餐饮行业吗？滴滴打车属于交通运输行业吗？e租宝属于金融行业吗？这些问题在2015年之前的界定是不清晰的。无论业界、学界和政界对此都有不同的看法，出现许多争论。

我在2015年曾撰文强调，别再说互联网是一个行业！尤其是那些互联网应用企业应该明确其隶属于相关的应用领域。所谓行业，既不是用技术手段来划分的，也不能按商业模式来划分，而是应该由那些提供相同或者相近的产品或服务内容的企业所组成；它们可以采取不同的技术和工艺手段，也可以选择不同的商业模式来运营。我在文章中指出，强调互联网企业不属于同一个行

业，既是为了使那些应用企业更好地发展，让它们能够更好融入相关行业；也是为了让政府加强和改善市场监管，可以将它们纳入市场监管的视野，避免灰色地带，降低行业风险。

2016 年初，我进一步将“互联网+”行动的发展归纳为三条形象的原则。第一，“嫁出去的闺女泼出去的水”，也就是说，尽管互联网企业都具有很强的“互联网基因”，但是一旦进入相关行业，就得“嫁鸡随鸡，嫁狗随狗”。第二，“男耕女织，男女有别”，即互联网企业虽然进入了传统行业，但是商业模式不同，监管方式就应该不同；这就要求监管当局针对互联网和平台型的特点，创新监管方式。第三，“不搞母系社会”，希望互联网企业这些“新媳妇”带来“新气象”，发挥“鲶鱼效应”，促进行业转型发展，而不是“新瓶装旧酒”，利用监管灰色地带的特殊优势“颠覆”掉原有企业。

互联网监管正是在各界的高度关注和热烈争议下，迈出了艰难的第一步。2015 年下半年开始，政府频繁出台一系列行业监管的指导意见，首次明确了众多互联网应用企业的行业属性。

2015 年 7 月初，国务院发布《关于积极推进“互联网+”行动的指导意见》，从总体思路、基本原则，到十一个领域的重点行动，再到保障支撑，各个部委分工，给出了完整清晰的框架。随之中国人民银行等十部委发布了《关于促进互联网金融健康发展的指导意见》。8 月初，中国人民银行推出了《非银行支付机构网络支付业务管理办法（征求意见稿）》。10 月初，交通运输部出台了《网络预约出租汽车经营服务管理暂行办法（征求意见稿）》。

发展在不断解决问题，同时又制造出一些新的问题。明确了互联网企业的行业属性能够为行业监管当局提供监管的依据；可是把互联网企业和传统企业这两群从体制机制到商业模式都截然不同的“孩子”放在一个班上管理，确实很有挑战！这便是我说的“男耕女织，男女有别”。

如何区别对待这两类“基因”不同的企业呢？初期的监管通常采用了我所称的“拉架式规范”的方式，即在行业中划出一个细分市场，供新进入的互联网企业运营。就像在拳击赛场上，互联网企业与传统企业打得不可开交，监管部门就像裁判，上去先将双方拉开，要求气势汹汹的互联网企业站在一个指定区域内。比如交通运输部规定，打车平台只能运营网约车，而传统出租车公司则运营巡游车。又比如中国人民银行规定，网络支付机构只能为线上交易（而不能为线下交易）提供支付等。

这是互联网监管迈出的第二步，是煞费苦心的，是监管当局在寻求“鼓励创新”与“规范发展”之间的平衡。这种细分市场的划分可以引导互联网企业追逐“服务红利”而不是“政策红利”，同时对传统企业提供一定的保护，鼓励它们早日“脱胎换骨”，转型升级。

然而，这种平衡很快就被打破。各个行业认为构造的细分市场壁垒很快被技术创新和商业模式创新所突破。比如支付行业原先“线上交易，线上支付；线下交易，线下支付”的规则被一个二维码的出现所击溃，互联网企业继续攻城略地，快速集中。拉架是暂时的，掐架是永恒的！互联网的反垄断面临着新的挑战。

互联网企业的迅速扩张以及对这类企业的反垄断监管，并不是中国所面临的独特问题，而是各国政府共同面对的挑战。

相对而言，美国政府比较宽松，因为全球那些巨型互联网企业都是美国本土企业，对美国经济有巨大的振兴作用。而欧盟面对 GAFA（即谷歌、苹果、脸书和亚马逊）的“入侵”则采取了严厉的监管措施。2017 年 6 月，谷歌因滥用搜索市场支配地位，偏袒自营的购物服务而被欧盟罚款 24 亿欧元；2018 年 7 月，谷歌再次因强制安卓手机生产商预先安装谷歌的搜索应用程序和 Chrome 浏览器应用程序而被欧盟罚款 43 亿欧元。2020 年 12 月，欧盟公布了规范数字经济的法案，列举了互联网平台的一系列妨碍竞争的做法，如交叉整合用户信息，歧视竞争者产品和服务，预装应用软件等，明确违法的罚金最高可达上年销售额的 10%，并可能拆分这些巨头的业务。近年来，美国也逐渐加强了对互联网巨头的反垄断监管。2020 年 12 月，美国联邦贸易委员会（FTC）提出两项诉讼，一项是脸书收购 Instagram 和 WhatsApp 涉嫌削弱竞争，另一项是谷歌和脸书的在线广告合作协议涉嫌垄断协议而遭到反垄断调查。

我国这一轮互联网平台的反垄断强监管是以平台经济领域的反垄断指南出台为标志的。2020 年 11 月，蚂蚁集团高调筹备上市却被临时叫停，随即国家市场监督管理总局出台了《关于平台经济领域的反垄断指南（征求意见稿）》。12 月，阿里巴巴、丰巢等因收购企业未依法申报而被罚，紧接着，监管当局宣布，阿里巴巴集团因涉嫌“二选一”等垄断行为被立案调查。2021 年 1 月，银保监会和中国人民银行联合发布了《关于规范商业银行通过互联网开展个人存款业务有关事项的通知》，规定商业银行不得通过非自营网络平台开展定期存款和定活两便存款业务。2 月，《关于平台经济领域的反垄断指南》正式发布。

对一个大企业的反垄断调查往往会旷日持久，可是对阿里巴巴集团的反垄断调查仅仅进行了三个月。2021 年 4 月，国家市场监督管理总局公布行政处罚，对阿里巴巴集团的“二选一”行为做出行政处罚，金额高达 182 亿元人民币。阿里巴巴集团随即回应，表示“诚恳接受”。《人民日报》为此发表评论。可见这次高层对于整顿平台经济领域的决心和力度。

对平台经济加强监管的目的不是制约其发展；恰恰相反，而是让平台经济健康持续发展。事实上，从政府到社会都充分意识到平台经济的重要性。在 2021 年 3 月 15 日由习近平总书记主持的中央财经委员会第九次会议上，专门研究了促进平台经济健康发展的问题。会议对于平台经济的作用给出了高度评价：“近年来我国平台经济快速发展，在经济社会发展全局中的地位和作用日益突显。平台经济有利于提高全社会资源配置效率，推动技术和产业变革朝着信息化、数字化、智能化方向加速演进，有助于贯通国民经济循环各环节，也有利于提高国家治理的智能化、全域化、个性化、精细化水平。”

二、互联网平台监管的理论思考

根据互联网平台的特征和对经济发展的作用，“规模监管从宽，行为监管从严”，应该是对互联网平台进行反垄断监管的基本原则，即适度放宽对平台规模的限制，同时集中精力加强对层出不穷的平台垄断行为的监管。

一方面，之所以要对“规模监管从宽”，是因为平台的用户规模是其价值的重要体现，是其核心竞争力的主要来源。这个价值不仅是对平台拥有者的价值，更重要的是对所有平台用户以及生态圈里各利益主体的价值。

设想一下，如果有 10 个打车平台，每个平台上有十分之一的运营车辆。在早晚出行高峰期，乘客打开一个打车平台叫车，等了五分钟叫不到车就再打开一个……这样的效率肯定不是消费者愿意接受的，他们更希望找到一个打车平台，上面拥有大部分的运营车辆，即平台上拥有的车辆越多，乘客打到车的可能性越高，等待时间越短，用户体验就越好。同样的道理适用于电商、餐饮等各类平台。

互联网平台不仅具有相当的规模经济效应，而且具有巨大的网络效应，正是这种网络效应（包括交叉网络效应和自网络效应），为各类用户创造了巨大价值，使得平台型企业在许多行业都成为技术进步和行业转型的重要枢纽和关键节点。在这其中，平台的规模扮演着核心角色！因此，在互联网平台的反垄断监管中，需要对其规模格外宽容。

另一方面，对于互联网平台，行为监管一定要从严。所谓“行为”主要指的是“滥用市场支配地位”所造成的遏制市场有序竞争，损害其他市场主体的垄断行为。传统垄断企业也有常见的滥用市场支配地位的行为，如“垄断性定价”等；也会把这种对市场支配地位的滥用，朝相关领域延伸，比如向上下游纵向延伸。但是我们要充分意识到，互联网平台“滥用市场支配地位”的行为有着更加广泛的空间！

第一，那些拥有市场支配地位的互联网平台可能在自己的市场内滥用支配地位。比如采取“二选一”“大数据杀熟”等垄断行为来遏制竞争。“二选一”行为会遏制用户的多平台进入，进一步强化了平台的市场支配地位；而“大数据杀熟”利用了平台的数据优势，加剧了平台与其他市场主体之间的不公平。此外平台还可能采取一些非中立行为实行“自我优待”，即将与自己有密切利益关系的用户在各类搜索中放在醒目的位置。对于这些造成不公平竞争的行为，是需要坚决打击和限制的。

第二，巨型互联网平台还擅长将其市场支配地位向其他领域延伸，即所谓的“杠杆化行为”，且可延伸的领域非常广泛。如果说传统垄断企业只能将其市场力量在横向（同一市场）和纵向（上下游之间）施展的话，那么互联网平台还能将其市场力量往斜向延伸！

依托原有用户资源向新业务跨界是平台型商业巨头的优势。对平台而言，每一边用户同时也是它的资源，甚至是它的核心竞争力。所以它能够用某些边去吸引新的边，建立新的商业关系，这就是所谓的平台跨界。比如一个做餐饮外卖的巨型平台，可以凭借其用户黏性向商旅、打车等领域跨界延伸；同样一个电商平台也可以向金融领域跨界延伸。这里新业务与传统业务之间既不是横向关系，也不是纵向关系，所以称为“斜向延伸”。对于平台而言，这种斜向延伸依然存在着一定的协同效应；当一些互联网巨头拥有多个业务平台时，它们甚至可以利用多个业务平台同时支持一项新业务，形成“围猎型跨界”。这使得互联网巨头在跨界时具有非常重要的优势，其他企业难以望其项背，造成严重的不公平竞争。

第三，巨型互联网平台可能运用强大的数据资源优势实现不公平竞争。利用这种优势，平台既能够为不同用户提供“精准”的优质服务，也可以在与不同用户的利益分配中获得占优的比例。这在基于大数据的“精准营销”中能够充分体现出来；其实“大数据杀熟”只是精准营销中的一种形式。站在平台的视角，这是有效利用数据资源；而站在其他利益主体的立场，则是一种不公平竞争。

事实上，互联网平台的反垄断监管所面临的最大的理论和实践困惑是：一方面，平台的快速发展壮大能够促进创新，促进行业的转型升级，提升用户体验；另一方面，巨型平台也可能阻碍其他企业的平等竞争，甚至遏制行业的健康发展，造成收入和财富的不公平。

通俗地讲，平台的“大规模”是一把双刃剑，既是导致其“平台坏行为”的根源，也是创造“用户好体验”的前提。这便给监管带来了挑战，也是我们提出平台的反垄断监管应该“规模监管从宽，行为监管从严”的主要理论依据。

三、未来互联网平台监管的趋向

如上所述，互联网平台监管的基本思路应该从两方面入手：一是平衡好“大规模”与“坏行为”，即以遏制“坏行为”为主要目标；当监管手段一时难以遏制平台的“坏行为”时，才退而求其次，去限制平台的大规模。二是平衡好“用户好体验”和“平台坏行为”。

根据这个基本思路，可把互联网平台的反垄断监管分为微观层面和宏观层面来分别考虑。前者针对该行业的有效竞争，后者则着眼于该行业的转型发展以及在经济社会发展中的作用。

1. 微观层面

（1）对平台规模扩张的约束适度从宽。比如对经营者集中的限制适度放松，对违规（如未申报经营者集中审查等）的惩罚不必趋严。曾经有人建议，对于规模违规的惩处向行为违规的惩处力度靠拢（上一年销售额的10%），这是不妥的。

（2）面对平台滥用市场支配地位的“创新型”行为要有创新的监管手段。比如限制平台自营范围和搜索盈利范围以维护其中立性；再比如规范平台对行为数据的使用权限以保护用户权益；又比如拆分一些关联性平台的股权结构，以维护多平台联合形成的商业生态系统更加公平等等。可以借鉴欧美近期出台的一系列平台反垄断法案中的创新手段及其思路。

（3）动态平衡对规模和行为的监管力度。如果目前对互联网巨型平台的行为监管一时还缺乏有效手段，则可以对其规模监管略严一些；但是未来目标仍应该是加强和改善对垄断行为的监管，而届时应适当减弱对规模的监管。

2. 宏观层面

（1）行业规模。当互联网平台在该行业中所发挥的作用还不大时，应以扶持为主；要依托平台促进数字经济在该行业的快速发展，以及该行业的转型升级。当互联网平台在该行业的作用已经足够大，并且个别平台的规模和行为也严重制约行业竞争时才应该采取严格监管。

即在一个给定的行业中，应该鼓励“一骑绝尘”，还是追求“万马奔腾”，是要有取舍的。说到底，是产业政策优先还是竞争政策优先，取决于该行业处于怎样的发展阶段。

比如在电商和打车等领域，互联网平台的渗透率已经很高，在线服务成为独立的甚至接近主流的市场。这时应该强调公平竞争，打击垄断行为。而在许多制造业领域，工业互联网平台还在新兴阶段，这些平台的快速发展对于这些行业的转型升级起着关键性的作用。因此，即便单个平台规模很大，在发展过程中采取了一些利用市场优势的行为，总体来讲仍应支持。

（2）行业属性。从整个经济社会发展的视角考察，不仅要考虑互联网平台对所在行业的影响，还要考虑该行业对整个经济社会发展的作用。我们可以清晰地看到，随着信息技术和数字经济的发展，有些领域正在演变成为未来社会的“新基建”，那些巨型平台将像道路、桥梁和电力等领域一样，成为人类工作生活的基础性设施。也就是说，对于“新基建”的理解，不仅要看技术的先进性，还要看应用的广泛性和必需性。

面对那些带有公共品性质的服务平台，对其监管需要有新的思路。一方面，平台的规模变得更加重要，因为只有让平台有效连接到绝大多数用户，其公共品价值才能充分发挥，即网络效应很显著。而且这类平台的建设和运营成本很高，规模经济效应也很显著。另一方面，鉴于其具有一定的公共品性质，平台就不宜以利润最大化作为主要追求目标，即便长期利润最大化也不合适，而需要充分考虑公共利益的最大化，所以这种类型的平台从社会资源配置到股权结构设置都需要借鉴社会基础设施的监管原则来进行。

总之，互联网平台的反垄断监管要追求一种动态平衡。一是要在创新与规范之间找平衡。平台的创新带来新的用户体验，形成新的商业生态，从而快速成长；但同时也不断创造出新的监管灰色地带，需要监管当局去调整和改善。二是在效率与安全之间找平衡。新的平台模式往往能提升效率，但是也带来了资金和信息等方面的安全隐患。

中国促进颠覆性技术创新亟须构建新型产业政策体系[①]

黄少卿[②]　谢一鸣[③]

【摘要】

在全球新一轮科技革命的背景下，提升原始创新能力、促进颠覆性技术创新，是中国实现创新驱动发展战略的关键。本文认为，中国亟须摒弃在技术追赶阶段实施的选择性产业政策体系，并转向与颠覆性技术创新相适应的功能性产业政策体系。为此，本文在总结功能性产业政策体系范式特征的基础上，提出了构建功能性产业政策体系的具体对策与建议。

以大数据、人工智能和移动互联网等为代表的新一轮科技革命正在深刻影响各国产业和经济发展，并由此驱动全球经济增长进入一个新的长周期。能否抓住这一机遇，将直接与中国能否实现创新驱动发展战略这一重大问题紧密相关。

一、新一轮科技革命背景下全球颠覆性技术创新方兴未艾，对中国既是机遇，更是挑战

在技术追赶阶段，中国充分利用后发优势，引进和吸收发达国家先进技

---

① 原文发表于“澎湃新闻”2022 年 4 月 11 日。

② 上海交通大学安泰经济与管理学院教授、上海交通大学中国发展研究院研究员、上海交通大学行业研究院支付行研团队成员。

③ 上海交通大学安泰经济与管理学院博士研究生。

术，并在此基础上结合本国资源禀赋进行适应性创新，实现了科技水平的快速提升。随着全球新一轮科技革命和产业变革的到来，中国科技发展也进入了必须增强原始创新能力、加快实现颠覆性技术创新的新阶段。

首先，新一轮科技革命中涌现的突破性科学理论和颠覆性技术正推动技术经济范式的变革，为中国实现科技自强自立提供了重大战略机遇。

在信息技术领域，摩尔定律逼近物理极限，基于摩尔定律通过提高晶体集成度来降低成本的技术路线必然要被打破。在生命科学领域，合成生物学、基因编辑、脑科学、再生医学理论的突破性进展提升人类对生命的认知和改造能力。机器人、新材料、人工智能、移动通信等颠覆性技术的应用使制造业向智能化、数字化方向转型。新能源技术引导世界能源革命向高效可持续的目标前进。太空、深地、深海空间技术拓展人类生存的新空间。颠覆性技术正孕育着一批战略性新兴产业和未来产业，由此带来的技术经济范式变革将从根本上对传统技术和产业进行“创造性破坏”，这既使中国和技术前沿国家在传统领域的技术差距变得不那么重要，又使部分企业、产业和技术前沿国家站在新起跑线上开展全新竞争。

其次，发达国家利用其基础科学研究的优势积极布局前沿科技领域，并取得众多颠覆性技术创新成果，为中国抢占前沿科技制高点带来巨大挑战。

全球科技竞争日益加剧，发达国家为掌握科技竞争主动权，纷纷强化对颠覆性技术创新的支持力度。以美国为例，《美国创新与竞争法案》将加大科技投入上升为国家战略，计划投资 1 900 亿美元用于芯片、锂电池、人工智能、量子计算等关键技术。凭借自身在物理学、信息科学、生命科学等领域的基础研究优势，美国现阶段颠覆性技术已取得大量突破性成果：IBM 设计出 127 比特的量子芯片；Neuralink 开发脑机接口产品，可在未来帮助瘫痪病人恢复活动能力；SpaceX 的“星链”卫星互联网服务平均下载速度达每秒 97.23 兆比特，未来有望实现商业化运营。颠覆性技术的产生通常源于基础科学理论的突破，相比于发达国家持续加大投入的局面，中国基础研究能力相对薄弱，举国上下若不增强对基础研究的重视，极有可能面临与发达国家的科技差距在新的赛道上仍持续扩大的严峻形势。

最后，发达国家的战略遏制使中国技术追赶模式的环境恶化、成效下降，因此中国亟待转变到提升原始创新能力的发展模式上。

美国在《美国创新与竞争法案》中将中国定义为“美国在地缘政治和地

缘经济领域的最大挑战”，近年来在高科技领域加强了对中国的技术封锁，拒绝在半导体、人工智能、量子计算、生物技术等与美国经济和国家安全最相关的重要领域与中国合作，限制中国科技人才赴美交流学习，阻止中国接触最前沿的知识和原创思想，对中国断供芯片、工业软件、科研仪器等关键核心技术。因此，中国学习引进先进技术的国际环境和条件急剧恶化，必须着力提升原始创新能力，全面实现颠覆性技术突破。

二、促进颠覆性技术创新的关键在于构建功能性产业政策体系

中国在技术追赶阶段所实施的产业政策的突出特征是“选择性”，不但选择具体产业，而且选择具体企业来完成追赶目标。借助选择性产业政策体系，中国实现了技术水平的快速提升。然而，这一曾经发挥了成效的选择性产业政策体系，在新一轮科技革命中因无法适应颠覆性技术创新特征而可能全面失效，甚至成为导致失败的根源。面向前沿的颠覆性技术创新具有很强的不确定性，这种不确定性正在给经济活动带来两个重大变化。

一是规模经济的重要性降低，过早将新技术锁定于特定技术路线或技术标准并去追求规模经济的风险巨大。在本国技术远离前沿时，从先行国家引进的成熟技术具有相对明确的技术标准和技术路线，从而降低本国选择错误技术路线的可能，利用选择性产业政策不难“选对产业”和“选对技术”。而颠覆性技术创新的路线和前景是不明确的，决定其突破方向的必然是市场竞争力量。此时若继续实施选择性产业政策，一旦选错技术路线并加以规模化，不但会导致潜在的巨大损失，还容易失去技术开发的先机。在这方面，20 世纪 80 年代日本政府在高清晰电视领域选择模拟技术上和 90 年代美国政府在遴选关键技术项目上都有不成功，甚至失败的深刻教训。

二是中小企业在市场竞争中对技术开发的路线选择日益成为技术突破的关键。在引进成熟技术时，由于在既定技术开发方向上产生新技术的机会有限，中小企业特别是新创企业提供各类技术解决新方案的价值不大，因而牺牲中小企业带来的机会成本处于相对可承受的范围。颠覆性技术创新则无法事先明确竞争中能够胜出的技术方案，只有发展足够多的中小企业，提供多样化技术开发路线，才可能在全球竞争中占据优势。仍然以高清晰电视技术路线之争为例，20 世纪 80 年代，日本专家认为数字技术传输数据量大、成本高，短时间无法商业化，日本政府由此选择支持模拟技术并扶持采用该技术路线的数家大

企业。然而，美国一家小企业利用算法开发出压缩和解压缩技术，迅速降低数据传输成本，使数字技术的商业化运用提前来临，最终在市场竞争中淘汰了日本的模拟技术。

当前要促进中国颠覆性技术创新，亟须推动选择性产业政策体系向功能性产业政策体系转型。我们强调，功能性产业政策体系要体现如下特征。

在政策理念上，强调政策普惠性和功能性，强化市场竞争，维护市场机制在资源配置中的决定性作用。要树立竞争政策在产业政策中的核心地位，摒弃选择特定行业或企业进行扶持的阻碍公平竞争的政策，减少行政权力对资源配置和竞争秩序的干预，坚持竞争中性原则，营造统一开放、竞争有序的营商环境。

在政策目标上，强调原始创新能力的提升，实现经济与社会的可持续和包容性发展。要强化基础科学研究与基础技术开发能力，通过拓展科学前沿，扩大技术创新的机会集合，鼓励早日开展多样化产品开发，以激发中小企业研发创新活力为主要目标，通过功能性产业政策引导经济与社会向资源节约、环境友好的可持续方向发展，同时，让科学发展和技术创新的红利公平地惠及所有群体。

在政策工具上，强调产业政策内容和工具的组合性与多样性。在以科学为基础的技术创新时代，企业从技术开发中运用的理论知识都来自基础科学的发展，而基础科学研究和技术开发都需要高质量科学技术人才以及大规模持续性投入的资金支持，这要求功能性产业政策必须包含科学、技术、高等教育和金融等多方面的政策内容，形成有利于原始创新的政策组合体系。

三、构建功能性产业政策体系的具体对策与建议

在以科学为基础的技术创新时代，原始创新分为四个阶段：科学研究、基础技术开发及产品开发前的技术研究、产品开发和工艺开发，以及市场化导入（见图 1）。不同阶段的参与主体在行为模式、激励机制和评价体系上都存在明显差异。要形成对创新不同阶段的有效激励，引导各阶段参与主体协调配合，建立完善的创新体系，政府需要根据各阶段特点来构建有效的政策和制度保障。

在准确理解原始创新活动完整过程的基础上，为促进颠覆性技术的创新，我们提出以下构建功能性产业政策体系的具体对策与建议。

第一，大幅提高基础研究投入，优化基础研究结构，调整基础研究评价体系。

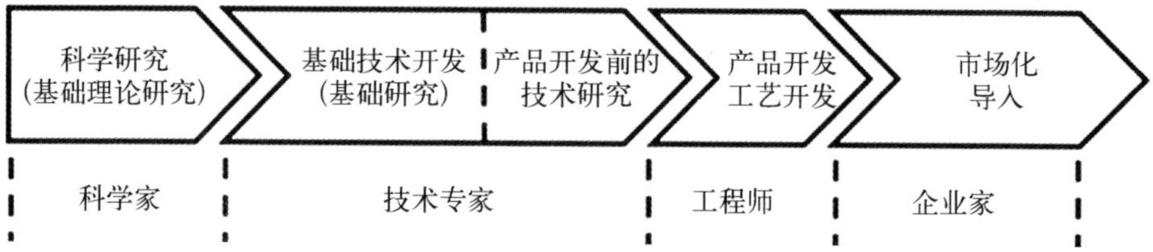

科学研究（基础理论研究）
基础技术开发（基础研究）
产品开发前的技术研究
产品开发工艺开发
市场化导入
科学家
技术专家
工程师
企业家

图 1 原始创新的四个阶段

在增加基础研究投入方面，要大幅提高各级财政，尤其是中央财政支出中研发经费基础研究的比例，要着重扩大国家自然科学基金、国家重点基础研究发展计划（973 计划）等国家项目资助基础科学的力度，力争本国基础研究投入占全部研发经费的比重在短期内达到 15%，中长期投入和发达国家的平均水平基本持平。调动企业参与基础研究的积极性，提高企业基础研究支出的税前加计扣除比例，对企业购买大型科研仪器和设备提供进项税抵免，并向企业开放国家实验室和大型仪器设备。鼓励社会资金支持基础研究，发展以个人或家族财富设立的公益性基金会，并对其捐赠基础研究实施税收减免。

在优化基础研究支出结构方面，一方面要稳定自由探索类基础研究的资助规模，保障科学家自由选题研究项目的投入稳步提高；另一方面要增加对瞄准国家战略目标的大科学项目的支持力度，尤其要保障基础科学专用装置的建设投入，为基础研究提供基础设施保障。

在基础研究评价体系方面，要加快破除唯期刊、唯论文、唯课题的数量化考核评价体系，全面转向实行科学家同行评议机制；研究型大学和科研机构要加快落实长聘体系，对于取得长聘资格的科研人员要延长考核周期或取消考核；推行设立讲席或荣誉岗位制度，以鼓励取得科学前沿新发现和新突破，以及在培养人才上取得重要成就的人员。

第二，扩大理工科教育供给，提高理工科教育质量，加强科技人才的培养力度。

加大对理工科高等教育的财政资金投入，进一步扩大研究型大学在科学、技术、工程和数学（STEM）专业上的招生规模，并向 STEM 领域的学生提供定向奖学金和更高额度的低息助学贷款，鼓励优秀青年学生选择基础研究作为人生志业。

引导公立大学依据经济与社会发展的具体需求进行专业设置，鼓励设置各类文、理、工交叉型专业；放宽社会力量创办私立研究型大学的准入标准和审批流程，引导教育领域社会资金转向支持高素质科技人才培养。

提高公共财政资金对大学科学研究资助的公平性，比如，在自科基金资金的分配，尤其是青年科学基金的分配方面，要避免资金过度集中在发达地区顶尖高校。

高水平研究型大学要全面谋划基础学科人才的培育，以基础学科研究基地为载体、基础研究人才专项为支点，确保基础学科人才的待遇和发展机遇，实现基础研究人才培养和学科建设的有机结合。

第三，构建高校、技术开发产业区、企业三方协同的颠覆性技术创新体系，创新产学研合作机制，加快颠覆性技术的开发和商业化。

基于高水平研究型大学的前沿科学中心，建设颠覆性技术开发产业区，依托大学基础研究力量开展颠覆性技术的研究合作。国家发布颠覆性技术开发目录，各城市依据本地研究型大学的研究实力和科研基础设施优势进行投标，设立独立的颠覆性技术创新委员会进行立项审议，决定中标地区；由国家自然科学基金会为颠覆性技术开发产业区提供为期 10 年的种子资金资助，中央财政扩大对相应地区研究型大学基础科学研究的资助，地方政府通过财政资金补贴积极吸引科研实体入驻技术开发产业区。

对资助颠覆性技术开发产业区和研究型大学颠覆性技术研究项目的企业，减免其用于研究和实验投资的税款，对企业与研究型大学和技术研究中心联合培养科研人才加大专项补助，对研究大学和技术研究中心实体的技术转让提供所得税减免，扩大研究费用加计扣除的范围，允许将研发人员薪酬按一定比例列入项目经费支出。

建立大学前沿科学中心—颠覆性技术开发产业区—企业圆桌平台，由各方代表组成委员会，根据各方利益诉求定期举行产学研协同会议，整合各类信息和资源，为所有成员提供关于颠覆性技术创新理论知识和技术开发的研讨机会。

第四，大力支持中小创业企业的研发和技术商业化活动，帮助企业跨越创新死亡谷。

转变政府支持企业研发的模式，除基于企业研发投入行为给予研发税收抵免外，可以借鉴美国小企业创新研究项目，分两个阶段资助中小企业的研发。第一阶段提供小规模资金支持企业做概念论证工作，在两年后的第二阶段提供更大规模的资金资助后期演示，并在企业的立项申请中引入同行评审流程，保证项目资助决策的独立性和科学性。

转变政府支持企业技术商业化的模式，要全面清理、取消各级政府直接支持企业技术产业化的各类风险投资基金和产业投资基金，同时，鼓励发展一定规模的母基金类型的风险投资基金，以参股方式吸引市场化创业投资和风险投资基金入住本地，开展针对中小创业企业的颠覆性技术商业化项目的上市前各阶段投资。优化多层次资本市场，加快发展科创板市场以方便高技术中小企业上市融资，构建多渠道风投资本退出渠道。

强化反垄断监管，高度重视新创企业的市场进入和持续成长，对科技巨头和大型平台企业向掌握各类新技术的中小企业进行大量并购的行为进行反垄断监管和限制。加大对中小企业创新产品的政府采购力度，从需求侧支持中小企业的创新。

第五，加快推进政府职能转变，完善央地关系，为构建功能性产业政策体系提供全面制度保障。

为了应对颠覆性技术创新所产生的创造性破坏可能带来的风险，应建设“后勤型政府”，将财政资源更多用于社会保障领域，提高失业保障额度，为劳工群体提供终生职业技能培训，甚至在财政能力允许的条件下，考虑利用科创中心和颠覆性技术研究中心附近土地增值的收入，以创新红利基金的方式施行“全民基本收入”计划。

构建中央和地方政府财政分权型体制，完善央地间财权和事权分配关系，把科学、基础教育、社会保障等公共服务界定为主要属于中央政府的职责。

中央政府要调整对地方主要行政官员的监督考核机制，一方面尽快放弃GDP 增长率的考核目标，转而考核科学投入、失业保障、教育培训等有利于创新活动和社会稳定的各项指标；另一方面，要逐步建立地方人民代表大会对地方主要行政官员监督问责的机制，形成地方官员个人效用与当地居民长期福利最大化的激励相容体制。

大健康板块

顺势而为，促进转型：从政府主导的养老事业到政府推动的养老产业[①]

陈宏民[②]

【摘要】

上海养老领域已经到了必须及时转型的时候，需要从政府财政主导的供给制约型发展模式转型为政府提供基本保障，并引导社会资本踊跃进入的需求引导型发展模式。具体来讲，政府需要转变职能，从原先以直接提供养老服务为主逐渐向以提供养老公共基础设施和加强养老市场服务监管为主转变；重点聚焦于五个“抓手”：抓好养老发展规划，抓好养老托底，抓好养老公共设施建设，抓好养老市场监管，抓好养老市场服务的信息披露。

上海养老事业发展长期居全国领先地位。上海市政府高度重视养老问题，持续加大投入来提升养老服务供给能力，不断探索服务新模式。然而面对持续快速增长的养老服务需求，仍显得有些力不从心。在继续加大养老服务投入的同时，更需要推进体制机制转型。上海老龄化程度居全国各大城市之首，而且未来三十年将持续上升，对本地养老服务构成重大挑战。迅猛而持久的深度老

---

① 此文根据作者在2019年12月5日“2019国是论坛”上的主旨演讲整理而成，同时也是作者领衔的上海市人民政府参事室重点课题“推进上海养老市场健康发展”的核心内容。由该课题报告整理的专报得到上海市委市政府主要领导的肯定性批示，相关建议得到市民政局采纳。该成果获2021年上海市决策咨询成果二等奖。课题组的罗守贵、杨云鹏、范纯增、谢天、戴芳等均有贡献。

② 上海交通大学安泰经济与管理学院教授、上海交通大学行业研究院副院长、上海交通大学行业研究院“互联网+”行研团队负责人、中国管理科学与工程学会副理事长、上海市人民政府参事。

龄化冲击和持续快速增长的养老服务需求为上海养老服务市场转型发展带来了迫切的现实需求。

一、传统的以政府财政直接投入为主的养老服务支撑体系难以为继

中国正迎来快速而持久的老龄化浪潮，上海无疑正处于潮头。2018 年上海 60 岁以上人口占比相当于全国的 1.92 倍，比重增速相当于全国的 2 倍。上海 65 岁以上户籍人口占比已达 23%，并将快速逼近乃至超过全球老龄化程度最高的日本（26%）。根据预测，随着 1963 年后婴儿潮出生的一代人口在 2023 年退休，上海 60 岁以上常住人口占比将加速上升，并一直持续到 2053 年，达到 46%的峰值后才缓慢下降。这意味着未来三十多年里上海的老龄化程度将持续加剧，对本市养老服务构成重大挑战。传统的以政府财政直接投入为主的养老服务支撑体系将难以为继，“养老靠政府”的传统观念必须尽快转变。

二、上海亟待改善的是社区嵌入式养老供给质量和扩大中档养老机构规模

上海的养老事业一直在全国居领先地位。多年来，上海市政府高度重视养老问题，养老事业快速发展，养老供给模式不断创新，养老服务体系建设成绩显著。但面对未来迅猛的老龄化浪潮，上海现有的养老服务供给模式、供给数量和结构都难以适应。

首先，社区嵌入式养老服务的支撑密度、强度和质量都有待提高。绝大部分老人居家养老或在居住社区内养老。而目前的社区综合为老服务中心所提供的养老服务无论在覆盖面还是在服务种类上均难以满足日益增长的社区养老服务需求。尤其是随着居家养老群体中的高龄、独居、失能和半失能老人的增多，面对这种日复一日的长时间高密度养老服务需求，现有的社区综合为老服务中心基本无能为力。而由于体制机制、公平性、信息、隐性门槛等诸多约束，社会资本还难以大规模进入养老领域。

其次，在机构养老方面，高中低档存在着不同程度的矛盾，而以中间档次供不应求的矛盾最为突出。低端养老机构为政府托底的保障型，主要矛盾是空间结构供求不匹配，即市中心区老人不愿意到郊区养老。高端养老机构属于奢华型，主要矛盾是老人的资金问题，这类养老机构往往要收取上百万甚至数百万元的会员费或者长期押金，而这些资金的使用缺乏必要监管。最为突出的矛

盾是中端养老机构的供给严重不足。数据显示，中间档次的养老机构数量仅占总量的16.4%，床位数量仅占22.1%，与橄榄型的中端需求结构不相适应。出现这种情况与这个档次存在少量获得政府补贴的样板性养老机构有关，这导致市场不公平竞争，阻碍了社会资本的进入。

最后，政府养老投入的效率有待改进。政府在养老投入方面的现有渠道非常多，比如养老金、长护险、老年综合津贴、特困老人生活救助、老年助餐服务点建设补贴、养老床位补贴、社区综合为老服务中心建设运营补贴、各类税收减免等，数量繁杂。但管理部门交叉，市、区、街道分层投入体系复杂，导致资金使用效率不高。尤其是大量对供给方的补贴，从经济学角度看缺乏效率。

三、聚焦五大抓手，把政府主导的养老事业向政府推动的养老产业转型

面对本市未来养老服务的巨大需求，政府将面临三个方面的挑战：一是未来养老服务规模巨大，政府财政直接投入不再能成为主要力量；二是未来养老服务形式和品种繁多，且持续更新，政府直接提供或者高度集中、统一指导提供服务的模式不再适用；三是巨大规模的养老服务需要公平竞争和信息透明的环境，政府需要承担更加繁重的市场管理和信息管理的职责。

从积极的意义上讲，养老服务剧增既是挑战也是机遇，快速孕育的养老服务市场无疑为社会经济发展带来新的机遇。随着老龄化程度上升、老人收入的增长和老人消费理念的转变，未来上海养老市场空间巨大。

因此，如果能够顺势而为，不仅能有效化解供需矛盾，而且能给本市经济发展增添一支生力军。而要做到这一点，关键是政府要顺应市场规律，主动转变理念，加快体制机制转型，把原先由政府主导的养老事业转变为政府推动的养老产业。

具体而言，就是政府需要转变职能，从原先以直接提供养老服务为主逐渐转向以提供养老公共基础设施和加强养老市场服务监管为主；重点聚焦于五个“抓手”：抓好养老发展规划，抓好养老托底，抓好养老公共设施建设，抓好养老市场监管，抓好养老市场服务的信息披露。只有这样，才能顺应养老服务需求的迅猛增长，不断丰富养老服务产品，提高服务质量，满足老年人追求美好生活的需要。

上海有必要，也完全有条件、有能力实现上述转型，从而在全国率先探索

出一条健康可持续的养老服务路径。上海老龄化程度居于全国各大城市之首，上海人均可支配收入同样领先，且上海市场化环境较好，市民市场意识较强；最为重要的是上海拥有一个国际化视野开阔、前瞻性意识强烈的服务型政府，所有这些都为实现上述转变奠定了坚实基础。

四、强化六大举措，清晰政府定位，促进养老市场健康快速发展

一是加强顶层设计，做好养老市场发展规划。要尽快启动上海中长期养老市场发展规划，对未来三十年各个阶段的养老市场发展目标、模式、路径进行清晰规划，为未来养老资源配置和供给模式的转变提供科学指导。规划可分为三个阶段，第一阶段为到 2025 年的近期规划，与国民经济和社会发展第十四个五年规划的期末一致，目标是加快转变政府职能，初步建立起政府与市场合理分工的养老产业体系，促使养老服务质量达到中等发达国家水平；第二阶段为到 2035 年的中期规划，与上海市城市总体规划（2017—2035）的期末一致，目标是使养老服务体系更加完善，养老服务质量达到世界先进水平；第三阶段为到 2050 年的长期规划，与上海老龄化程度达到顶峰的时期基本一致，目标是使养老服务体系高度完善，养老服务质量达到世界领先水平。

二是持续加大养老公共基础设施的供给，为社会资本进入提供良好条件，提升社区嵌入式养老的支撑强度。对于社区嵌入式养老，要增加密度、提升强度、保证温度、拓展宽度，向居家老人提供全方位、多层次、快响应的养老服务。具体主要通过两个途径来实现，途径一是通过整合社区综合为老服务中心、社区卫生服务机构和其他公共服务机构、公办养老机构等在内的社区资源来优化并提升养老公共产品的供给。建立完善的社区嵌入式养老综合服务平台，实现信息披露、资源调度、客户投诉、线上线下快速响应等综合功能。途径二是对于社区嵌入式养老的具体服务领域，要放开市场，加强监管，引导社会资源进入社区嵌入式养老服务领域。上述两条途径要有效协同。

三是加强养老市场服务的信息披露，营造公正透明的行业环境。建立全市统一的养老资源信息披露平台，作为促进公平竞争和公正监管的重要抓手。及时披露包括老龄人口状况及政府相关政策在内的各类公共信息，为社会资本及时有效进入各类细分市场提供引导；规范披露各类养老服务机构的必要信息，增加市场透明度，为老年人选择合适的服务机构提供指引；鼓励披露养老服务的行为信息，对养老机构的服务质量进行监管，对优质养老机构给予公示，对

服务质量不良者给予警示。

四是对于不同档次的养老机构，应根据不同情况采取有针对性的举措。对于保障型养老机构，要做实养老托底功能，同时要理顺市场秩序。对于中间档次的养老机构，要通过增加土地供给（如探索农村集体经营性建设用地或宅基地租赁，利用长三角一体化示范区的创新机制等），改善社会资本竞争环境和探索直接补贴需求方等多种途径，大力增加其数量和产品种类的供给。对于高端养老机构，要加强市场规范，重点监管老人的资金安全，可考虑借鉴本市对单用途预付卡的管理模式加强管理；同时在对创新性的高端养老产品进行规范的基础上给予合法性认定。

五是创新财政补贴机制，优化养老公共资源的配置效率。借鉴国外成熟的先进经验，政府的养老补贴在部分领域由原先补贴供给方逐步转向补贴需求方，特别是对于新增项目，应尽量探索直接补贴需求方的模式。

六是创新养老金融产品，保障养老投入的稳定可持续回报。积极稳妥地推进养老资本社会化和市场化，在上海或长三角一体化试验区内积极探索养老保险产品创新和养老产业基金创新。为养老基金资金进入有长期稳定回报的基础设施或公共服务领域开设专门通道，可在长三角新增的公共投资项目中划出一定份额专门出售给养老基金。

工作场所中的情绪和知觉[①]

陈景秋[②]

【摘要】

情绪和知觉，好像一对孪生顽童，把人东拉西扯，进而偏离理性的轨道。情绪是情感的一部分，既强烈又短暂，常常由事件引发；如若久久挥之不去，会影响心情或心境。人的知觉好比一个筛网，把真实的世界过滤成期望的模样。本文希望帮助管理者更好地理解情绪调节、同理心、归因理论、知觉捷径等有关概念。

在纷繁的世界中，人们每天会面临海量的信息处理和加工；而我们的大脑在处理这些信息时会时不时“偷个懒”，运用各种捷径。我们的情绪和知觉都是通往这些捷径的标识，让我们加工世界和看待世界没有那么理性，虽然可能“犯错”，但也可能由此而创新。

一、情绪

情绪是情感的一部分，既强烈又短暂，常常由事件引发；如若久久挥之不去，会影响心情或心境。

“冲动是魔鬼”，告的是情绪的状——情绪无疑是引发各类冲突的罪魁祸

---

① 原文发表于上海交通大学行业研究院官方微信公众号“安泰研值”2021 年 11 月 30 日。

② 上海交通大学安泰经济与管理学院教授、上海交通大学行业研究院零售行研团队成员。

首；积极情绪却是另一类引擎，会带来能量和信心，乃至灵感和创新。有人对推特上的发帖，按代表积极和消极情绪的用语进行分析，发现积极情绪比消极情绪波动更大；同时在很多文化中都发现积极情绪在周末最高而在每周第一个工作日会降至谷底。幸好人具有情绪调节——识别并调整所感受到的情绪的能力，否则上班都会变得比登月还难。

职场中的情绪调节远比从周末回归到工作日的要求更高。在很多工作中，员工需要表现出符合特定工作的情绪。例如，客服工作人员，哪怕再不高兴也需要面对客户微笑，而每一次“假笑”背后都是一次情绪波动。

多年前，周星驰有一部电影《喜剧之王》，在剧中他教会扮演柳飘飘的张柏芝从表层扮演转变到深层扮演：表层扮演是为了“假笑”而隐藏内心的真实感受；深层扮演则是调整内心的真实感受，让自己有更合理的理由去“笑”。

《美国管理学报》于 2018 年发表了一项针对呼叫中心员工的准实验研究[①]，研究者让员工每天早上到办公室之后，回想前一天发生的与客户不愉快的电话交谈并进行换位思考，该方法无疑可以帮助呼叫中心员工进行深层扮演。该研究的结果也证明，在连续两周的“换位思考”干预后，呼叫中心员工的被客户虐待感知和负面情绪都得到了有效缓解。

然而，无论是表层扮演还是深层扮演，终究都是在演；这两种情绪调节手段像情绪抑制一样，短期内是有效的。但是从长期来看，还需要通过认知再评估以重构我们对情绪事件的看法。认知再评估要求我们直面现实，去深度挖掘自己为什么具有某种情绪？类似打开心结、找出内心深处的真实想法，有时候这些想法哪怕没有被意识到也会起作用，影响我们的情绪。情绪会发酵、会传染，让管理者不得不重视员工的情绪。情感事件理论告诉管理者：除了工作中发生的好事情和坏事情外，由工作特征、工作要求和情绪劳动要求构成的工作环境，也会让员工体验积极或消极情绪。

对管理者而言，更稳妥的做法是找耐受性更强的员工。如何识别这样的员工呢？可以看两项与情绪有关的个人特征：① 是否习惯性地拥有负面情绪？喜欢抱怨、不展笑颜都是负面情绪的外显特征；② 是否情绪不稳定？情绪不稳的人，很容易受外界的影响，自然抗压能力差，并且影响合作。

---

① Song Y，Liu Y，Wang M，et al. Experienced customer mistreatment：a within person field experiment [J]. Academy of Management Journal，2018，61（3），994－1020.

当然，还可以看鼎鼎大名的情绪智力——感知自我和他人的情绪、理解这些情绪的意义、相应地调节自己情绪的能力。但有一些人读不懂他人的情绪，例如杀手，连环杀手缺乏读懂受害者情绪的能力；可能还有杨笠吐槽的“普通又自信的男人”……情绪智力的核心特征是同理心，同理心是一种换位思考的能力。试用下面这道简单的题目来测一下自己的同理心。

以下呈现四幅图片（见图 1）：第一幅图中，一个小男孩刚刚送别父亲去远方；第二幅图中，父亲的飞机飞往远方；第三幅图中，快递员给小男孩送来父亲从远方寄来的航空模型；第四幅图中，小男孩当着快递员的面打开包裹，之后哇哇大哭。

图 1　题目图片

那么问题是快递员看到小男孩哇哇大哭，他会怎么想？（答案见本文最后）

二、知觉

如果说冲动是魔鬼，那么知觉就是骗子。人的知觉好比一个筛网，把真实的世界过滤成期望的模样。假作真时真亦假，人会歪曲经验和记忆以求自我感觉良好。针对人的知觉的选择性和主观性，管理者需要懂得知觉的规律以影响员工和防止被员工操纵。

1. 归因理论

知觉的重要理论之一是归因理论，关心的是我们对别人的知觉。

具体来说，归因理论认为，我们对别人的知觉会受到我们如何解释该人行为的影响。不习惯换位思考的我们，往往会把别人失败的原因归结为这个人自身的因素，即内归因；但是如果面对自己的失败呢？又会即刻逆转，转而归结为环境的因素，即外归因。按照这个逻辑，一定不难猜测我们会怎么对自己的成功进行归因吧？是的，我们一定会很不谦虚地表扬自己的内在特质，做内归因。

总结一下，我们针对别人的行为，尤其是失败，习惯做内归因而忽略了外部环境的作用，这被称作基本归因偏差；但是我们对自己的成功做内归因，而对自己的失败做外归因，则被称作自我服务偏差。

对比基本归因偏差和自我服务偏差，大家无须自责，因为这是人知觉的基本倾向。事实上，这两种归因偏差也是有着进化意义的；试想，如果一个人对自己的成功总是做外归因，而对自己的失败总是做内归因，那么他/她会有多抑郁和不健康。然而，值得我们自省的是我们是不是对别人期望太高同时又太苛刻？既然同为人都有不易，还是相辅而行、且行且珍惜吧！

2. 知觉捷径

我们的知觉是有选择性的，意味着我们在感知他人的时候喜欢走捷径。这样的捷径有很多，首先就是晕轮效应、觭角效应、对比效应和刻板印象。

晕轮效应是关于一好百好的故事，例如，一个应聘者的优点，高颜值或高学历立刻让他/她熠熠生辉，浑身散发不容置疑的光芒；而觭角效应则相反，讲的则是百好遮不了一丑、一着不慎满盘皆输。

工作场所中的人都是社会性动物，惯常于相互比较。懂得其中规律的人绝不以己之短攻人所长，会精巧地设计和包装自己。但是职场中总有卧龙和雏凤同归于一个老板麾下，如若对比不当势必给企业带来损失。

从这个角度，马化腾将脾气古怪的张晓龙和他的团队留在广州，无疑避免了将其与腾讯内部其他精英团队的比较，为微信诞生创造了良好的氛围。最近通用电气的重组，也让我们再次看到在一个极为优秀的人后面接班的不易，即便伊梅尔特没有成为“败家子”，也注定难逃“平庸领导者”的标签。

对于刻板印象，我们耳熟能详。刻板印象是基于对某人所在群体的知觉去判断某人，例如，女性心思细腻适合做需要专注和细心的工作，这是好的刻板印象；而女性更加情绪化，这则是一种坏的刻板印象。刻板印象可以与性别、专业、身高、职业以及籍贯等有关。

从以上知觉捷径现象可以看出，它们都是一种自动化的思考，不需要有意识和控制化的思维。

为什么我们会有这种自动化的思考？

因为我们的经验、背景、兴趣和态度构成了我们脑中的基础（认知）图式单元，在适当的情境下，这些图式单元会触发我们的自动反应。知觉捷径会让我们的决策有失公正，例如，在对人员的招聘、选拔和考核上，我们都可能受到晕轮效应、觭角效应、对比效应和刻板印象的影响。

其实决策的难点，也就在于不同人对问题的知觉是不一样的，而了解基本的知觉规律和知觉偏差现象，对于理解不同人的知觉差异，并采取措施将他们拉回统一的理性轨道是必要且有益的。

三、总结

最后，感性并不是错，每个人拥有自己的小情绪和知觉世界的独特视角，会让世界变得更加灿烂、富有活力和创意！

（测试题答案：可能有两种回答。第一种是认为邮递员会说“别难过，你爸爸很快会回来的”。第二种则认为邮递员会说“怎么啦，东西坏了吗？”第二种回答做到了换位思考，能从小男孩的视角迅速切换到邮递员的视角，邮递员并不知道小男孩的爸爸去远方了，也不知道这个模型是爸爸从远方寄来的。）

人工关节集采，不只是降价而已[①]

陈志洪[②]　徐　宏[③]

【摘要】

骨科手术中，耗材使用与跟台服务高度互补。“两票制”已推动销售模式从经销模式向直销模式、配送模式转型。人工关节的“捆绑采购”，将进一步改变原有的利益格局，触发流通渠道变革。政策引导和市场竞争下，一些器械企业选择直销模式的同时，将促使服务市场标准化，催生大型化、专业性的医疗器械综合服务提供商（平台）。

就在第五批全国药品集采结果出炉的前两天，《国家组织人工关节集中带量采购公告（第1号）》于2021年6月21日晚间发布。在药品集采进入“常态化、制度化”的同时，高值医用耗材集采迎来了继冠脉支架类后的“第二波”。通过对集采公告的系列解读，我们探究政策对骨科耗材乃至整个医疗器械行业发展的潜在影响，本文为第一篇。

一、集采中变量

骨科手术中的耗材使用与跟台服务高度互补，“捆绑采购”将改变原有的利益格局，触发流通渠道变革。

---

① 原文发表于上海交通大学行业研究院官方微信公众号“安泰研值”2021年6月30日。

② 上海交通大学安泰经济与管理学院副教授、上海交通大学行业研究院医药行研团队负责人。

③ 上海交通大学安泰经济与管理学院经济专业硕士研究生。

对比药品、支架集采规则，人工关节集采报价中将“伴随服务”费用作为“价格组成”的必要部分。那么，何为“伴随服务”？为什么需要将其单列？虽然部件价格和伴随服务的具体比价方法有待进一步公告明示，但仔细读来，依然感觉到本次集采的特殊性和复杂性。

与药品、支架不同，人工关节的最大特点是使用过程复杂。以髋关节置换为例，手术工具就包括连接杆、软钻、固定钳、铰刀等多种器械，手术中切断股骨的角度、髋臼打磨的深度与方向也十分考验医生的技术水平，需要依据患者的情况灵活应对，标准化程度低。不同厂商的产品设计和操作步骤不尽相同，医生每换一家厂商就要重新学习。因此，人工关节置换手术需要器械企业提供各类术前咨询，如协助工具组装、指导工具使用、培训手术操作等，此外还包括物流辅助、清洗消毒、术后跟踪等配套服务，这一系列的跟台环节也就是集采规则中所提及的“伴随服务”。

医疗器械产业链包含生产厂商、经销商和配送商等不同利益主体。流通环节的经销商和配送商作为连接生产厂商与各级医疗机构的纽带，扮演着承上启下的重要角色。配送商承担的工作主要是物流运输，而经销商则负责“打通进院的最后一公里”的关键任务。在中国，拥有患者资源的医院处于强势地位，经销商对医院开展客户关系管理需要投入大量的资金和精力。医院在产品使用之后才与经销商结算货款，账期较长、资金周转率低，限制了经销商的规模。因此，医疗器械经销商大多数是区域性小型经销商，仅覆盖其熟悉的地域、有限的品种，面向的客户局限于县级或市级地域范围内少数医院。医疗器械流通行业集中度低，2019 年中国医疗器械流通企业约 18 万家，远多于药品流通企业（1.3 万家）①。据华泰证券的测算，2017 年医疗器械配送市场 CR3（市场占有率排名前 3 家的公司市场占有率之和）为 17%，对应的药品配送市场 CR3 为 42%。

传统经销模式下高值医用耗材在流通环节存在巨大利润空间。在超额收益激励下，经销商在承担渠道开发、客户维护的同时，提供包括跟台等在内的增值服务就在情理之中。将关节部件和伴随服务捆绑采购，直接影响产品入院价格和经销商的利润空间。而集采后，利润大幅下降的经销商还能否维持原先低

① 中投研究. 变革中的医疗器械流通行业［EB/OL］.（2019－04－26）［2021－5－30］. http：//finance.sina.cn/zl/2019-04-26/zl-ihvhiewr8326421.d.html.

资金流转率、高医院“打点”的模式？是否还愿意继续承担“伴随服务”的额外成本？传统经销模式是否会被彻底颠覆？这些问题有待进一步研究。

二、集采前探索

“两票制”已推动销售模式从经销模式向直销模式、配送模式转型（见图1）。

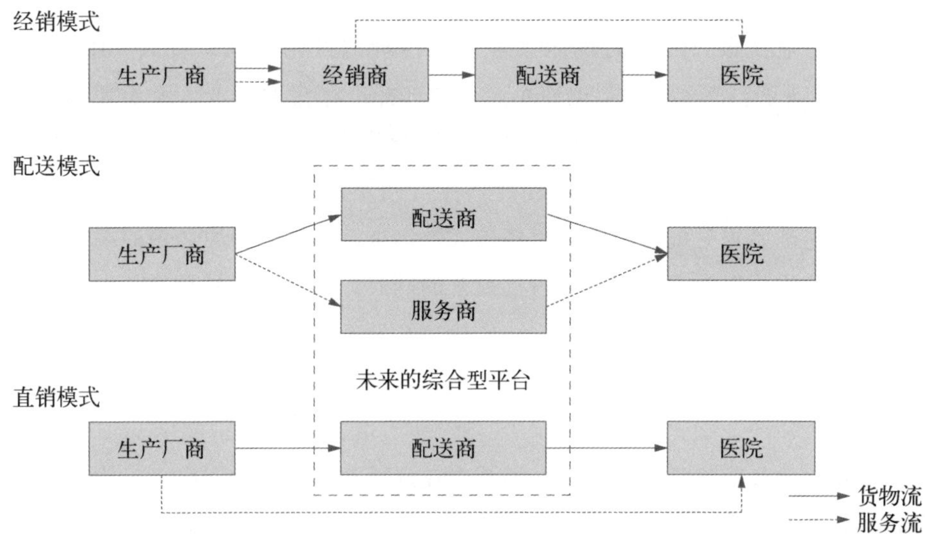

图1　医疗器械渠道模式

规模较大的医疗器械企业积极探索用配送模式或直销模式取代经销模式。在配送模式下，生产厂商将票开给配送商，放弃经销商，并由第三方服务商来承担各类跟台服务。直销模式下，厂商直接向医院供货，并自行承担渠道开发、客户维护和伴随服务的全套工作，整个流程不依赖经销商的参与。直销模式使得生产厂商可以掌握信息流，了解和控制渠道终端，提高渠道效率与产品利润率。与此同时，企业需要自行承担整个流程的成本，承受资金周转上的压力，并且受制于产品拓展、关系维护、地域覆盖等能力限制。

早在2005年强生就开始尝试销售模式的变革，在心血管产品上尝试直销模式，自己主导渠道运营，配送商负责物流，没有传统的经销商角色。然而，在上海总部和南京开展试点后不久，心血管产品的销售额和市场份额在试点地区就陡降2/3，许多经销商转而代理国产替代产品并抢占强生的市场份额。到2007年底，抵御不住压力的强生不得不放弃变革，把销售模式改回经销模式①。

波士顿科学也发起类似销售模式的转型。模式转变之后，波士顿科学产品到医院的终端价格降低了40%，仅为强生产品的一半。但在接下来长达半年的时间里，波士顿科学的销售却几乎为零，即使在半年后有所恢复，最终市场份额也远低于竞争厂商强生与美敦力。不过，与强生变革的黯然收场不同，波士顿科学最终忍痛将直销模式坚持了下来。

国产企业在很长一段时间内大多采用传统的经销模式，直到2016年的“两票制”改革。“两票制”迫使企业仅能选择一家流通企业，流通环节的减少缩短了生产厂商与终端医院的距离，有利于提升生产厂商对终端需求的把控力度，增加其在产品市场上的主动性。在“两票制”的契机下，国内耗材龙头威高股份开始提升配送模式和直销模式的比重，尝试获得原经销商掌握的终端渠道。值得一提的是直销模式占比提升的同时，威高股份骨科产品的销售费用占比出现了显著增加。

三、集采后趋势

政策引导和市场竞争下，一些器械企业选择直销模式的同时，也将促使服务市场标准化，催生大型化、专业性的医疗器械综合服务提供商（平台）。

“两票制”推动了器械流通环节的透明化，对流通企业的终端覆盖能力、回款能力、资金管理能力提出了更高的要求，许多小型企业因此被市场淘汰，行业集中度开始提升。高值医用耗材的带量采购将大幅削减经销商的利润空间，弱化经销商对渠道的主导性地位，引发渠道变革。2021年4月20日，在本次集采的征求意见稿发布后一天，强生宣布与其骨科关节、神经介入等产品的总代理商上海泰美终止合作，彰显重新转向直销模式的意愿。

长远来看，高值耗材集采将驱动器械流通渠道的变革。观察美国的医药器械流通领域，在20世纪80—90年代，美国也面临着当前中国的行业状况，渠道环节“多”“小”“散”“乱”，不成体系。但在今天，器械流通领域几乎成为嘉德诺（Cardinal）一家的天下。目前，Cardinal为美国75%的医院和至少2万家药房提供产品供应服务，和药品流通领域的龙头美源伯根（Amerisource

① 曹海丽. 潜规则力量巨大、强生中国直销革命无疾而终［EB/OL］.（2007-03-21）［2021-5-30］. https：//business.sohu.com/20070321/n248873284.shtml.

Bergen）和麦克森（McKesson）“三足鼎立”，在整个医药流通行业的市场合计占有率超过95%。在Cardinal的发展轨迹中，横向整合与上下游延伸战略是其成功的关键。通过对其他渠道商的不断并购，Cardinal丰富自身经销品类，完善整体渠道网络，成为一个集分销、配送、信息管理、教育服务于一体，覆盖几乎各个细分领域产品线的综合式、一体化“平台”。此外，Cardinal还向上游构建了自主品牌生产线，向下游布局了终端服务，业务扩展到全产业链。

“两票制”改革的推动下，医药器械流通领域已经出现各种整合与延伸。2018年，国药控股收购集团兄弟公司、器械配送市场占有率第一的国药器材；上海医药收购康德乐中国，纳入其医疗器械业务；瑞康医药在半年内斥资4亿元收购湖南、浙江等多省的10家公司，强化业务的全国布局。在整个器械流通领域内，经销商转型配送商、配送商收购经销商、经销商转型合同销售组织（CSO）的事件频现，渠道型企业如九州通、迪安诊断、润达医疗等也开始大力发展上下游业务。

带量采购无疑将成为“两票制”后渠道商内部变革的又一剂猛药，器械流通企业的战略方向将开始转变，行业集中度将进一步提高，最终有可能孕育一家或数家类似Cardinal的大型化、专业性的医疗器械综合服务提供商（平台）。综合服务平台将提供包括配送、跟台等在内的综合性渠道运营服务，并可能在业务延伸中产生集聚效应，在相应领域内形成专业化、一体化的综合型平台。

四、总结

在药品和支架集采中，价格“超50%的平均降幅、超90%的最高降幅”常为人所津津乐道，集采“砍价神器”形象已经深入人心。集采进入骨科耗材等领域后，对产品销售模式以及渠道流通环节都将产生深远的影响。带量采购的意义不仅是降价，还会带动整个医疗产业链的不断变化。集采会驱动产品端的技术迭代，推动手术机器人等创新方法的应用，并带来数据整合、标准整合、监管审批变革等方面的变化。

利益相关者视角下的人工关节集采[①]

陈志洪[②]　董若凡[③]　徐　宏[④]

【摘要】

经济学原理告诉我们，人们会对激励做出反应。政策落地后总能观察到各参与方行为的改变，牵一发而动全身。药品、器械从企业发出，最终应用于患者治疗过程中，涉及渠道、医院、医生、医保等众多环节。集采政策需充分考虑这些利益相关者的可能反应。在瓦解不合理利益分配的同时，给价值创造环节留以空间，通过政策引导让利益链回归价值链。

上一篇文章中，我们分析人工关节集采可能会对产品销售模式和流通渠道产生影响。本文从利益相关者视角，结合产品特点分析集采前后各参与方的利益格局变化，并提出相关建议。

一、上有政策，下有对策

经济学原理告诉我们，人们会对激励做出反应。每一次政策落地后，总能观察到各参与方行为的改变。

以药品集采为例，在前两轮药品集采中，一个普遍现象是医院“报量少、

① 原文发表于上海交通大学行业研究院官方微信公众号“安泰研值”2022 年 3 月 1 日。

② 上海交通大学安泰经济与管理学院副教授、上海交通大学行业研究院医药行研团队负责人。

③ 上海交通大学安泰经济与管理学院工商管理硕士。

④ 上海交通大学安泰经济与管理学院经济专业硕士研究生。

用量多”，大幅降价的中标品种并未完全覆盖目标市场。究其原因，不难发现医院在前几轮集采政策执行过程中缺乏充分报量的激励：一方面，集采要求报量完全使用，报而未用将遭到惩罚；另一方面，通过降低报量，医院可为其他产品，特别是落标原研药保留部分市场。针对这一现象，第三批集采首次引入“结余留用”机制，即以报量为基础核算，将节约下来的医保资金按不高于50%的比例返还给医院。这一机制将曾经的“灰色收入”置于阳光下，就给予了医院充分的报量激励。事实也证明，第三批集采中的报量普遍趋于甚至高于实际需求。

冠脉支架集采后，产品价格的大幅缩水使得成本因素对于生产企业非常敏感。售价相同的情况下，长支架等成本更高的品类逐渐被抛弃。长支架的断供，迫使医生有时只能用多个短支架代替，手术难度随之增加。此外，支架手术利润的下滑诱使医院“另谋出路”，如引导患者接受费用较高的术前超声，或改用未被集采的高价药物球囊进行治疗。某一线城市医院的数据显示，支架集采后，2021 年 1—2 月该院药物球囊使用比例较去年增长了 12. 5%[①]。所幸有关部门在大数据检测到这一情况后立刻在区域和全国展开了冠脉球囊的集采，以遏制不合适的诊疗，冠脉球囊的使用量随之下降。

（疾病）诊断相关分类（DRGs）政策实施中面临类似的现象。DRGs 将病人按诊断特征分组，约定每个诊断相关组的医保付费标准。据报道[②]，在新的支付标准下，关节置换手术的收费减半，医院的利润空间大幅下降。对于一些以骨科“过度医疗”为主要收入来源的民营医院，原有的经营模式无力维持，在政策激励下尝试探索康复医疗和慢病跟踪，向医养结合转型，与公立医院形成差异化分工。此外，DRGs 的“结余留用、超支分担”的激励机制在引导医院行为上也与药品集采不谋而合。

二、集采前后的利益链

利益相关者，是指那些能够影响组织目标实现，或受组织目标实现影响的团体或个人。药品器械从企业发出，最终应用于患者的治疗，治疗目标的实现

---

① 八点健闻. 几百元的心脏支架进医院一个月后，那些意料之中和之外的结果［EB/OL］.（2021－02－25）［2022－02－01］. https：//med.sina.com/article_detail_103_2_96570.html.

② 八点健闻. 骨科亏最多，金华试点医保 DRGs 付费第 5 年，倒逼民营医院转康养［EB/OL］.（2020－12－22）［2022－02－01］. https：//www.163.com/dy/article/FUFPNV9L05457FUK.html.

依赖于渠道、医院、医生、医保等众多参与者，他们也都是企业在实现产品销售中所面对的利益相关者。

对带量采购前人工关节产品利益链进行分解，如图 1 所示，“医院相关的分销费用”占整体利益链的最大比例，其次分别是经销商利润和经销商费用及税。利益的分配与各主体在决策中的自主裁量权相一致。医院是品牌和产品选择的决策者，在利益分配格局上占据主导地位。经销商掌握着和医院的关系，提供较难替代的跟台服务，也享有较强的影响力和利益分配。作为产品提供者的制造商通过学术推广活动等扩大产品影响力和市场规模，但在关键决策点上影响力较弱。这种利益格局类似于制造商生产材料、医院制订菜单，医生在做菜的同时帮助点菜。掌握着医院资源的经销商对哪家企业的产品可以进入医院有很大程度的影响。而医保作为后支付方对决策的干预能力较小，只能被动接受医院上报的费用，医保外高额的相关费用则只能由患者自付承担。

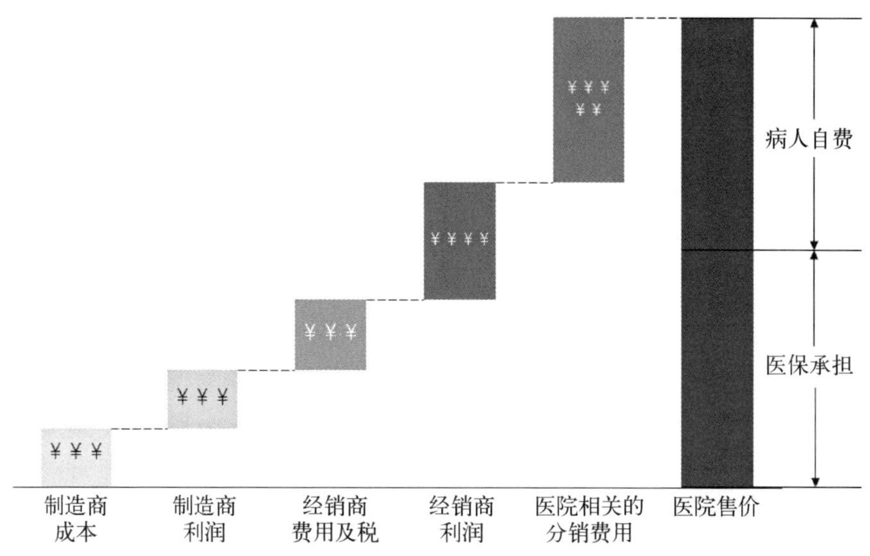

图 1　带量采购前的人工关节产品利益分布示意图

2021 年 9 月 14 日，人工关节集采结果出炉，中标产品平均降幅达 82%，关节耗材均价进入千元时代①。价格巨幅下降后，人工关节产品利益分配发生巨大变化。

① 搜狐网. 人工关节集采结果公布：千元时代来临！平均降幅达 80%以上！［EB/OL］.（2021－09－14）［2022－02－25］. https：//www.sohu.com/a/489777179_116237.

带量采购无疑是对原有利益格局的彻底颠覆（见图 2）。集采的实施意味着带量采购政策限制了医院和医生的处方权，即制订菜单的权力。在绝大部分的使用份额中，医院只能按照医保局的目录选择产品，经销商和医院的利益捆绑被瓦解。新的利益链中已无法容纳“医院相关分销费用”，经销所能分得的利润也十分有限，制造商分配占比提高的同时也承担了原有渠道环节的一些职责。利益链的巨变使原有各利益相关者的角色、行为和需求发生改变，从而对整体市场产生深层次影响。

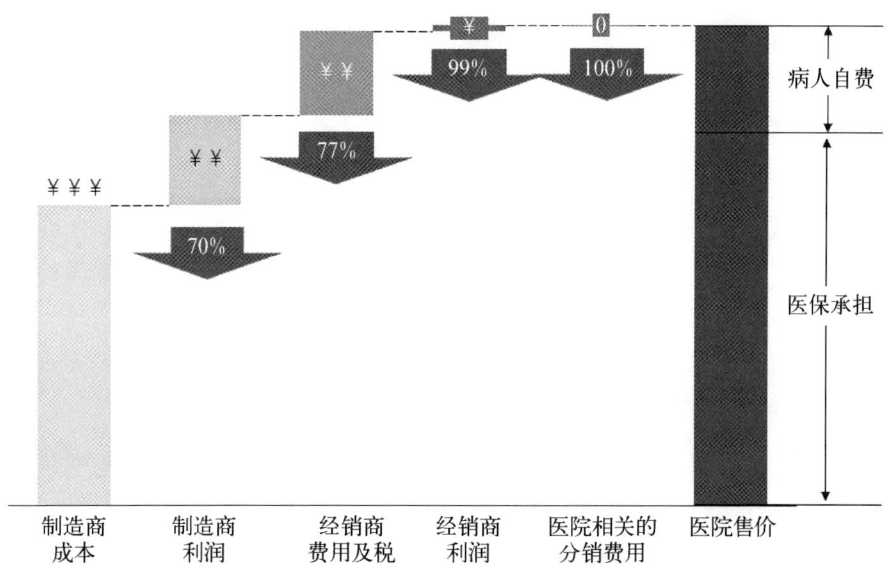

图 2　带量采购后的人工关节产品利益分布示意图

三、利益链回归价值链

政策落地牵一发而动全身。集采绝不仅是医保与企业间的价格博弈，需充分考虑众多利益相关者的可能反应。相关政策在瓦解不合理利益分配的同时，也需给价值创造环节留有空间。

人工关节等高值耗材是企业技术创新、新材料应用的成果。作为医疗产品，在市场准入、使用等方面受到严格监管。产品的市场化成果，还需要学术推广、使用培训、经销、配送等多个环节的共同努力。最终这些产品对患者的价值实现，更有赖于医生的精准诊断、高超医术和对产品的合理使用。

在产品环节，一方面，带量采购通过降低销售价格，倒逼企业进行降本增效，为患者制造出更可及的产品，对引导生产商的价值创造起到积极意义；另一方面，生产商的价值创造还体现在推陈出新，持续研发、推出高质量的成果，进一步服务于患者的未满足需求，如骨科领域的手术机器人等创新产品。政府应该加大对企业这一方面创新的支持，通过加速审评、纳入医保支付等给企业预留空间，从而实现医保资金的“腾笼换鸟”。

在渠道环节，经销商的存在虽然滋生出一些弊端，但也客观创造了提高流通效率、辅助医生手术的价值。典型的例子是关节置换手术中的“伴随服务”，我们在上一篇文章中已有介绍。在带量采购前，经销商享受着高额的利润空间，负责增值服务在情理之中；在带量采购后，由于利润空间大打折扣，经销商不愿提供伴随服务，甚至可能退出行业。部分经销商的退出，虽然可能暂时影响部分医生的手术体验，但是长期来看，有利于行业集中度的增加，大型医药物流管理平台介入原本的利益链，对小型经销商进行兼并收购，通过数字化转型等提高经销环节的服务效率。在渠道变革的过程中，成长起来的大企业有能力继续提供增值服务，成为手术过程中的有力帮手。

医院和医生作为重要的利益相关者，也是关键的价值创造方，并客观上面临着集采后收入锐减的压力。本次集采囊括的范围是全髋和全膝关节，半髋和半膝不在其中，而半髋半膝手术与全髋全膝手术有一定的可替代性，原本因为手术难度较高而较少采用的半髋半膝手术在短期内可能被医院重新提上日程。同时，科室也会通过增加康复服务、使用手术机器人等增值服务来弥补盈利损失，从而也提高了对病患的治疗和服务水平，达到创造临床价值的效果。

政策应给医院和医生的价值创造留以空间，这需要通过一系列的配套政策来实现。比如通过提高医疗服务的价格，提升手术费用来彰显医生的价值创造，也降低医生对药耗回扣的依赖。再如通过推行分层诊疗和基础医疗设施建设，让患者的基本需求在基层落地，从而使三甲医院能够追求更高维度的价值创造。

四、小结

人工关节集采的成功，瓦解了行业中的不合理利益分配，重塑了利益格局，使得患者和医保的诉求得以高效实现。医保支付政策落地过程中，既要“以量换价”，也要充分考虑各方利益，引导各个环节参与者的价值创造。通过对相关主体的合理激励，给价值创造环节留以空间，引导“利益链”回归“价值链”。

后关节集采的企业策略选择①

陈志洪② 董若凡③ 徐 宏④

【摘要】

策略，或称战略，是组织基于未来、结合自身条件以及外部环境变化而做出的优化决策。人工关节集采意味着企业外部环境和竞争格局发生重大变化，战略调整是必然选择。本文认为，渠道管理的数字化转型和关注未满足需求的蓝海市场应该是相关企业策略调整的重点。

上两篇文章中我们分别分析了人工关节集采所带来的流通渠道变革，以及集采后“利益链”向“价值链”的回归，本篇我们探讨相关企业的策略选择。

一、人工关节集采前后市场格局

关节类产品主要由髋关节、膝关节两类假体系统组成，植入后用于治疗关节炎、股骨头坏死等疾病。关节类产品在全球占据骨科耗材的主要份额，2018年市场规模约150亿美元，占比37%；在国内，由于植入器械市场起步较晚，关节类产品的份额略低于脊柱和创收类，2018年市场规模约73亿元，占比27%⑤。

---

① 原文发表于微信公众号“上海交大安泰行业社群班”2022年5月18日。

② 上海交通大学安泰经济与管理学院副教授、上海交通大学行业研究院医药行研团队负责人。

③ 上海交通大学安泰经济与管理学院工商管理硕士。

④ 上海交通大学安泰经济与管理学院经济专业硕士研究生。

⑤ 山东威高骨科材料股份有限公司. 山东威高骨科招股说明书［R］. 威海：山东威高骨科材料股份有限公司，2021.

带量采购以前，国际巨头捷迈邦美、强生分别以15%、14%的市场占有率位列前二，外资企业总共占据着65%的人工关节市场。而国内厂商中爱康医疗、春立医疗等上市公司也具有不俗的实力，各自拥有9%左右的市场份额，位居整个市场的第三、第四名，具体如图1左所示[①]。

对整个行业而言，带量采购意味着一次重新洗牌。在国内厂商中，春立医疗是受到冲击较大的一家，其膝关节产品在4进3的竞争中落标，而2020年膝关节业务占其总收入的17%左右，并刚刚实现了120%的高速增长，集采的失利无疑为未来的发展蒙上了一层阴影。而威高骨科则是集采的潜在获益者，四项产品全部中标，对于骨科产品线齐全，但关节领域相对薄弱的威高骨科而言，这意味着获得了打开市场、提高份额的机会[②]。

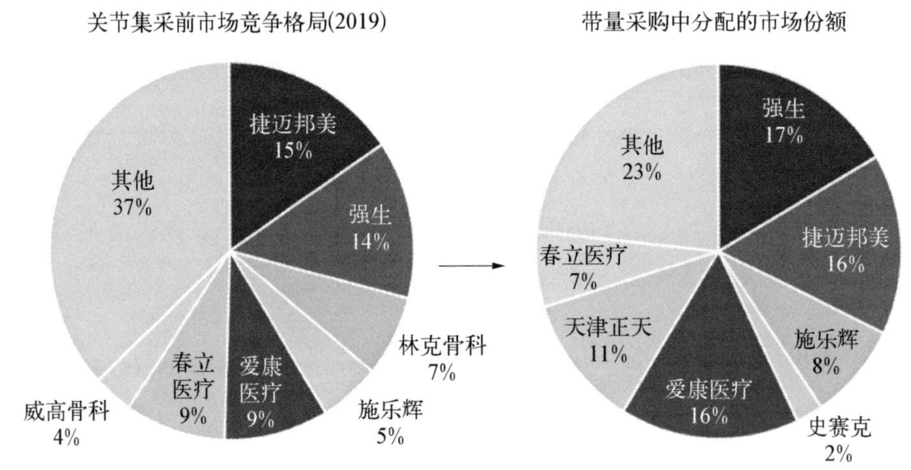

图1　带量采购重塑人工关节产品市场的竞争格局

图1右总结了带量采购包含市场的分配结果（注意还存在50%左右的未带量市场，包含集采中未分配需求、半髋半膝等未纳入的品类）。不难发现，外资企业在本次集采中的参与度较高，除林克骨科出局以外，基本保住了原有的市场份额，强生和捷迈邦美仍然排名前二。国内厂商中，爱康医疗和天津正天的份额明显提升，而春立医疗因为膝关节的落标损失了一定的份额。

---

① 财健道. 人工关节集采后：是国产替代，还是进口产品放量［EB/OL］.（2021-09-15）［2022-03-15］. https：//mp.weixin.qq.com/s/OgigvjLDodshdWFOrMLi6w.

② 赛柏蓝器械. 业绩预告频出丨国产骨科龙头打响绝地反击战：威高、春立、三友……［EB/OL］.（2022-03-01）［2022-03-15］. https：//mp.weixin.qq.com/s/MpABM4Sk1rQBzQ1aoNiQdQ.

二、基于集采的策略选择

策略，或称战略，是组织基于未来、结合自身条件以及外部环境变化而做出的优化决策。人工关节集采意味着企业外部环境和竞争格局发生重大变化，战略调整是必然选择。

带量采购颠覆了行业的价格体系，企业需要面对80%的价格降幅对盈利能力的影响。在价格下降必然带来需求增加的同时，考虑到关节手术难度和学习周期，手术量在基层乃至民营医院的放大依然需要过程和时间。近期，国内骨科耗材龙头威高骨科、春立医疗等公司陆续发布业绩预告，在回顾去年经营成果的同时，也对下阶段的战略方向做了展望。

“成本领先”战略一直是很多国内厂商的安身立家之道，更低的生产成本、更高的渠道空间帮助他们立足于基层市场。而在集采过后，外资企业也不得不考虑成本的问题，内部的产品线调整、事业部改制，甚至人员裁撤都曾在药品集采后出现。可以说，控制成本是企业应对被带量市场降价的最直接策略。

而如果考虑规模不小的非带量市场，“差异化竞争”则是重中之重。研发投入、技术沉淀、学术资源更充足的外资企业通常更能发挥自身的差异化，自获悉集采的消息开始，史赛克就开始在各大展会上重点推广代表其技术优势的智能骨科手术机器人。作为国内的领军者，爱康医疗也在集采后持续推广其3D打印植入物的技术亮点，加强学术营销、开拓下沉市场。而在集采中失利的春立医疗也在业绩预告中表明了“提升产品竞争力、扩展品牌影响力，持续加大研发投入和市场推广力度”的决心。

然而，单纯的“成本领先”无法保障长期的发展，也不能逆转市场规模的萎缩；方向不明确的“差异化”同样无法创造需求，反而可能徒增成本。只有能够提升整体的运营效率、深入挖掘患者的未满足需求的公司，才更可能在向“价值链”的回归中创造新的商业机会。

三、渠道管理的数字化转型

之前我们分析了带量采购将为流通渠道变革带来可能，而精简化、数字化的渠道管理也正是企业提升整体运营效率、紧密联系终端市场的有效策略。

2021年4月20日，在关节集采征求意见稿发出的第一天，强生就宣布与其骨科总代理商上海泰美终止合作，并开始加快骨科业务的销售招聘，这些信号被广泛解读为强生重启渠道改革的开始。事实上，直销模式一直是强生这样的国际巨头所提倡的，早在 2005 年，强生就曾在中国开展过直销试点，但因为受到经销商的抵制而未能成功推广。

传统的销售渠道需要经过多层经销商才能将产品分销到医院，站在企业管理的角度，这样的模式存在着诸多弊病。首先，最显而易见的问题是多层经销商带来的高额管理成本，各种商务问题层出不穷，甚至会出现地区间的“窜货”，需要消耗企业大量的人力、物力管理经销网络。其次，对于人工关节等需要经销商提供伴随服务的产品，在跟台手术中所需的工具往往由企业“租赁”给经销商，这些工具在不同经销商间通常不会转借，重复的投放造成了资源的浪费和成本的增加。最后，传统经销模式存在着严重的信息不透明，企业仅能获取二级经销商自主上报的数据，准确性低、滞后性高，无法及时掌握渠道的库存情况，更无法了解医生、患者的使用需求，导致了企业与终端市场的脱节。

带量采购后，经销商的利润大幅削减，话语权明显流失，也赋予了企业重新调整渠道战略的机遇。一方面，多层经销商网络已不再必要，在物流平台之外，最多只需要一级分销就可以直达医院，并且可以由自主团队实现，管理效率大幅提升。另一方面，如果采用直销模式，跟台工具也可以由企业内部统一调配，重复投放的问题迎刃而解；即使仍需要经销商提供伴随服务，随着集采后经销商行业的集中度提升，最终形成的平台可以直接与企业对接，同样能有效减少资源浪费。而更为关键的是企业可以建立数字化的信息追踪系统，一物一码、扫码追踪，既能优化库存管理，提高存货周转率，又能了解终端市场的使用情况，根据需求调整营销手段，研发更适配实际需求的新产品。

精简化、数字化的渠道管理是企业提升整体运营效率、紧密联系终端市场的有效策略。当然，在战略转型的过程中，企业难免遇到经销商动荡、团队不稳定、早期成本上升等问题，如何取舍还需结合自身状况通盘考量。

值得一提的是数字化的趋势还会为流通企业带来机会。SPD 是英文单词供应（supply）、加工（processing）、配送（distribution）的缩写，是能够有效提高医疗机构效率的供应链管理模式，其关键是建立医院内的智能物流系统。以条码进行标记，低值耗材采用定数包管理、高值耗材采用智能柜管理，精准追溯、自动清点，能够大幅减少耗材损失与人力需求。考虑到全国有 3 000 家以上的三级医院、10 000 家以上的二级医院，SPD 的潜在市场将超过百亿[①]。带量采购解决了经销环节中的一些弊端，也倒逼流通企业加速成长。与医院合作建立 SPD 平台是国药、上药等头部企业的可选策略，能共同为供应链创造更多价值。

四、开拓“以患者为中心”价值创造的蓝海市场

带量采购下高值耗材市场的萎缩是大势所趋，无论采取“差异化”还是“成本领先”战略，企业获利性增长的空间都越来越小。采用蓝海战略，深入挖掘未满足需求，创造新的商业机会，也许能长期获取更多的回报。

随着带量采购等医改政策的推行，患者在“量”“价”上的基本需求不断得到满足，此时对诊疗过程“质”的需求将进一步体现。对于关节炎这样的慢性疾病，关节置换只是整个病程中的一个阶段，患者需要的是从预防、诊断到治疗、康复的全周期跟踪方案。而目前企业主要集中于手术耗材、工具和跟台服务方面，其他需求几乎未得到关注。

以康复为例，骨科手术仅能完成组织的修复，但 70%以上的功能恢复需要通过专业的运动康复实现，居家静养只能恢复到 40%的程度，并遗留诸多的并发症，甚至导致功能丧失。对老年患者而言，长期卧床造成的并发症易于引发脏器衰竭，从而演变成“人生最后一次骨折”。据统计，我国的康复需求人口高达 1 亿，但康复机构的数量、规模，乃至于康复医师的占比都远不及发达国家。

威高骨科迅速瞄准了这一蓝海市场，与迈步机器人联手，进军骨科诊疗康复智能化设备，构建术前规划、术中诊疗、术后评估，以及院内康复、院外康复和居家辅助的全闭环体系。迈步多年的柔性机器人研发技术，加上威高骨科的品牌、资源、销售能力，可能会在康复行业产生深远的影响。值得一提的是威高骨科也在“两票制”后积极推行直销化等渠道改革，用切实行动落实业绩预告中提到的“坚持渠道下沉”和“持续创新能力”[②]。

在外资企业中，施乐辉一直是全病程理念的先行者。除了耗材领域的产品

---

① 武瑛港. 21 深度丨解决医院耗材管理痛点背后：百亿医疗 SPD 市场崛起需跨越“两座大山”［EB/OL］.（2021-06-25）［2022-03-15］. https：//mp.weixin.qq.com/s/5poC_W-pxLEoN1gyopyw7w.

② 医疗器械创新网. 威高战略投资外骨骼机器人［EB/OL］.（2022-02-24）［2022-03-15］. https：//mp.weixin.qq.com/s/vcajjDcf_6DNmyB0303EhQ.

线齐全、研发实力出众外，施乐辉很早就进入了骨科机器人赛道，通过自主研发和兼并收购，形成了独特的技术优势，中国区业务也在加速起步。此外，施乐辉还拥有高端敷料的特色业务，在预防手术感染、加速伤口恢复上拥有非常好的效果，并且可以经由天猫、京东等电商平台便捷地触及患者。通过术前的专业教育、协助规划服务，术中的手术机器人操作，术后的病理总结、康复管理等服务，施乐辉正在成为综合型的解决方案供应商。

随着分级诊疗的逐渐落地，更多患者可能选择留在基层医院，享受更加便捷、高性价比的医疗服务，而此时“互联网医疗”“5G 医疗”等领域也会成为企业可选的策略落脚点。

五、小结

带量采购的实施，标志着原利益链的瓦解，但也意味着新价值链的重生。对企业而言，面对全新的外部环境和竞争格局，战略调整是必然选择。精简化、数字化的渠道管理，以及以患者为中心的全病程服务，是企业提升整体运营效率、挖掘患者未满足需求的有效策略，能够帮助企业更好地在竞争中创造价值。

医药产业发展趋势[①]

范纯增[②]

【摘要】

生物医药产业是关系国计民生的战略性新兴产业。弄清其发展趋势，对我国进一步着力发展该产业具有重要意义。本研究将当前医药产业的发展趋势归结为以下八个方面：世界医药产业总产值增长迅速，医药研发投资增加迅速，医药产业增长不均衡，医药企业中的头部公司规模不断扩大，新药研发的成功率不断下降，研发成本不断上升，全球在研药物不断增加，药物价值及处方药销售结构变化缓慢。

医药产业作为全球性研发密集型高技术产业已在世界主要发达国家和部分发展中国家深受重视。目前，世界医药产业的发展具有以下八大趋势。

一、世界医药产业总产值迅速增长

进入 21 世纪以来，世界医药产业发展十分迅速，其规模不断增大，产值不断增长。例如 2003 年世界医药产业总产值为 1. 99 万亿美元，到 2019 年增长为 5. 79 万亿美元，到 2020 年 9 月达 6. 65 万亿美元，预计到 2021 年将超过 7 万亿美元（见图 1）。

---

① 原文发表于上海交通大学行业研究院官方微信公众号“安泰研值”2021 年 8 月 17 日。本研究得到国家统计局上海调查总队重点研究课题“长三角一体化背景下产业链发展研究”和“产业空间重构与长三角一体化升级研究”的支持。

② 上海交通大学安泰经济与管理学院副教授、上海交通大学行业研究院医药行研团队负责人。

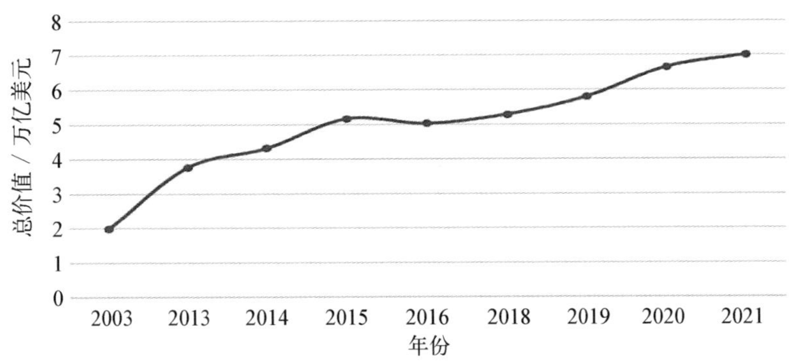

图 1　2003—2021 年医药行业增长[①]

世界医药产业产值的迅速增长充分反映了药品市场的全球化快速发展及药品消费的爆发性扩张态势。

二、医药研发投资增长迅速

医药产业作为全球性研发密集型高技术产业，在世界主要发达国家和部分发展中国家深受重视。根据数据统计机构 Statista 统计，全球医药研发投入在 2012 年为 1 360 亿美元，到 2019 年达 1 860 亿美元，预期到 2021 年达到 1 950 亿美元，2026 年将达到 2 330 亿美元（见图 2）。

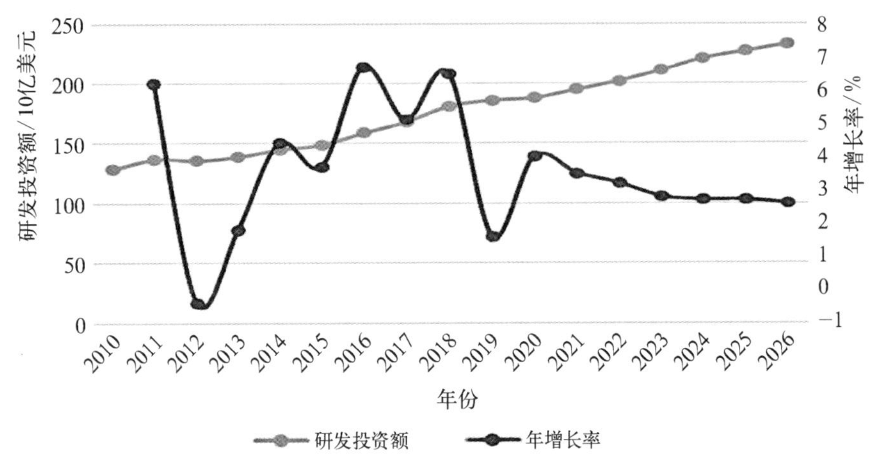

图 2　2010—2020 年全球医药研发投入及至 2026 年预计投入

① Torreya. Biopharmaceutical sector update：market update 2021 [R/OL].（2021 - 09 - 09）[2021 - 09 - 10]. https：//torreya.com/publications/biopharma-market-update-torreya-2021-09-09.pdf.

如此规模巨大的研发投入和逐步增长的趋势，显示了医药行业的研发密集性及持续扩张的研发需求。

三、医药产业增长不均衡

根据 Torreya 预测，2030 年世界医药行业的规模将比 2017 年增加 60%，美国将增长 34%，中国将增长 130%，英国、德国、日本、意大利、法国、西班牙、加拿大等将增长 10%~30%，韩国、印度、印度尼西亚、巴西、澳大利亚等增长将超过 40%（见表 1）。

到 2060 年，全球医药行业产业规模将比 2017 年增长 217%，美国、日本、德国、俄罗斯、法国、英国、加拿大、澳大利亚和韩国分别增长 143%、77%、59%、116%、196%、145%、159%、186%和 91%，中国、墨西哥、巴西、沙特阿拉伯、印度、阿根廷、印度尼西亚分别增长 354%、245%、205%、248%、654%、204%和 434%（见表 1）。

从支付能力看，2017 年全球医药费用支出为 10 425.45 亿美元，2030 年将增长到 16 719.32 亿美元，2060 年将达到 33 074.07 亿美元；美国 2017 年为 3 851.91 亿美元，2030 年将增长到 5 176.78 亿美元，2060 年将达到 9 377.02 亿美元；中国 2017 年为 1 227.28 亿美元，2030 年将增长到 2 817.01 亿美元，2060 年将达到 5 572.60 亿美元（见表 1）。

日趋增长的产业规模和支付规模是支持医药研发创新的坚实基础。

表 1　未来医药行业增长预测[①]

国家	未来产业规模		医药费用支出（亿美元，当前价）		
	2030 年比 2017 年增长（%）	2060 年比 2017 年增长（%）	2017 年	2030 年	2060 年
世界	60	217	10 425.45	16 719.32	33 074.07
美国	34	143	3 851.91	5 176.78	9 377.02
中国	130	354	1 227.28	2 817.01	5 572.60

① Torreya. The future of the global pharmaceutical industry [EB/OL]. (2017-10-01) [2021-08-17]. https://torreya.com/publications/torreya_global_pharma_industry_study_october2017.pdf.

续 表

国家	未来产业规模		医药费用支出（亿美元，当前价）		
	2030 年比 2017 年增长（%）	2060 年比 2017 年增长（%）	2017 年	2030 年	2060 年
日本	17	77	1 030. 06	1 202. 85	1 825. 36
德国	18	59	640. 07	757. 10	1 020. 45
俄罗斯	47	116	466. 93	685. 70	1 010. 23
法国	29	196	455. 24	588. 90	893. 67
意大利	18	85	369. 09	436. 57	682. 39
墨西哥	54	245	36 263. 00	56 006. 00	1 245. 51
英国	28	145	332. 35	424. 48	815. 43
加拿大	31	159	291. 13	381. 44	1 245. 51
韩国	41	91	283. 50	400. 84	815. 43
西班牙	29	96	271. 23	350. 87	532. 46
巴西	69	205	259. 15	436. 93	791. 44
澳大利亚	49	186	155. 75	231. 64	444. 97
波兰	40	88	140. 82	196. 60	264. 99
沙特阿拉伯	71	248	133. 45	227. 82	464. 08
印度	134	654	128. 63	298. 87	969. 34
阿根廷	58	204	115. 99	183. 70	352. 89
印度尼西亚	96	434	108. 58	212. 49	579. 36

四、医药企业中的头部公司规模不断扩大

2011 年全球前 35 个头部医药企业市值为 1. 6 万亿美元，2015 年达到 3. 0 万亿美元，2020 年达到 3. 6 万亿美元，分别比 2011 年增长了 87. 5%和 125%。其中，强生、辉瑞、默克、安进、百时美施贵宝、礼来、吉利德、渤健在 2011 年的市值分别为 1 750 亿美元、1 440 亿美元、1 000 亿美元、500 亿美元、490 亿美

元、400 亿美元、300 亿美元和 220 亿美元，到 2020 年分别增长为 3 920 亿美元、2 050 亿美元、2 130 亿美元、1 450 亿美元、1 340 亿美元、1 360 亿美元、830 亿美元、440 亿美元，分别增加了 124%、42%、113%、190%、173%、240%、177%和 100%。2015 年艾伯维和再生元的市值分别为 980 亿美元和 430 亿美元，到 2020 年分别增长为 1 600 亿美元和 610 亿美元，分别增长了 63%和 42%①。

头部公司规模的不断扩大使得资源日益向这些公司聚集，从而使这些公司的发展更具优势。

五、新药研发的成功率不断下降

2016 年到 2021 年，不同疾病领域的新药研发成功率几乎都出现了下降的态势。例如抗感染新药研发成功率下降了 5. 9 个百分点，消化内科新药研发成功率下降了 6. 8 个百分点，呼吸系统新药研发成功率下降了 5. 5 个百分点，内分泌新药研发成功率下降了 6. 6 个百分点，泌尿外科新药研发成功率下降了 7. 8 个百分点（见图 3）。

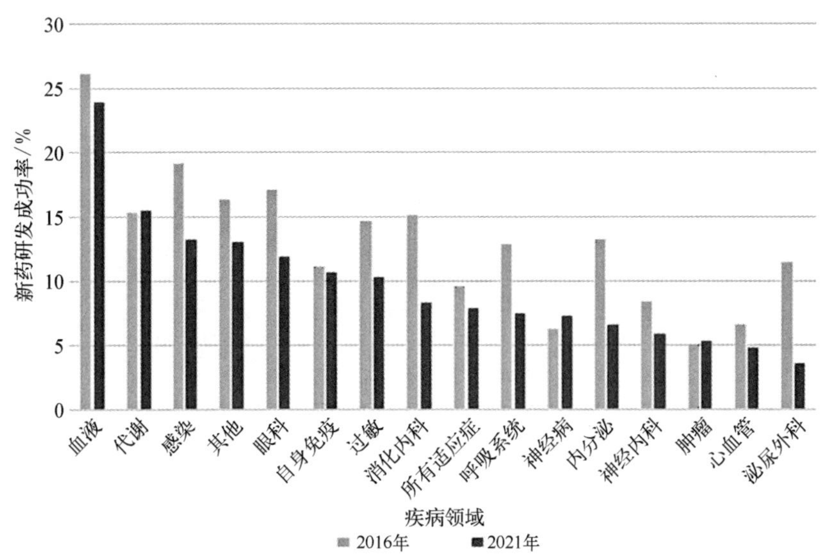

图 3　新药研发的成功率②

① Torreya. Biopharmaceutical sector update: market update 2021 [R/OL]. (2021-09-09) [2021-09-10]. https://torreya.com/publications/biopharma-market-update-torreya-2021-09-09.pdf.

② Bio. Clinical development success rates and contributing factors 2011—2020 [R/OL]. (2021-02-02) [2022-01-01]. https://www.bio.org/clinical-development-success-rates-and-contributing-factors-2011-2020.

造成这种现象的原因主要在于，进入 21 世纪后现代医药研发的复杂程度日益加重。在复杂程度加重的情况下，新药研发的成功率不断下降是必然的结果。

六、研发成本不断上升

生物医药产业属于资本技术密集型产业。Adams 等学者估计，每个新药的开发支出约为 2 700 万美元①。Adams 等学者则估计，一个新药的研发投入大致在 2 700 万 ~8 600 万美元之间②。

根据 DiMasi 等的研究，从 1970 年代到 2010 年代，每个新药的研发费用从 1.79 亿美元增加到 25.58 亿美元，每 10 年左右的研发费用增加 1.4 倍左右。若 1970—1980 年的新药研发费用指数为 100，则 1980—1990 年的新药研发费用指数为 230.73，1990—2000 年的研发费用指数为 583.24，2000 年—2010 年代中期为 1 429.05③。

根据 Badran 的研究，按照 2013 年不变价计算，1970 年代每个新药研发成本为 1.79 亿美元，1980 年代上升为 4.13 亿美元，1990 年代至 2000 年代早期上升为 10 亿美元，2010 年代进一步上升到了 26 亿美元（见表 2）。

表 2　新药研发费用的不断增长情况④

年　　代	费用/亿美元
1970 年代	1.79
1980 年代	4.13
1990 年代—2000 年代早期	10.00
2010 年代	26.00

① Adams C P, Brantner V V. Estimating the cost of new drug development: is it really 802 million dollars? [J]. Health Aff, 2006, 25 (2): 420-428.

② Adams C P, Brantner V V. Spending on new drug development [J]. Health Economics, 2009 (19): 130-141.

③ DiMasi J, Hansen R, Grabowski H. The price of innovation: new estimates of drug development costs [J]. Journal of Health Economics, 2003, 22: 151-185. Dimasi J, Hansen R, Grabowski H. R&D costs and returns by therapeutic category [J]. Drug Information Journal, 2004, 38 (3): 211-223.

④ Badran A. Role of science, technology & innovations in pharmaceutical industry [EB/OL]. (2015-9-10) [2021-08-01]. https://www.uop.edu.jo/download/.

根据经济学人智库（EIU）计算，2003—2011 年新药研发费用上升了88%，2011—2016 年上升了 70%，2016—2025 年将上升 100%，2025—2034 年将再次上升 100%，2034—2043 年将又一次上升 100%（见表 3）。

表 3　单个新药平均研发费用增长率

年　份	2003—2011	2011—2016	2016—2025	2025—2034	2034—2043
增长率/%	88	70	100	100	100

综上所述，虽然不同的研究者就新药研发成本的统计计算并不完全一致，但与 IT 产业遵循摩尔定律不同，医药研发成本不断上升是基本趋势。也就是说，新药的研发成本遵循 EROOM 定律（自 1950 年以来，每 10 亿美元研发投资对应的 FDA 批准的新药数量大约每 9 年下降一半）。

这主要是随着时代变迁，研发链条拉长，研发分工日趋精细，复杂性不断增加等造成的。

七、全球在研药物不断增加

当今世界，全球在研药物不断增多，总体呈现稳步快速增长的特征。例如 2001 年全球新药研发管线有 5 995 个，2019 年增加到 16 181 个，2021 年进一步增加到 18 582 个（见图 4）。

目前，新药研发周期依然冗长且高风险。一般而言，研制成功一个新药，需要很长的时间。例如，在研发新药时，研究者首先需要花费很长时间为寻找潜在药物化合物打下基础；再需要 3~6 年时间找到 5 000~10 000 个具有一定潜力的成药化合物或大分子，并在经过进一步筛选后选出大约 250 个化合物/大分子进入临床前研究；接着需要经过 20~100 人的第一阶段的临床试验，100~500 人的第二期临床试验，1 000~5 000 人的临床三期试验，这又需要大概 6~7 年的时间；最后还要经过 0. 5~2 年的药监局审评过后，方可上市。而且大多药物上市后还需要接受无限期的进一步研究和监督。

由 2011—2021 年美国的样本分析发现，在不同疾病领域，新药从临床 I 期到成功获得审批所需时间不同，但总体在 9. 2~12. 2 年（见图 5）。

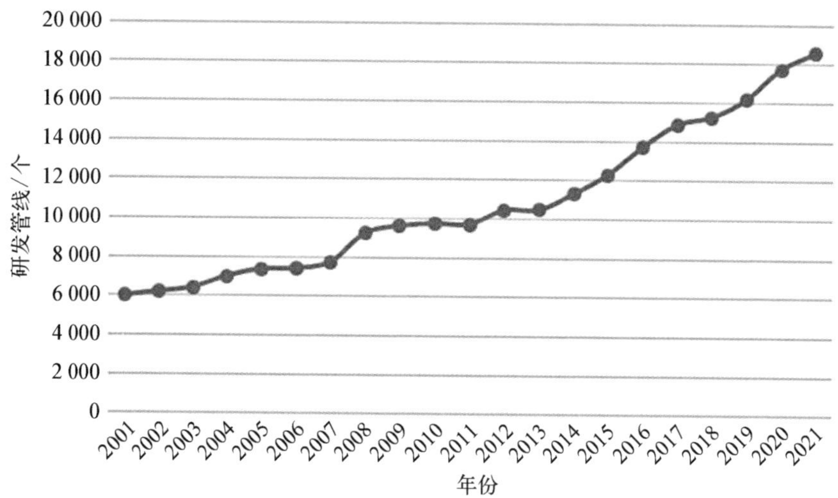

图 4　2001—2020 年世界新药研发管线的变化①

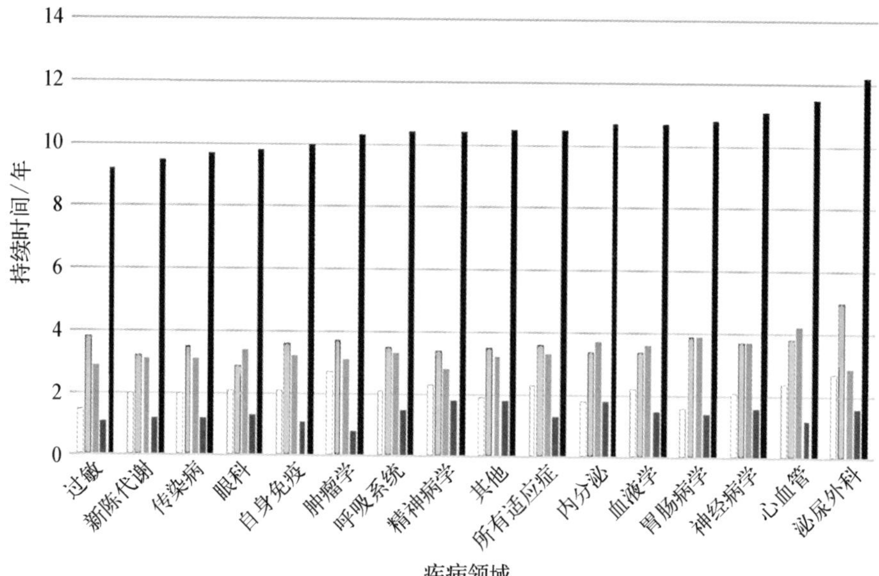

图 5　2016—2021 年不同疾病领域内新药临床Ⅰ期到新药审批的持续时间②

---

① 行业分析：2021 年全球新药研发趋势［EB/OL］.（2021－06－25）［2022－08－01］. http：//www.bleexpo.com/h-nd-1084.html.

② Bio. Clinical development success rates and contributing factors 2011—2020［EB/OL］.（2021－02－02）［2022－01－01］. https：//go. bio. org/rs/490-EHZ-999/images/ClinicalDevelopmentSuccessRates2011_2020.pdf?_ga=2. 120623560. 1113819123. 1625965000-1861341647. 1601793963.

综上所述，新药研发需要很长的时间，不确定性很多，风险很大。

八、药物价值及处方药销售结构变化缓慢

从医药价值结构来看，2003 年到 2020 年间，小分子药物的价值从 16 798.2 亿美元增加到 34 358.48 亿美元，占药物总价值的比重从 84.6%下降到 59.9%；生物药的价值从 2 871.35 亿美元增加到 20 218.2 亿美元，占全部药物的比重从 14.5%上升到了 33.6%，增长幅度很大；其他如血液制品、疫苗、基因疗法和核酸药物价值的增长也很快。在所有药物中，化学药（小分子药）和生物药合计占比在 93%以上，其他药物/疗法的占比不足 7%。①

从处方药内部销售结构看，新药+孤儿药主导了世界处方药的销售额，其占处方药总销售额的比重不断上升；仿制药的销售额缓慢上升，其占处方药总销售额的比重在 2014 年达到 9.9%后开始缓慢下降。总体来看，处方药总销售额的增长率波动明显，但基本呈现增长趋势（见图 6）。

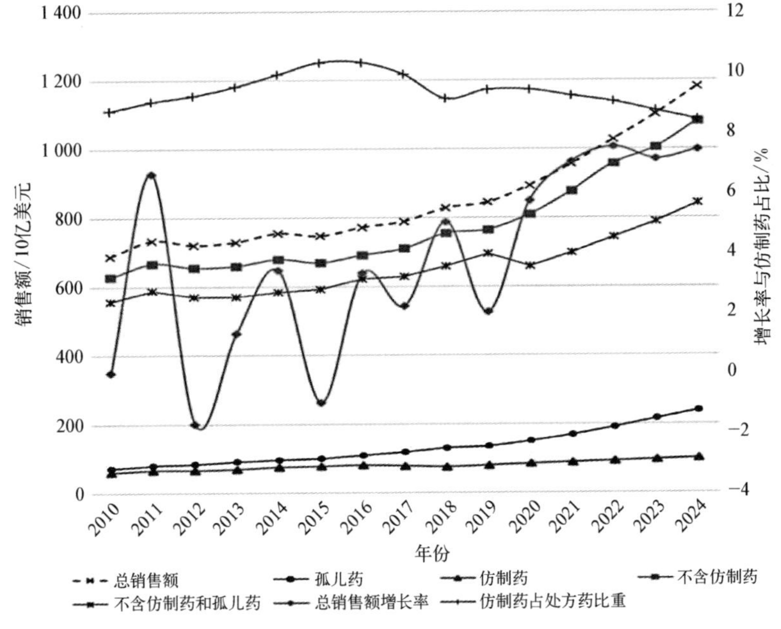

图 6　世界处方药销售趋势②

---

① Torreya. Biopharmaceutical sector update: market update 2021 [R/OL]. (2021-09-09) [2021-09-10]. https://torreya.com/publications/biopharma-market-update-torreya-2021-09-09.pdf.

② Evaluate Pharma. World Preview 2019, Outlook to 2024 [EB/OL]. (2019-06-01) [2022-02-01]. https://info.evaluate.com/rs/607-YGS-364/images/EvaluatePharma_World_Preview_2019.pdf.

美国医药研发投入特征[①]

范纯增[②]

【摘要】

美国是医药研发投入能力最强的国家，也是医药研发创新生态最发达的国家。美国医药研发投入大致呈现如下特征：政府的研发投入不断加大，大学研发资金不断增多，企业研发投入日趋增强，研发投入不均衡，研发投入高度集中且风险投资不断上升。分析总结美国医药研发创新投入规律，对我国尽快构建富有活力和创新效能的研发生态具有借鉴意义。

生物医药产业是一个复杂的投入产出系统，产出结构、数量、质量对医药产业发展及生态发育意义重大。美国生物医药研发创新具有很强的研发投入和研发产出，在世界范围内具有领先地位。

一、政府的研发投入不断加大

美国政府对医药研发投资最主要的一个渠道是通过美国国立卫生研究院（NIH）设立各种基金。就绝对量上来看，NIH 作为支持医药研发创新的最大官方机构，拨付的医药研发资金已从 1938 年的仅 4.9 亿美元，增长到了 2020

① 原文发表于上海交通大学行业研究院官方微信公众号“安泰研值”2021 年 9 月 23 日。本研究得到国家统计局上海调查总队重点研究课题“长三角一体化背景下产业链发展研究”和“产业空间重构与长三角一体化升级研究”的支持。

② 上海交通大学安泰经济与管理学院副教授、上海交通大学行业研究院医药行研团队负责人。

年的 400 亿美元以上（见图 1）。2021 年其医药研发资金投入已超过 500 亿美元，约为 1938 年的 100 倍[①]。

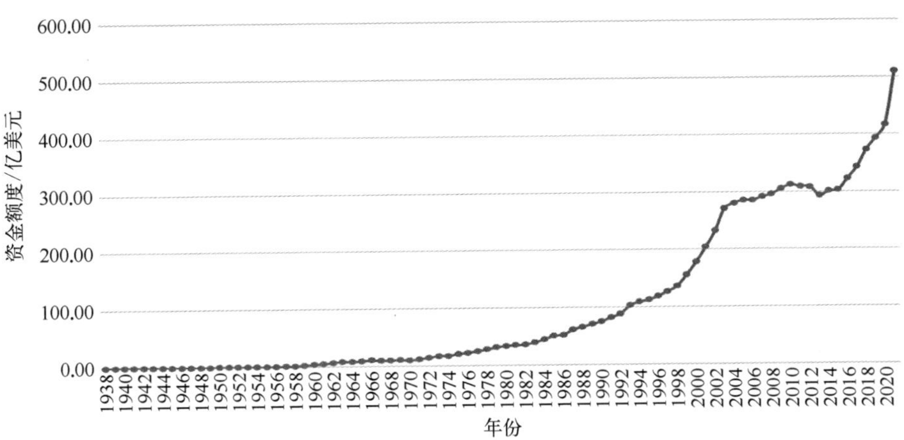

图 1　1938—2020 年 NIH 投资变化[②]

按美国国家科学与工程统计中心（NCSES）统计，联邦政府对生命科学的研发支出占全部研发支出总额的百分比已从 1970 年的 29%（低于联邦政府对工程研发支出的比例 31%），上涨到了 2020 年的 48%（遥遥领先于第二位的工程 29 个百分点）（见表 1）。从绝对数量来看，美国联邦政府对生命科学的投资更是不断加大，已从 1970 年的不足 14 亿美元，上升到 2020 年的 407 亿美元（见图 2）。

表 1　1970 年和 2020 年美国联邦政府研发支出结构[③]　　（单位：%）

类别	1970 年研发支出	2020 年研发支出
生命科学	29	48
工程	31	19
物理	19	11

① 数据来源：https：//grants.nih.gov/funding/searchguide/index.html#/.

② 数据来源：https：//grants.nih.gov/funding/searchguide/index.html#/.

③ NCSES. Growth in federal research obligations for life sciences between 1970 and 2020 [R/OL].（2021－06－10）[2021－08－01]. https：//www.nsf.gov/statistics/2021/ncses21200/ncses21200.pdf.

续 表

类别	1970 年研发支出	2020 年研发支出
环境科学	2	6
计算机与数学	2	6
心理学	2	3
社会学	4	1
其他	11	6

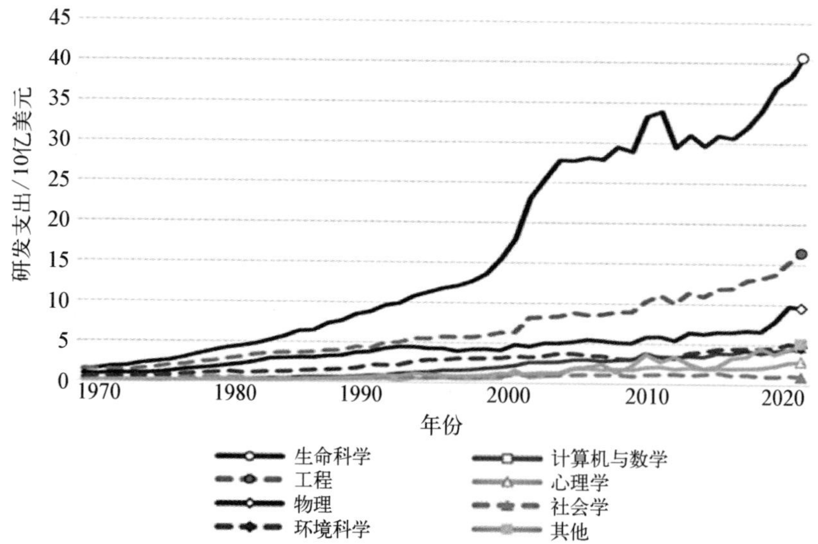

图 2　1970—2020 年美国联邦政府研发支出结构及数量变化①

2010—2016 年间美国政府仅对生物医药的研发投入就超过了 1 000 亿美元，其中 640 亿美元与 84 个首创药物有关。这期间，美国 FDA 批准的 210 个新药都与政府的直接资助有关②，而且有超过 200 万篇科研论文直接与这 210 个新药相关，或者与这 210 个新药的生物标靶相关，其中的 60 万篇科研论文是美国 NIH

① NCSES. Growth in federal research obligations for life sciences between 1970 and 2020 [R/OL]. (2021-06-10) [2021-08-01]. https://www.nsf.gov/statistics/2021/ncses21200/ncses21200.pdf.

② 周舟. 美政府 6 年投资逾千亿美元推动新药开发 [EB/OL]. (2018-01-12) [2021-08-01]. http://k.sina.com.cn/article_2810373291_a782e4ab02000ce7v.html.

的资助课题。由于美国 NIH 资助作为政府的直接投入更关注基础理论研究，因此这种政府资助经费的 90%用于基础的靶向研究，仅有不足 10%的资助用于药物的研究。“这凸显了政府资助下的生物医药基础研究对药物发现和开发进程的关键影响。”① 美国 NIH 每增加 1 单位投资，会使生命科学产业增加值增加 1.7~3.5 单位，这对私人研发投资起到了正向的影响作用②。

另外，美国国家卫生基金会（NSF）作为另一个官方组织在 1980 年代的基金资助总额为 5 亿美元左右，1990 年代逐步增长到 20 亿美元左右，2020 年已经超过 99 亿美元。NSF 主要资助基础研究和人才培养。近年来 NSF 对生物医药领域的资助数量不断增大。美国国家标准与技术研究院（NIST）作为美国另一个重要的政府部门，其主要职责是制定衡量技术和识别技术标准，促进共性技术发展，促进产学研结合，其专项资金支持也对生物医药研发生态系统的成长起到了重要作用。

从生命科学细分领域来看，生物学和医学是政府投资最多的两个部门，也是增长最快的两个部门。2020 年生物学和医学的政府投资分别为 189 亿美元和 138 亿美元（见图 3）。

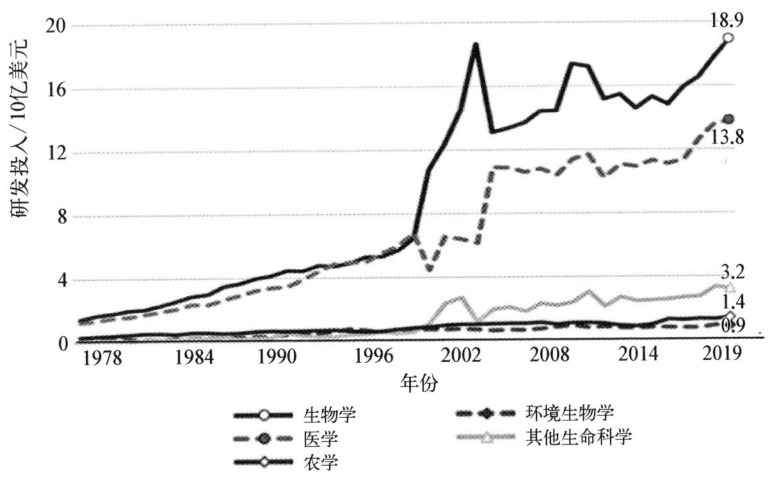

图 3 1978—2019 年细分领域的生命科学研究投入③

① 周舟. 美政府 6 年投资逾千亿美元推动新药开发［EB/OL］.（2018－01－12）［2021－08－01］. http：//k.sina.com.cn/article_2810373291_a782e4ab02000ce7v.html.

② Chatterjee A, DeVol R. Estimating long-term economic returns of NIH funding on output in the biosciences［EB/OL］（2012－08－31）［2021－08－01］. http：//businessdocbox.com/Biotech_and_Biomedical/102002497-Estimating-long-term-economic-returns-of-nih-funding-on-output-in-the-biosciences.html.

③ NCSES. Growth in federal research obligations for life sciences between 1970 and 2020［R/OL］.（2021－06－10）［2021－08－01］. https：//www.nsf.gov/statistics/2021/ncses21200/ncses21200.pdf.

从国家次区域来看，NIH 对美国各州生命科学研发投资也在不断增加。例如加利福尼亚州 2019 年获得 NIH 的资助高达 45.92 亿美元，马萨诸塞州获得 NIH 的资助为 30.24 亿美元，宾夕法尼亚州和马里兰州获得 NIH 的资助超过 19 亿美元，位居第 10 位的俄亥俄州获得 NIH 的资助为 8.83 亿美元。从人均资助额来看，获得 NIH 资助最多的是马萨诸塞州，为 439 美元/人，加利福尼亚州位居第 10 位，为 116 美元/人（见表 2）。

表 2　2019 年美国获得 NIH 资助前 10 名的州①

总资助额前 10 名的州		人均资助额前 10 名的州		2016—2019 年资助增长前 10 名的州	
州名	资助额/亿美元	州名	人均资助/美元	州名	增长率/%
加利福尼亚	45.92	马萨诸塞	439	亚利桑那	60.9
马萨诸塞	30.24	哥伦比亚特区	349	缅因州	48.0
纽约	28.92	马里兰	318	西弗吉尼亚	48.0
宾夕法尼亚	19.44	罗得岛	207	罗得岛	45.7
马里兰	19.20	康涅狄格	169	俄勒冈	45.4
北卡罗来纳	15.90	宾夕法尼亚	152	弗吉尼亚	44.8
得克萨斯	13.70	北卡罗来纳	152	印第安纳	44.0
华盛顿	11.35	华盛顿	149	波多黎各*	40.2
伊利诺伊	10.12	纽约	149	肯塔基	39.8
俄亥俄	8.83	加利福尼亚	116	北卡罗来纳	37.7

注：* 表示波多黎各为美国的自治邦。

二、大学研发资金不断增多

（一）大学对技术创新的作用正在加强

从本质上讲，大学是一个知识创造与传递的渠道。通过这个渠道，知识的

① PhRMA. Biopharmaceuticals_in_Perspective [EB/OL]. (2021-2-2) [2021-08-01]. https://www.phrma.org/-/media/Project/PhRMA/PhRMA-Org/PhRMA-Org/PDF/A-C/ChartPack_Biopharmaceuticals_in_Perspective_Fall2020.pdf.

交流和利用变得更加有效。特别是随着医药研发成本的不断提高，相对大多数医药公司，具有成本优势和更强科研能力的高校成为医药行业研发的重要力量。与以往尤其不同的是，如今的校企合作不仅仅是大学教授与公司之间的互动，而且更多的是通过大学直接参与，使大学与产业的联系制度化。

在过去几十年中，高等教育机构的新制度模式被概念化为“创业大学”。在政府监管协调下，以大学作为创新发动机，公司与大学对接实现技术应用已经成为常态。政府、大学和行业利益有关方的合作研究为理论、知识与技术的研发与应用有机结合提供了一个有效的框架。学术界-工业界-政府关系的三螺旋模型是一种新兴的创业范式，大学在包括生物医药在内的诸多技术创新中发挥着更大的作用。

（二）大学对医疗医药等生命科学学科的投入不断加强

首先，美国大学及研究机构对医疗健康的研发投资不断增强。2013 年美国学研机构对医疗健康领域研发的投资为 113.24 亿美元，2018 年增加到 157.05 亿美元，5 年增长了 38.69%（见表 3）。2018 年的研发支出中，大学的研发投资为 102.73 亿美元，独立研究机构为 36.01 亿美元，分别比 2002 年的 65.53 亿美元和 4.86 亿美元增长了 0.63 倍和 6.4 倍。

表 3　2013—2018 年美国医疗健康研发投资[①]　（单位：百万美元）

机构	2013 年研发投资	2015 年研发投资	2017 年研发投资	2018 年研发投资
国家和地方政府	1 729	1 898	2 073	2 142
基金及公益性健康及专业学会	3 217	3 290	3 998	3 825
学研机构	11 324	12 692	14 846	15 705
联邦政府	33 906	36 479	40 792	43 016
产业/企业	92 970	108 520	120 773	129 488
合计	143 146	162 879	182 482	194 176

① Research America. U. S. Investments in medical and health research and development 2013—2018 [EB/OL]. (2021-01-07) [2022-02-01]. https://www.researchamerica.org/sites/default/files/Publications/InvestmentReport2019_Fnl.pdf.

其次，大学生物科学研发是美国生命科学研究的核心力量之一。2018 年，美国大学生物科学研发与健康科学研究占大学生命科学研究活动的 55%，生物和生物医学科学占 31%。从研发投资（支出）总量来看，这两个部门的研究自 2010 年以来不断加强。例如美国大学在 2010 年的生命科学研发经费达到 357 亿美元，2018 年增长到 472 亿美元（见图 4），增长了 32. 22%，年均增长 3. 6%。

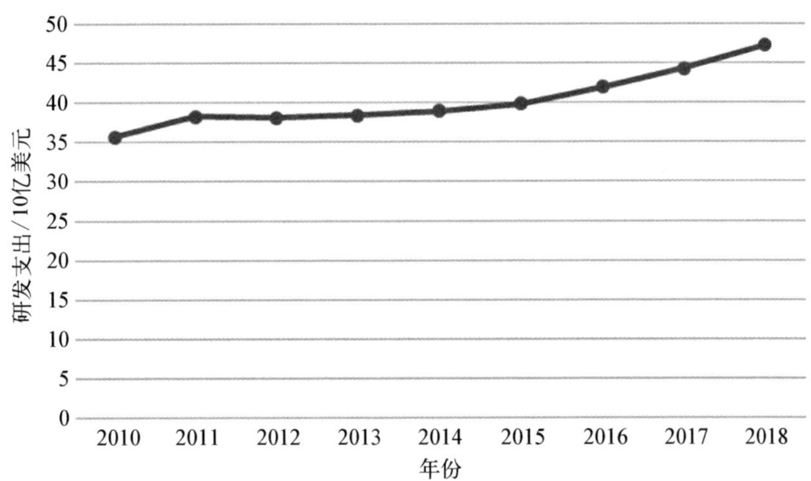

图 4　2010—2018 年美国大学生命科学研发支出情况①

另据美国自然科学基金对美国高等教育研发的调查，2016 年全美 639 所高校的总研发支出为 713. 33 亿美元，其中对生命科学的研发支出为 408. 88 亿美元（该数据略小于 TEConomy/BIO 的统计，是由统计口径差异造成的），占全部研发支出的 56. 92%。当年，研发支出最大的 20 所大学的总研发投入为 218. 94 亿美元，其中生命科学研发投入高达 150. 87 亿美元，占 68. 91%（见图 5）。

（三）NIH 对大学的生命科学基础研究进行重点资助

在美国，几乎所有的以生命科学研究见长的大学都受过 NIH 的资助。根据 TEConomy/BIO 统计，2018 年美国 NIH 对其支持力度最大的前 20 所大学投入的医药研发支出总额达 91. 44 亿美元（见图 6）。

① TEConomy/BIO. The bioscience economy: propelling life-saving treatments, supporting state & local communities [EB/OL]. (2021 - 02 - 02) [2022 - 02 - 01]. https://www.bio.org/sites/default/files/2020-06/BIO2020-report.pdf.

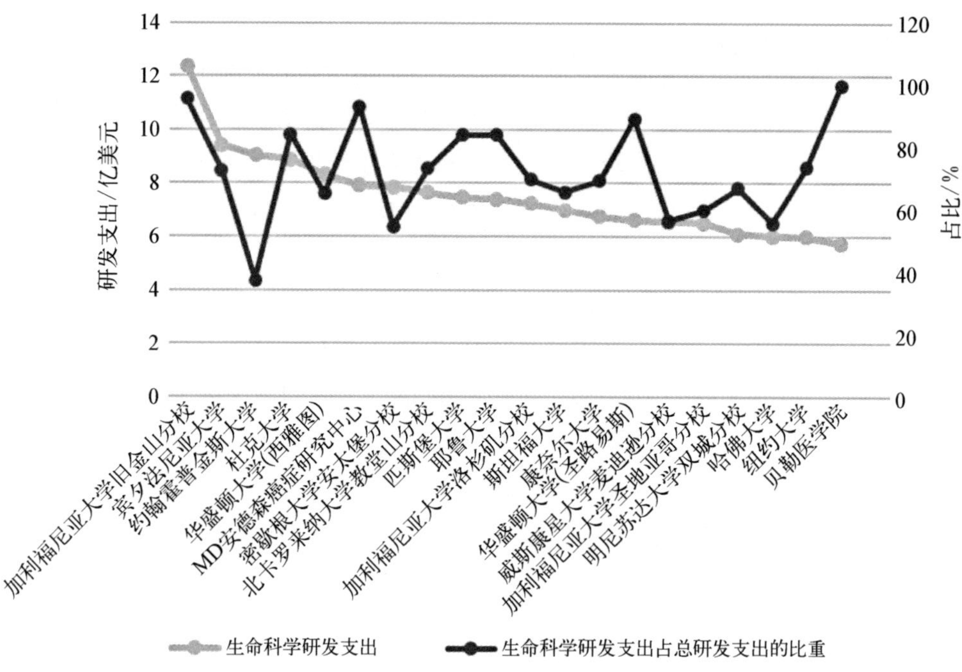

图 5　2016 年对生命科学投入最大的前 20 名大学①

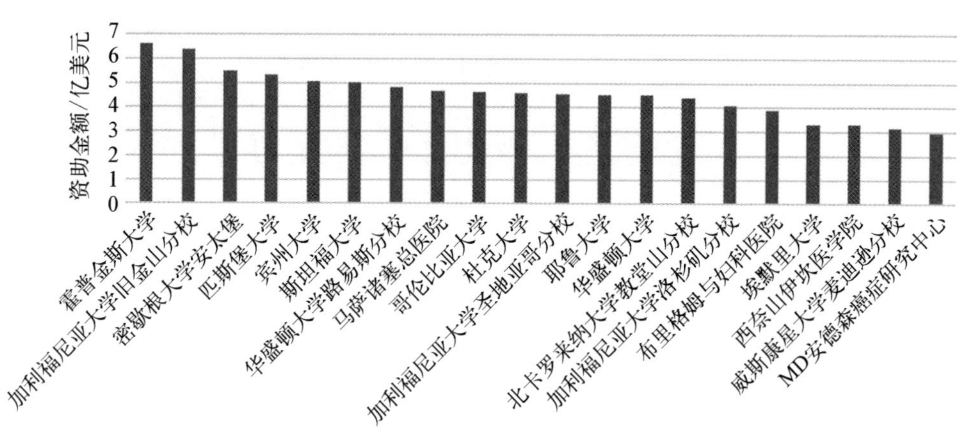

图 6　2018 年 NIH 资助最多的前 20 名大学②

---

① NSF. Higher education research and development survey fiscal year 2016 [R/OL]. (2016－07－27) [2021－08－01]. https://ncsesdata.nsf.gov/herd/2016/.

② TEConomy/BIO. The bioscience economy: propelling life-saving treatments, supporting state & local communities [EB/OL]. (2021－02－02) [2022－02－01]. https://www.bio.org/sites/default/files/2020-06/BIO2020-report.pdf.

三、企业研发投入日趋增强

企业是美国医药研发投资中最核心的主体。其中，美国 PhRMA 成员是美国医药企业的精华，其研发投资规模及变化代表了美国总体医药企业的基本状况，从中我们可以发现美国企业研发投入具有以下特征。

（一）研发投资总量不断增加

自 1970 年代以来，美国 PhRMA 成员的研发投入不断增强。从绝对量来看，1970 年 PhRMA 的研发投资仅为 6. 19 亿美元，到 2019 年已增长为 829. 56 亿美元，是 1970 年的 134. 12 倍，年均增长 10. 51%。尽管其年际增长率变化波动较大，最低为-4. 1%，最高达 21. 5%，但总体呈现上升趋势（见图 7）。1970—2019 年美国 PhRMA 成员累计研发投资高达 11 987. 8 亿美元，其中在美国国内的投资为 9 435. 2 亿美元，美国以外的投资为 2 551. 4 亿美元。

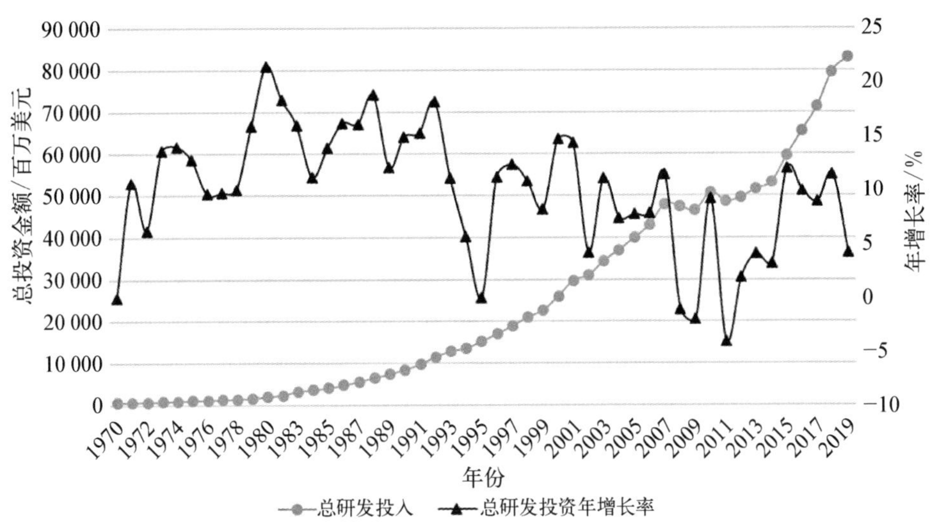

图 7　1970—2019 年美国 PhRMA 成员总研发投资及增长率①

（二）研发投资的年增长率逐渐降低

就投资总量而言，1970 年代以来 PhRMA 成员企业的总投资中，美国国内的研发投资和美国以外的研发投资总体都呈现不断增加的趋势，但美国对美国国内的研发投资总量远远大于对美国以外的研发投资总量。就年增长率而言，

① 根据 PhRMA 官网资料整理。

PhRMA 成员对美国国内和美国以外的投资增长率总体都呈现在波动中降低的趋势，但 PhRMA 成员对美国国内研发投资的年增长率波动明显小于其对国外研发投资的增长率的波动（见图 8）。

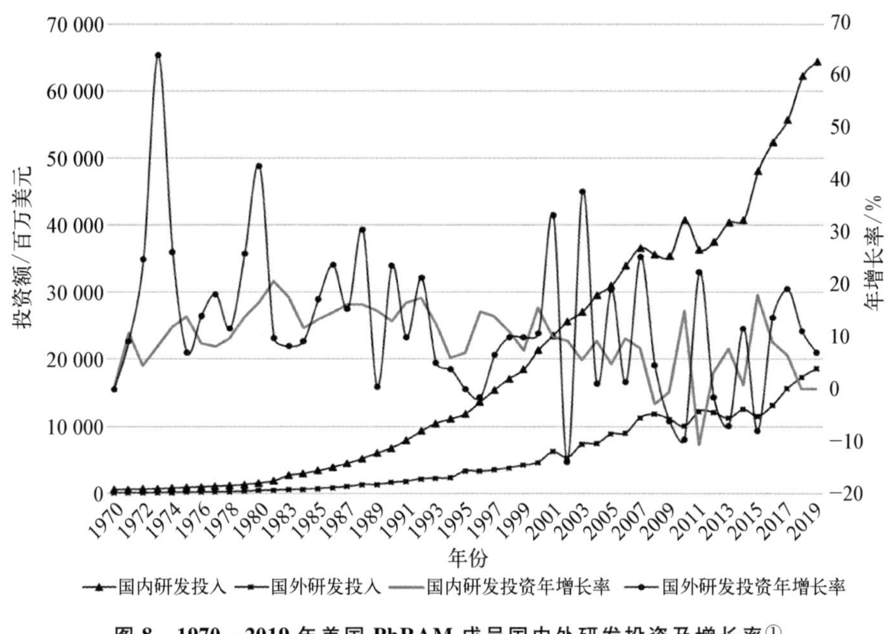

图 8　1970—2019 年美国 PhRAM 成员国内外研发投资及增长率[①]

（三）研发密度不断提升

从研发密度（研发密度用全部研发投资额占全部销售额的百分比来表示）来看，PhRMA 成员研发密度从 1980 年的 8.9%增长到了 2019 年的 22.0%。其中，其在美国国内的投资占全部销售收入的比例从 1980 年的 13.1%增加到了 2019 年的 23.4%（见图 9）。

四、研发投入不均衡

（一）共性技术研发投入不足

从研发创新链来看，研发创新包括基础研发、支持生产的应用基础研发、应用技术研发及先进管理研发等多个层面。长期以来，基础研发和概念实验主要由政府的公共资金支持，而生产技术的研发主要由企业或私有资金支持，而

① 根据 PhRMA 官网资料整理。

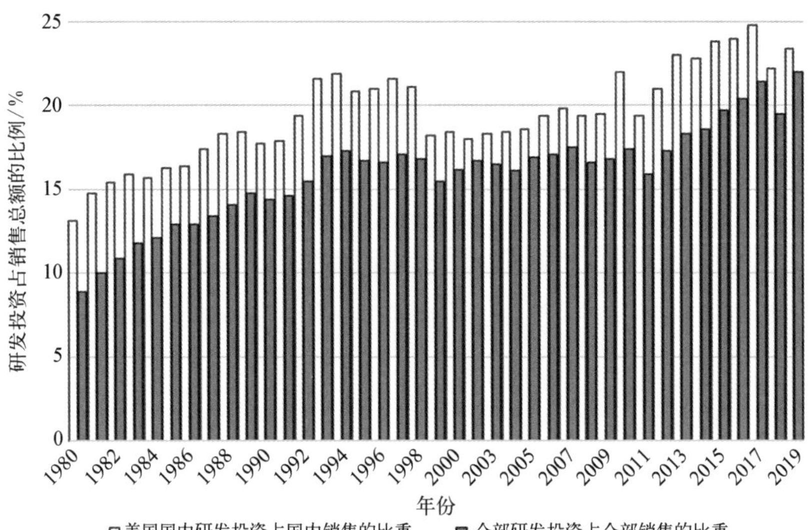

图 9　美国国 PhRMA 成员医药研发密度①

介于基础理论和应用技术之间的应用基础技术——共性技术研发投入薄弱，以致形成研发链上的投入“断谷”，阻碍了基础研究成果向应用技术的转化。美国研发链上明显呈现的这一“断谷”（见图 10），是阻碍医药研发的重要因素之一。

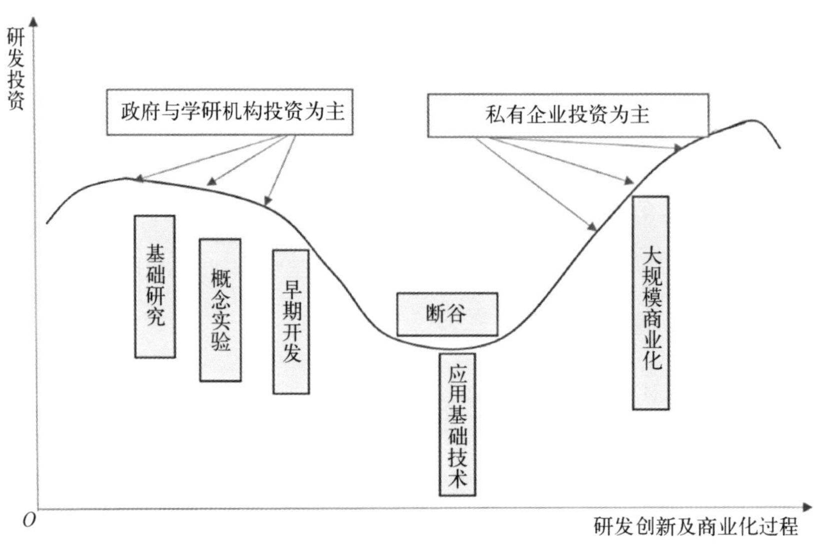

图 10　研发创新链投入示意图

① 根据 PhRMA 官网资料整理。

（二）不同研发创新阶段的投入结构不平衡

美国医药研发投资呈现阶段性结构变化。从临床前研发费用投入和临床研发费用投入看，全球临床前研发费用占新药上市审批前投入总和的比例已从1970 年代的 60. 89%下降到 2010 年代的 42. 92%，临床研发费用占新药上市审批前投入总和的比例则从 1970 年代的 39. 11%上升到 2010 年代的 57. 08%（见表 4）。

表 4　不同时期不同研发阶段的费用估计①

时　间	临床前研发费用/百万美元	临床研发费用/百万美元	合计/百万美元	临床前研发费用占比/%	临床研发费用占比/%	各阶段研发费用占 1970—1980 年平均费用比例/%	每阶段研发费用与相邻的前阶段比值
1970—1980 年	109	70	179	60. 89	39. 11	100. 00	—
1980—1990 年	278	135	413	67. 31	32. 69	230. 73	2. 31
1990—2000 年	436	608	1 044	41. 76	58. 24	583. 24	2. 53
2000 年—2010 年代中期	1 098	1 460	2 558	42. 92	57. 08	1 429. 05	2. 45

这一现象在美国 PhRMA 的统计中也可以发现。表 5 表明，美国 PhRMA 成员研发投资中临床前的投资比重从 2002 年的 33. 8%下降到了 2019 年的 15. 7%，而临床Ⅰ期的研发投资比重从 2002 年的 4. 8%上升到 2019 年的 8. 8%，临床Ⅱ期的研发投入比重也呈现上升趋势，临床Ⅲ期的投资比重从 2002 年的 21. 2%上升到 2019 年的 28. 9%。但其上市许可阶段的研发投资明显下降，从 2002 年的 7. 9%下降到 2019 年的 4. 3%，临床Ⅳ期的研发投入比重也有所下降。这可能与前期的基础研究和临床Ⅲ期的研发进一步加强，从而降低了对该阶段的投资比重有关，同时也与政府主管部门通过不断的制度改革，对新药审批提高了效率，从而节省了医药企业的研发投资有关。

---

① DiMasi J A, Grabowski H G, Hansen R W. Innovation in the pharmaceutical industry: new estimates of R&D costs [J]. Journal of Health Economics, 2016, 47: 20 - 33.

表5 2002—2019年美国PhRMA成员研发创新的阶段性投入比例①

年份	2002		2008		2013		2018		2019	
阶段	研发投入/百万美元	比例/%	研发投入/百万美元	比例/%	研发投入/百万美元	比例/%	研发投入/百万美元	比例/%	研发投入/百万美元	比例/%
临床前	10 481.6	33.8	12 795.2	27.0	10 717.8	20.8	11 168.7	15.6	12 034.3	15.7
临床Ⅰ期	1 490.2	4.8	3 889.6	8.2	3 666.9	7.1	6 201.0	8.7	7 260.8	8.8
临床Ⅱ期	2 968.1	9.6	6 089.7	12.9	5 351.3	10.4	8 277.4	11.6	8 045.7	9.7
临床Ⅲ期	6 286.4	21.2	15 407.4	32.5	15 239.2	29.5	21 377.0	29.9	23 979.8	28.9
上市许可	2 455.0	7.9	2 225.8	4.7	5 395.4	10.5	2 788.7	3.9	3 538.8	4.3
临床Ⅳ期	3 855.2	12.4	6 835.8	14.4	7 574.2	14.7	8 152.9	11.4	9 321.1	11.2
其他	3 493.7	11.3	139.1	0.3	3 668.7	7.1	13 433.8	18.8	17 775.7	21.4
合计	31 012.2	100.0	47 383.1	100.0	51 613.6	100.0	71 399.4	100.0	82 956.3	100.0

总体来看，医药企业的研发投资呈现向临床，特别是临床Ⅰ期和Ⅲ期集中的特点，这说明产学研的合作分工不断加深：大学、研发机构等更多地进行基础研发，而企业将更多的资金投入临床研发中。在企业间竞争不断加大的背景下，医药企业着力促进临床研发，形成新的产品，这既提升了企业的竞争力，也提高了企业的经济效益。

（三）投入的疾病领域和管线不均衡

从2019—2020年研发管线和主要疾病领域中新药的数量看，肿瘤药研发管线数量遥遥领先，第二是神经系统领域，第三是消化代谢领域，第四是抗感染领域。其他疾病领域如骨骼肌肉、免疫炎症、皮肤病、感知系统、心血管、呼吸系统、凝血系统、生殖系统、荷尔蒙系统、寄生虫等领域的研发管线数量分别排在第5~14名（见图11）。

① 根据PhRMA官网资料整理。

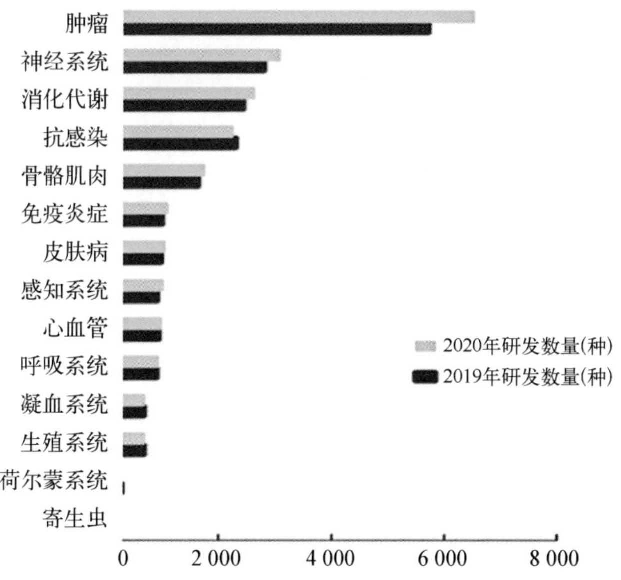

图 11　2019—2020 年美国各疾病领域研发管线内药品数量①

从在研药物来看，2018 年美国在开发的药物有 4 500 多种，超过全球在开发药物 8 000 种的一半。美国的这些在研药物中，有 1 120 种癌症治疗药物，200 种心脏病治疗药物，52 种 HIV 治疗药物，130 种哮喘和过敏症治疗药物，328 种皮肤病治疗药物，140 种脑疾病治疗药物，566 种罕见病治疗药物，537 种神经病治疗药物。其中，有 74%的药物有望发展为原研新药，86%的治疗阿尔茨海默氏病的药物为新药，79%、75%、74%、73%和 73%的治疗癌症、精神病、神经病、心血管病和糖尿病的药物有望开发为原研新药。②

自 1983 年《罕见病药物法案》颁布以来，美国有 8 000 种罕见病，其中有 85%~90%的罕见病是致命的疾病，但仅有 50%药物可以治疗罕见病。目前，美国有 3 000 万罕见病病人。②因此，罕见病领域在新药研究中占有十分重要的地位。

从典型龙头企业来看，美国头部医药企业中原研药占据优势。强生、辉瑞、默克、礼来、安进和艾伯雄等医药企业的研发管线中原研药占比分别为 50%、64%、54%、59%、66%和 35%。除了艾伯雄外，其他 5 家原研药占比

---

① 数据来源：https：//www.fda.gov/.

② Chart Pack. Biopharmaceuticals in perspective ［EB/OL］ （2020 - 2 - 1）. https：//www.phrma.org/-/media/Project/PhRMA/PhRMA-Org/PhRMA-Org/PDF/P-R/PhRMA_2019_ChartPack_Final.pdf.

都在 50%及以上。与此同时，它们的研发密度都达到了 15%及以上，其中礼来更是高达 25%；它们的每种新药的年研发投入都达到了 4 000 万美元及以上，其中艾伯雄每种新药的年研发投入高达 7 200 万美元（见表 6）。

表 6　部分大型药企研发投入及研发管线情况①

排名	企业名称	管线中的药品数量/种	其中原研新药数量/种	原研药占比/%	研发密度/%	2020 年研发费用/亿美元	平均每种药的研发费用/千万美元
1	诺华	222	139	63	19	90. 92	4. 1
2	武田	198	89	45	13	47. 27	2. 4
3	百时美施贵宝	189	97	51	21	88. 06	4. 7
4	强生	182	91	50	—	—	—
5	罗氏	174	94	54	—	—	—
6	辉瑞	170	108	64	17	81. 51	4. 8
7	阿斯利康	164	93	57	22	56. 35	3. 4
8	默克	157	84	54	19	89. 88	5. 7
9	GSK	144	77	53	13	58. 02	4. 0
10	礼来	143	85	59	25	57. 00	4. 0
11	赛诺菲	137	62	45	15	63. 13	4. 6
12	勃林格殷格翰	108	73	68	—	—	—
13	拜尔	93	66	71	—	—	—
14	大冢制药	91	56	62	—	—	—
15	安进	89	59	66	16	38. 21	4. 3
16	艾伯雄	89	31	35	15	63. 90	7. 2
17	第一三共	87	45	52	—	—	—
18	卫材	84	48	57	—	—	—

① 国盛证券. 创新药行业实用投资手册 2021［R/OL］.（2021 - 06 - 09）［2021 - 08 - 01］. https：//finance.sina.com.cn/tech/2021-06-09/doc-ikqcfnaz9927392.shtml.

长期以来，全球巨型医药企业是引导和展示世界新药研发的方向标。美国国际龙头企业以原研药为中心，说明医药研发创新日趋成为医药企业生存的基础和必要条件。

五、研发投入高度集中且风险投资不断上升

（一）研发投入高度集中

研发集中是医药行业的基本特点。例如，从研发投资来看，2000—2019年美国200家医药企业中，前十大医药企业的研发投入占总投入的比重达67.78%~86.63%。在此期间，尽管这些企业的研发投入有所波动，但总体数额依然很高（见图12）。

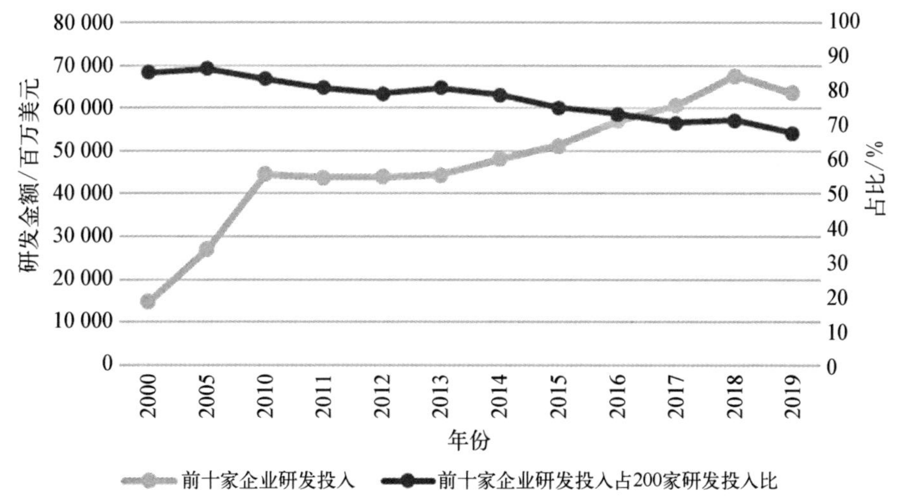

图12　美国200家医药企业研发创新的集中度分析[①]

注：十家企业分别为辉瑞、默克、强生、艾伯维、吉利德、安进、百时美施贵宝、礼来、再生元制药、新基医药。

（二）风险投资不断加强

近年来，美国医药行业的风险投资额度不断攀升。例如从2016—2019各年看，2016年美国医药行业的风险投资（VC）总量为176.04亿美元，2017年为223.82亿美元，2018年为322.89亿美元，2019年为304.53亿美元，

① 根据相关数据库整理。

4 年合计达 1 027.28 亿美元①。

从风险投资的结构来看，2016—2019 年美国 VC 呈现出从前种子期到后期阶段依次递增的特征。例如前种子期的 VC 投资金额仅为 1.55 亿美元，后期阶段则达到 514.65 亿美元。与之对应，平均每个公司获得的 VC 数额也呈现出前种子期到后期阶段逐渐增加的特征，即前种子期的 800 万美元增加到后期阶段的 0.331 亿美元（见表 7）。

表 7　2014—2019 年美国 VC 结构①

指标	投资次数/次		公司数量/个		VC 总量/百万美元		平均投资金额/百万美元		平均每个公司 VC 金额/百万美元	
阶段	A	B	A	B	A	B	A	B	A	B
前种子期	1 756	2 782	1 329	2 039	136	155	0.08	0.06	0.10	0.08
天使阶段	1 586	1 847	1 252	1 465	3 182	3 025	2.01	1.64	2.54	2.06
种子阶段	807	1 465	688	1 231	1 271	3 287	1.58	2.24	1.86	2.67
早期阶段	1 967	3 150	1 489	2 350	25 036	44 797	12.73	14.22	16.81	19.06
后期阶段	1 816	2 312	1 169	1 555	36 544	51 465	20.12	22.26	31.26	33.10
合　计	7 932	11 556	5 927	8 640	66 169	102 729	8.34	8.89	13.90	15.56

注：A 为 2014—2017 年数据，B 为 2016—2019 年数据。

① TEConomy/BIO. The bioscience economy: propelling life-saving treatments, supporting state & local communities [EB/OL]. (2021-02-02) [2022-02-01]. https://www.bio.org/sites/default/files/2020-06/BIO2020-report.pdf.

城市治理板块

“清零”与“保供”是两位一体[①]

陈宏民[②]

【摘要】

要站在“以人民为中心”的高度，深刻理解疫情防控与人民生活保障之间的关系，争取更多市民理解，鼓励市民互助，努力发挥市场作用，统筹解决两者在一些具体场景上的矛盾。

这两天网络上的热词，一是“防控”，二是“抢菜”。严密“防控”是为了“清零”，拼命“抢菜”是为了“保供”。当前上海疫情就像这天气，骤然升温，“清零”和“保供”两大主题，压倒了一切。

“清零”和“保供”，是冲突的还是一致的呢？看似冲突：“清零”要静，“保供”要动。“清零”要一刀切，要铁面无私，一视同仁；“保供”则要区别对待，既有孤寡老人，又有待哺婴儿。人力、财力、关注度，“清零”多用一份，“保供”就少得一份。

可是“清零”与“保供”的目标，其实是一致的！“清零”是为了防控疫情，“保供”也能防控疫情。只有市民肚子里有了底气，才有良好的免疫力去抵抗病毒；只有市民餐桌上有了饭菜，他们才会更好地理解“防控”，才会全力参与“防控”。

---

① 原文发表于上海交通大学行业研究院官方微信公众号“安泰研值”2022年4月10日。

② 上海交通大学安泰经济与管理学院教授、上海交通大学行业研究院副院长、上海交通大学行业研究院“互联网+”行研团队负责人、中国管理科学与工程学会副理事长、上海市人民政府参事。

生活用品供给原本是市场的事情，中国转向市场经济有四十多年了，从民间到政府早已淡忘了配给那回事儿了！可是突然，几乎所有重要物资及其配送能力全部集中使用，配送规则受到严格限制，多年形成的、市民已经习以为常的市场模式瞬间停摆。于是，政府不得不在承担繁重“清零”任务的同时，还要承担起同样繁重的“保供”任务，义不容辞，责无旁贷！

上海 2 500 万名市民的生活用品供给，即便是最为基本的肉蛋蔬菜等食品和防疫用品的保障性供给，都是一件天大的难事；况且还是在全力“清零”的同时，是在全域足不出户的状态下。政府要努力创造条件把被疫情冲击得十分脆弱的市场模式维护住，并随着疫情缓解加快恢复；要依托各家电商平台，解决保供用品的在线下单和支付问题；要整合众多线下零售门店，尤其是那些开设在居民小区内部和附近的连锁超市和便利店，发挥其保供用品提取和配送的功能；要鼓励市民邻里之间团结互助，互通有无，利用各自资源相互帮助；要与周边省份和本市各区域加强协调，为仓储、运输等各个供应链环节开辟绿色通道，促进供应链畅通。总之，政府承担“保供”任务，并非要事必躬亲，而是扶持和使用好现有的各类平台，有效整合各类资源，突破供应链上的瓶颈，要在新的疫情防控常态化管理环境下，建立起新的能够应对疫情管控经常性变化的物资保障体系。

“清零”与“保供”，应该是一致的！防控疫情是为了人民至上，保障供给更能彰显人民至上，两位一体，休戚相关。只有全力协调好两者关系，才能最大限度地调动全民力量，打赢这场人民利益的保卫战，交出一份“人民至上”的满意答卷！

都市圈是怎样形成的？[①]

陈 宪[②]

【摘要】

职住平衡说解释了都市圈的生成原因。在我国，产业转移说也有较强的解释力。上海都市圈五个新城建设以职住平衡为核心要求，同时做到产城融合、功能完备、生态宜居、交通便利和治理高效。随着主城区、新城区和周边城市的交通网络建设，职住关系趋于平衡，产城人融合，都市圈空间结构得以形成。

《江苏省国土空间总体规划（2021—2035 年）》征求意见稿近日在江苏省自然资源厅官网公示，解析 2021—2035 年全省国土空间开发保护蓝图。根据规划，“徐州都市圈”将成为重点省级三大现代化都市圈之一。

都市圈正在成为热门话题，那都市圈是怎么形成的？职住平衡说试图给出可能的解释。

职住平衡说认为：随着城市发展，中心城区“人满为患”，在其郊区出现以居住为主要目的的新城镇，直至行政区划周边的城市也加入这个行列。为了方便上下班并缩短通勤时间，轨道交通应运而生，并获得快速发展。

都市圈英译为“metropolis”，“metro”表示轨道交通，主要指地铁；“polis”

---

① 原文发表于《每日经济新闻》2021 年 6 月 14 日。

② 上海交通大学安泰经济与管理学院教授、上海交通大学行业研究院非营利组织行研团队负责人。

指希腊语的城邦，以后就是城市。东京都市圈就一直有“轨道上的城市”的美誉。职住平衡关系的演变是都市圈形成的重要原因之一。

一、从主城区到郊区新城

由此，我们看到的演化逻辑是从一个城市的中心城区（主城区）到郊区新城，再到周边城市，都市圈的圈层结构跃然纸上。郊区新城、周边城市一开始往往是中心城区的“睡城”，主要承担“住”的功能，以后逐步出现产城融合，进而产城人融合，职住关系趋于平衡。

在职住平衡的动态过程中，产业转移、产业链延伸和产业分工格局形成。这是另一条演化线索。

以上海为例。1949 年 10 月，新中国成立时，上海市行政区划面积为 636.18 平方千米，中心城区面积仅为 82.4 平方千米。中心城区经过多年演变发展，先后经历解放后到改革开放之前的向周围蔓延式扩张。在浦东开发开放的大背景下，中心城区空间结构发生重大变化。

截至 2019 年底，上海市管辖 16 个市辖区，市域面积为 6 340.5 平方千米，中心城区面积约 660 平方千米，包括黄浦区（黄浦区、原南市区、原卢湾区）、徐汇区、长宁区、静安区（静安区、原闸北区）、普陀区、虹口区、杨浦区以及浦东新区外环线以内的城区。

《上海市城市总体规划（2017—2035 年）》确定，中心城区外围的主城片区面积约 466 平方千米，包括虹桥片区 86 平方千米，川沙片区 97 平方千米，宝山片区 84 平方千米，闵行片区 199 平方千米。中心城区、主城片区，以及高桥镇、高东镇紧邻中心城区的 31 平方千米区域，构成上海的主城区，面积约 1 161 平方千米，为上海都市圈的第一圈层。主城区是上海都市圈的核心圈层，集中了主要的政治、经济、贸易、金融、教育、科技和文化功能。

在主城区范围之外的区域以前是郊区。随着城市化水平的提高，现在称为新城区。上海正在加快建设位于重要区域廊道、发展基础较好的嘉定、青浦、松江、奉贤、南汇五个新城，它们和闵行、宝山的部分地区，以及金山一起，构成上海都市圈的第二圈层。在这片区域上，曾经有多个“睡城”，如松江的九亭、闵行的莘庄和青浦的徐泾等，接受和容纳了中心城区迁出的人口，以及改革开放以来进入上海的外来人口。

二、职住平衡可能更加本源

最近，上海市政府在《关于本市“十四五”加快推进新城规划建设工作的实施意见》中，将这五个新城定位为“在长三角城市群中具有辐射带动作用的综合性节点城市”。五个新城建设以职住平衡为核心要求，同时做到产城融合、功能完备、生态宜居、交通便利和治理高效五个方面；五个新城建设将从形成独立的城市功能起步，直到建成具有辐射带动作用的综合性节点城市；五个新城建设将在产业发展、公共服务、综合交通和环境治理等方面集中规划、全面赋能，不仅主城区功能互补、相互赋能，它们之间也将功能互补。更为重要的是它们将分别成为上海的副中心，连接近沪周边城市。节点城市和近沪城市将与主城区一道，做实上海都市圈空间结构。

与上海陆域或水域接壤的三个地级城市是浙江省的嘉兴，江苏省的苏州和南通。苏州和嘉兴与上海陆域相连，经济社会联系历来十分紧密。在交通运输方式以水运为主时，南通与上海联系的紧密程度超过其他城市，之后因运输方式的变化，联系的紧密程度被其他城市超越。

近年来，随着以桥隧连接的越江铁路和公路的大规模建设，特别是位于南通的上海“第三机场”的规划建设，南通和上海的联系正再现辉煌。今天，沪苏、沪嘉和沪通间的基础设施、职住关系、产业分工和治理协同正在趋于同城化，两省一市政府也就三地的同城化作出了积极的部署。进而，《长江三角洲区域一体化发展规划纲要》明确界定了上海都市圈的第三圈层，即上海行政区划之外的“近沪区域”，也就是沪苏、沪嘉和沪通的同城化。

都市圈形成的职住平衡说，强调了城市化演进中“以人为本”的发展理念，除了需要交通先行解决通勤问题外，就业保障、住房保障和基本公共服务均等化，一系列与居民生活、工作和发展有关的事项，都是职住平衡的题中应有之义。

如上所述，也可以从产业链、产业生态的视角，讨论都市圈的形成。不过，职住平衡可能更加本源，是第一性的。相关的经验实证研究，也为职住平衡说提供了有力的证据。

塑造一体化意义上的城市发展生态[①]

陈　宪[②]

【摘要】

当城市发展与创新创业、新兴产业紧密联系后，城市系统主要表现为“生态系统”。城市发展生态涉及的相关要素和条件是多样的、复杂的；在城市发展生态中，相关要素与条件的连接和联通至关重要，即各种“链”的状况和作用，成为维系系统运行、提高系统运行质量的关键；城市生态和创新、产业生态一样，不能有明显的短板。

很早就有人说，城市发展是一个系统。那时，说这句话的意思是要用系统论的思想方法，面对和解决城市这个复杂系统的各种问题。当城市发展与创新创业、新兴产业紧密联系后，城市系统主要表现为“生态系统”。

生态系统是生态学的概念，现在借用到创新、产业和城市等领域，是指在一定的区域范围内，各个相关主体、环节和要素之间组成的相互联系和依赖的“生态链”，以及其协同作用形成的发展环境。例如，以新创公司为主体，并通过各种“链”与相关主体和要素间形成的连接，构成创新生态系统。它对于创新创业和成果产业化的成功率具有决定性意义。如果新创公司加上标准公司，创新生态系统就是产业生态系统。它们的架构和原理同样适用于城市生态

① 原文发表于《每日经济新闻》2021 年 11 月 10 日。

② 上海交通大学安泰经济与管理学院教授、上海交通大学行业研究院非营利组织行研团队负责人。

系统，只是这个系统更加多元、更加复杂罢了。

为什么现在经常用生态来刻画发展环境？

其一，无论是创新系统、产业系统，还是城市系统，它们的共同特征是涉及的相关要素和条件是多样的、复杂的。因此，它们唯有在“生态”意义上存在和发展，才是可能的。

其二，在生态系统中，相关要素和条件的连接和联通至关重要，也就是各种“链”的状况和作用，成为维系系统运行、提高系统运行质量的关键。过去，研究自然生态时关注“链”的状况，现在研究各种社会生态，因创新、产业和城市生态都是社会生态，所以更要关注“链”的质量。

其三，将系统生态比作一个水桶，各种要素和条件分别是组成水桶的木板和桶箍，木板中有短板，桶箍质量不好，将直接影响水桶装水的多寡。因此，城市生态和创新、产业生态一样，不能有明显的短板。如果有，那么这个城市的发展肯定会受到影响。这些年发展比较快的城市，如成都，就是因为城市发展生态比较健全，没有明显的短板，故在吸引人才、发展产业上取得了显著的成绩。还有一些城市的发展不尽如人意，就在于它们有明显的短板，城市的发展受到制约。当然，有些短板是客观条件所致，如气候、区位等。对于这些城市，更需要通过主观努力化解客观不利因素所造成的影响。

那么，在城市生态系统的诸多要素中，关键要素是什么？是人才，亦即人力资本。早年，当教育普遍落后时，人才是伴随移民进入城市的。19 世纪美国人口几乎增为原来的 15 倍，从 530 万到 7 600 万，这是比欧洲大陆任何一个单一国家（俄罗斯除外）的人口都要大的规模，靠生养肯定是做不到的。到 1890 年，80%的纽约市民、87%的芝加哥市民都是移民或者移民后裔。移民或原住民创业创新是否成功，都是一个概率，但前者的概率远高于后者，这是不争的事实。在美国的知名企业家中，移民或移民后裔的比例是惊人的。截至 2010 年，《财富》500 强名单中有 18%的公司（包括美国电话电报公司、杜邦、易贝、谷歌、卡夫、亨氏和宝洁）都是由移民创立的。如果加上移民子女所创立的公司，该比例应在 25%以上。

深圳是另一个经典案例。在一张几近“白纸”上建立特区，这就决定了深圳的独特体制和大规模移民。正是移民的到来，出现了大量的创新公司、完善的创新生态，乃至独特的创新文化。深圳在这 40 多年取得的成就，尤其是战略性新兴产业增加值独占鳌头和行业领袖云集，就是无须再多加解释的证据。

移民自身的冒险精神和成功欲望，再加之他们带来的极具包容性的多元文化，对于形成创业创新和新兴产业生态，有着难以复制的独特优势。人们会问，大规模移民可遇不可求，没有大规模移民的城市怎么办？换一个问法：新时代创业创新人才的增量来自哪里？

答案是确定的、唯一的：来自大学，尤其是办学质量一流的好大学。好大学能够吸引来自其他城市的移民，而且数量多、质量好。北京为什么在创业创新方面有较好的表现，最重要的解释就是北京有好大学。近十多年来，中国南方几座在创业创新和新兴产业上表现上佳的城市，如杭州、成都、南京、长沙、武汉、合肥等，无不有着几所好大学。而且，这些好大学的毕业生留在所在城市的比例正不断提高。2019 年，四川大学毕业生中留在本省就业的比例达到 50.61%，该比例远超武汉、合肥、长沙等地的名校。同时，四川大学的省外就业第一去处是重庆，占比达 10.26%，两地合计占比超过 60%。

早些年，中国科技大学留在合肥的学生不超过 10%，现今已为三分之一左右。在成都听到这么一句话，电子科技大学的毕业生原来只有一成在成都就业，现在有九成。在中国的中南部，长沙和南昌相距不远，大部分发展条件相似，为什么长沙能够异军突起，南昌仍在蓄势待发？一个可信的答案就是长沙有好大学，南昌则基本没有。好大学带来一定规模的移民，对创业创新有着无可替代的作用。城市办好大学，既是发展教育，又是发展产业，还将有助于这个城市的社会和谐。

人除了有生物属性、社会属性外，还有文化属性。在人才群体中集中了价值观意义上的优秀文化。文化对社会经济的持续影响，对创业创新集群、新兴产业集群和城市发展的作用，是怎么高估都不为过的。何以吸引人才？这又要用生态来说事，还包括自然生态。成都正在建设的公园城市示范区，就是创新生态、产业生态和自然生态一体化意义上的城市发展生态。城市发展生态以生态链的力量整合资源，协同各方，促进城市的可持续发展。

刻意推动和防止“一城独大”均无必要[①]

陆　铭[②]　李杰伟[③]

【摘要】

本文澄清了当下都市圈和区域发展中存在的两个误区。首先，大城市的中心城区与郊县连片发展所形成的“一城独大”，是都市圈发展的必然结果。其次，“一省双中心”模式存在一定条件，包括人口众多，同时存在省会和另一个沿海大港口城市。因此，有条件的省份可以发展“双中心”，其他省份加强以省会为中心的都市圈建设。

2021 年底召开的中央经济工作会议指出，区域政策要增强发展的平衡性和协调性。展望 2022 年，中央提出要深入实施区域重大战略和区域协调发展战略，同时要求全面推进乡村振兴，提升新型城镇化建设质量。

一段时间以来，一些省份纷纷提出强省会战略，随之而来的是各方对于“一城独大”的担心。也有一些省份，因为有两个实力相当的城市，被称为“双中心”。并且这种“双中心”模式被认为是省域经济比较好的模式，可以复制推广。对于这些看法，需要从城市发展的概念和理论逻辑出发予以辨析，以免实践出现误区。

---

① 原文发表于《21 世纪经济报道》2022 年 1 月 11 日。本文是国家自然科学基金面上项目“大数据视野下的城市空间结构与有效治理”（72073094）、教育部人文社会科学研究青年基金“大数据视野下城市群内市场分割研究：现状、影响因素与整合机制”（21YJC790060）的研究成果。

② 上海交通大学安泰经济管理学院特聘教授、教育部长江学者、中国发展研究院执行院长。

③ 上海海事大学经济管理学院副教授。

一、“一城独大”是都市圈发展的结果

首先，与其他国家的“城市”往往是一个经济自治单位相比，中国的城市是一个行政辖区的概念，远大于其他国家的“城市”。一些地级市动辄范围覆盖上万平方千米，常住人口达到几百万甚至上千万人，按管辖范围算已经是都市圈的概念。这些地级市下辖若干县和区，区县之内的管辖和公共品提供均有一定的独立性，在经济政策的制定上也有一定的自主权。

随着中心城市集聚效应的加强，中心城市与地级市范围内的区县正在呈现出一体化发展的态势，甚至跨越地级市边界对周边中小城市产生辐射带动作用，形成了都市圈发展的状态。以成都为例，成都的面积达到 14 000 多平方千米，辖区范围内人口超过 2 000 万人，下辖的都江堰市等 5 个县级市、3 个县，各自都是具有独立功能的城市。而近年来的“成德眉资一体化”，更是以成都为中心，带动周边中小城市共同发展的状态。再以武汉为例，本来武汉就是由原来的武汉三镇合并而成，至少是三个城市的集合体。近年来，武汉的中心城市辐射带动作用正在增强。以电商销售为例，汉正街作为产业链的终端，以销售带动周边城市的制造业，使服装生产的产业链辐射到半径大约 100 千米范围的周边中小城市。

中心城市连同管辖范围内的周边区域或者中小城市一体化发展，形成的正是现代经济发展中的都市圈，而在中国当前的主流概念下，常给人“一城独大”的印象。

同时，也应该看到中心城市的辐射带动作用是随距离衰减的。不同规模的中心城市和周围地区形成的都市圈，半径在 30 千米到 100 千米不等。更远的区域，则很难融入都市圈，从而成为城市群的外围地区，其产业结构更多的是以当地的特色资源为基础。在一些资源总量受限的城市群外围地区甚至可能出现人口的流出，但这恰恰是因为他们能够在中心城市或都市圈找到更好的工作机会。而且，外围地区因人口减少而出现人均资源占有量上升的结果，这对于外围地区实现共同富裕并非坏事。

二、“双中心”模式通常在人多且沿海的省份

在社会公众的讨论中，经常提到中国有些省份出现了“双中心”的模式，并简单认为，这种模式可以被复制推广。但实际上，不管是从经济理论还是从

实践出发，“双中心”的模式都是有条件的。

这种模式的条件之一是人口众多。越是人口多的省份，越有可能在省会的外围仍然居住着大量人口，因此需要在外围地区形成经济发展的次中心，以满足当地的生产和生活需要。其实中国的省份，尤其是人口较多的东部和中部省份，辖区范围内的面积并不算太大，人口在几千万人到一亿人之间的水平，对标世界各国，相当于一个中等规模以上的国家。而在那些人口和面积相当的国家，首都都市圈的首位度也是非常高的（如英国的伦敦都市圈和韩国的首尔都市圈）。因此，仅仅因为人口的因素并不足以支撑在中国省域范围之内的“双中心”模式。

中国一些省份之所以出现“双中心”模式，如果说人口众多是一个必要条件的话，那么，自然地理条件的优势要比人口众多来得更为重要。如果我们略加观察就不难发现，出现“双中心”模式的省份基本上是沿海省份，而所谓的“双中心”，通常是因为在这个省份同时存在省会和另一个沿海大港口城市。从辽宁的沈阳和大连，到山东的济南和青岛，再到浙江的杭州和宁波，福建的福州和厦门，都是如此。江苏的南京和苏州这样的“双中心”，也是因为苏州紧邻上海，自身又紧邻长江出海口。广东的广州和深圳，是因为深圳本身是改革开放的前沿，同时自身就是一个大港口。除了以上省份之外，可以说中国几乎不再有双中心的省份。即使在历史上，成都和重庆同属于四川的时期，也是因为成都是省会，而重庆则是港口，随着重庆成为直辖市，四川又变成了“单中心”模式。如果在此基础上，一定要再找出一个双中心模式，那么就只能提到内蒙古的呼和浩特和包头，而这又是因为包头在历史上从计划经济时期便开始发展重化工业。

三、政策上无须刻意推动或防止“一城独大”

在省域范围内，不宜对于“单中心”或“多中心”模式采取缺乏科学依据的价值判断，既无必要通过行政力量刻意推动省会的壮大，也无必要刻意扶持次中心城市来防止“一城独大”。

在有些省，省会已经是中心城市，但因省内存在另一个地理条件较好的次中心，从而显得省会的首位度不够高，这是非常正常的现象，完全没有必要刻意去推动省会的首位度进一步提升。但有一种情况如果出现的话，做大省会是有道理的。那就是，省会具有强大的中心城市规模经济效应，对于周边的中小城市也产生了辐射带动作用，但是由于在既有体制之下，城市和城市之间的边界反而阻碍了中心城市对周边的辐射带动作用，那么，通过行政区划调整，把周边的中小城市纳入省会的管辖范围，可以克服行政边界导致的市场分割效应。

刻意扶持次中心的举措也要极其慎重。在中国的省域范围内，省会城市通常具有其他城市不可比拟的优越条件。例如说有一些省会城市自古以来就是重要的政治经济和文化中心，古代的时候就是都城，如太原；一些省会城市自古以来就是靠近大江大河的港口，如长沙；有一些城市是新中国发展起来的交通枢纽城市，如郑州；还有一些城市在历史上布局了今天难以再次复制的高校，如合肥。而在很多省份，尤其是在人口规模不够大，地理自然条件不够好的省份，外围地区很难再有省会城市那样好的自然地理和人文条件。在这样的省份，刻意在外围扶持次中心城市，很有可能导致省域范围之内资源分散，不利于发挥省会城市作为首位城市的要素集聚功能，更不利于发挥中心城市对于外围的辐射带动作用。

综合来看，中国在省域范围内的区域协调发展战略，应该因势利导，因地制宜，各自走出不同的发展模式。

第一，在适合“双中心”模式的省份，既要发挥省会城市的现代服务业、高等教育、高科技等产业集聚功能，形成省域范围内的政治、经济和文化中心；同时，也要在具备条件的“次中心”强化其港口功能，发展具有比较优势的相关产业，形成制造业、物流和航运中心。

第二，在不具备“双中心”模式条件的省份，要进一步加强以省会为中心的都市圈建设，并畅通中心城市和外围区域之间生产要素的合理流动和高效集聚。

在以省会为中心的都市圈范围内，强化基础设施、公共服务和政策的一体化。对省域范围之内的外围地区，强化基于本地比较优势的产业发展，实现与省会城市之间的资源共享，加强对省会城市优质公共服务资源的可及性，弱化对于外围地区的 GDP 总量指标考核。在省域范围之内实现经济和人口同步向以省会为中心的都市圈集聚，不同城市之间缩小人均 GDP、人均收入和生活质量的差距。令人欣慰的是在广东、四川、河南、安徽等省份纷纷出现了不同程度的经济和人口集聚，同时又实现了人均相对平衡的发展态势。所以，以省会为中心形成的都市圈发展，看上去是“一城独大”，其实并没有那么值得担忧。

供应链板块

疫情常态化下的供应链运营管理[①]

吴福亮[②]　董　明[③]

【摘要】

自新冠疫情暴发以来，供应链管理遭遇了较大的挑战。本文首先回顾了在供应链管理领域国际顶尖期刊上关于疫情的研究文献，对供应链管理在疫情中遭遇的挑战及其应对策略进行了梳理。当前，由于疫情的反复，疫情逐步趋向于常态化。然而，对疫情常态化下的供应链管理的相关研究较少，本文根据疫情常态化特点，提炼出相应的研究新方向，以期为供应链领域的学者和企业提供借鉴和参考。

新型冠状病毒不仅对人类的生命健康造成威胁，引起了人们的持续恐慌，而且对全球经济和商业环境造成了灾难性的影响，对全球产业链、供应链都造成了巨大的冲击，给供应链上下游带来了巨大的不确定性。物流是供应链中极其重要的环节，也不可避免地受到了疫情的影响，遭遇交通中断、人员匮乏等问题，同时疫苗、口罩等防疫物资也对物流系统提出了更高的要求。

在人类命运共同体的框架下，中国将会不可避免地与海外人员、货物进行交流，疫情防控也将成为生活中必不可少的一部分。在疫情常态化的环境下，

---

① 原文发表于《供应链管理》2022 年第 4 期。

② 上海交通大学安泰经济与管理学院博士研究生。

③ 上海交通大学安泰经济与管理学院教授，上海交通大学行业研究院智能制造行研团队负责人。

海外各国和地区的疫情及其防控政策存在不确定性，我国各个城市的疫情防控措施也有所不同，这些都给供应链运营管理带来了新的挑战。

因此，疫情常态化下，供应链会遭遇什么样的风险？供应链管理会有什么样的新特性？这些都是亟须回答的问题。本文首先回顾供应链管理领域内国际顶尖期刊上关于疫情的相关文献，梳理出疫情对供应链管理带来的挑战，然后依据疫情常态化特点，提出相应的研究新方向。

一、文献综述

本文收集了供应链管理领域的国际顶尖期刊 *Management science*、*Operation Research*、*Journal of Operations Management*、*Manufacturing & Service Operations Management*、*Production and Operations Management*、*Decision Science*、*Journal of Supply Chain Management*、*Journal of Business Logistics* 上关于新冠疫情的论文，搜索关键词为 COVID-19 和 Pandemic，并对检索出的文章进行详细分析。

相关研究论文根据研究方向可以分为两类，一类是疫情期间的供应链管理研究，该内容与本文直接相关；另一类是疫情期间的社会现象研究，从社会现象中也可以挖掘出疫情常态化下的供应链管理的相关启示。下面分类对相关内容进行概述。

（一）疫情期间的供应链管理

供应链中断研究一直是运营管理领域的热门话题，但多聚焦于发生在供应链某点的低概率意外事件（如地震、海啸、日本的核泄漏等灾害）。然而，新冠疫情对供应链的破坏具有长期性、中断传播性、高随机性的特点，不局限于某一个地理区域或者某段时间。这些特质使得新冠疫情造成的供应链中断跨越多个国家和行业，这种极端情况对现有的供应链造成了新的考验，也对供应链的管理提出了新的挑战。因此，很多学者、重点期刊都创办了特刊，希冀能提供关于疫情新方向的研究信息。

回顾这次疫情期间供应链的表现，有助于管理者们应对下一波可能会发生的疫情或者一些极端事件。*Journal of Supply Chain Management* 在 2021 年创办了一个专刊，号召学者们思考供应链管理在这次新冠疫情中得到的经验，以及之后供应链应该如何发展。这次疫情给了学者们一个契机，去研究新危机下的供应链管理新问题，例如：供应链韧性的定义，以往“韧性”被定义为供应链遭遇冲击后恢复到冲击前水平的能力，显然这次疫情中很多供应链都不具备这样的能力，而亚马逊却在受疫情冲击后不仅恢复甚至达到了更高的运营水平，这些都说明可能需要重新定义“韧性”。Craighead 等[①]提供了一个理论列表，描述了一些著名理论或新理论，并解释其如何应对新的挑战或者提供一些潜在的解决方案。在长时间的学科发展过程中，供应链管理科学更加倾向于运营层面，市场营销科学更加注重行为科学。Esper 等[②]认为供应链和市场在疫情期间应当有机结合，应该发展以客户为中心的供应链管理策略，即更加重视用户的体验，包括“最后一公里”配送、供应链可视化、客户价值等。疫情发生以前，大公司便着手为应对供应链中断做准备，但这次疫情超出了以前预测的规模，Sodhi 和 Tang[③] 认为有必要重新研究供应链管理，以应对未来的极端情况，包括由流行病、战争、气候变化等因素引起的崩溃；并且指出未来的一些研究方向，包括零售商如何在电商巨头面前生存，在医疗必需品的分销过程中如何分享供应链能力。经过这次疫情的考验，Hoek 等[④]发现，供应链管理的能力极其重要，具体包括供应链管理者的情商、数字化技术对供应链管理者的决策支撑、工业 4.0 技术的采纳、大学的教育模型等。这些研究都充分地说明了这次疫情开创了供应链研究新方向，引发了专家学者对供应链重新开展翔实的研究。

1. 企业案例

电商平台作为一个供应链的中介平台，直接连接下游端消费者和上游端制造商，可以为研究疫情对供应链的影响提供非常好的案例基础。疫情对线下消费造成了巨大冲击，理论上线上消费得到了快速增长。但新冠疫情期间，阿里巴巴和京东的销量都有了一定的下降，是由于疫情同时也对线下物流的能力造成了影响。Shen 和 Sun[⑤] 分析了京东在疫情期间的运营数据，对其供应链的韧性进行分析。疫情导致了大量的需求和物流中断，但京东得益于其集中的供应

---

① Craighead C W, Ketchen Jr D J, Darby J L. Pandemics and supply chain management research: toward a theoretical toolbox [J]. Decision Sciences, 2020, 51 (4): 838 – 866.

② Esper T L, Castillo V E, Ren K, et al. Everything old is new again: the age of consumer-centric supply chain management [J]. Journal of Business Logistics, 2020, 41 (4): 286 – 293.

③ Sodhi M S, Tang C S. Supply chain management for extreme conditions: research opportunities [J]. Journal of Supply Chain Management, 2021, 57 (1): 7 – 16.

④ Hoek R V, Gibson B, Johnson M. Talent management for a post-COVID-19 supply chain: the critical role for managers [J]. Journal of Business Logistics, 2020, 41 (4): 334 – 336.

⑤ Shen Z M, Sun Y. Strengthening supply chain resilience during COVID-19: a case study of JD. com [J]. Journal of Operations Management, 2021 (10): 1161.

链结构和智能化平台，并针对特定的中断做了迅速调整，因此在疫情期间的表现突出。Han 等[①]分析了阿里巴巴的销售数据，涵盖了中国 339 个城市，并使用 3 种分辨策略来估计疫情的总体影响、影响强度和“封城”的影响。他们发现电商的销售量经历了下降、恢复两个阶段，充分体现了电商的数字化带来的供应链韧性，同时也发现了物流能力在这个过程中起到的关键作用。很多企业在疫情发生之前，就采取了许多应对供应链中断的措施，但疫情期间的极端需求变化对他们的供应链冲击较大，因此企业都采用了很多应急措施来应对该问题，包括资源重新组合和改变决策过程等手段。Dohmen 等[②]通过实验设计和离散案件仿真，并采用了一个罐头食品制造商的实际运营数据进行研究，结果表明决策过程的改变（包括计划周期、频率的改变）对保持商业连续性更加重要。

2. 管理人员行为

供应链管理人员是供应链运营的主要决策者，对疫情期间的运营有着重要作用。Oliva 等[③]通过研究发现，供应链管理者在应对新冠疫情这类突发事件时，过度认知反应会让他们难以准确分辨问题的范围，并且难以快速更新决策模型。由于疫情对供应链的运营环境造成了巨大的变化，因此供应链的用途可能要及时改变，Falcone 等[④]采用资源依赖理论和社会网络理论对 136 家公司进行评估和分析，发现供应链管理人员和企业的网络位置对其供应链的可塑性有着重要影响。资源重新整合是指企业通过获得资源或者开发新资源来恢复供应链的运营，譬如增加企业产能；改变决策过程，指的是加快企业反应速度、缩短应变时间，可以通过提升供应链上下游的信息共享能力实现，譬如提高计划频率或者缩短预测时间。有的管理者愿意提前为供应链中断做准备工作，而一

① Han B R, Sun T, Chu L Y, et al. COVID-19 and e-commerce operations: evidence from alibaba [J]. Manufacturing & Service Operations Management, 2022, 24 (3): 1388-1405.

② Dohmen A E, Merrick J R, Saunders L W, et al. When preemptive risk mitigation is insufficient: the effectiveness of continuity and resilience techniques during COVID-19 [J]. Production and Operations Management, 2022 (1): 13667.

③ Oliva R, Abdulla H, Gonçalves P. Do managers overreact when in backlog? evidence of scope neglect from a supply chain experiment [J]. Manufacturing & Service Operations Management, 2022 (1): 1072.

④ Falcone E C, Fugate B S, Dobrzykowski D D. Supply chain plasticity during a global disruption: effects of CEO and supply chain networks on operational repurposing [J]. Journal of Business Logistics, 2022, 43 (1): 116-139.

些管理者不愿意，Bode 等[①]对管理者的决策动力进行分析，发现决策者有强烈的潜意识去关注成本，但会有意识地优先考虑行为的有效性，并且最终决策与其认知行为不一定一致，因此认知与行为之间的差距、自我评估能力、受过的训练对管理决策者的影响较大。

3. 供应链韧性

供应链韧性一直是学界和业界的热点研究课题。传统的供应链韧性的定义为供应链在遭遇中断后恢复到事件前水平的能力。对于企业来说，公司可以通过提升供应链的韧性来应对供应链中断，主要分为事前预防和事后恢复两种方式，目的都是让企业能在随机条件下持续满足需求。前者是指企业在事前通过预测削弱影响的方法，譬如增加安全库存、设置集中库存、多渠道等。后者是指企业在事后快速恢复的能力，譬如资源重新组合、调整决策过程等。Tukamuhabwa 等[②]将韧性描述为供应链经历一系列破坏性事件，而做出一系列反应和适应行为的过程，如图 1 所示。供应链在时期 A 遭遇了第一次中断，受到了很大的损失，在时期 B 遭遇了第二次中断，受到的损失较小，可能是由于供应链从第一次中断事件中学到了一些经验，并采取了相应的准备工作。

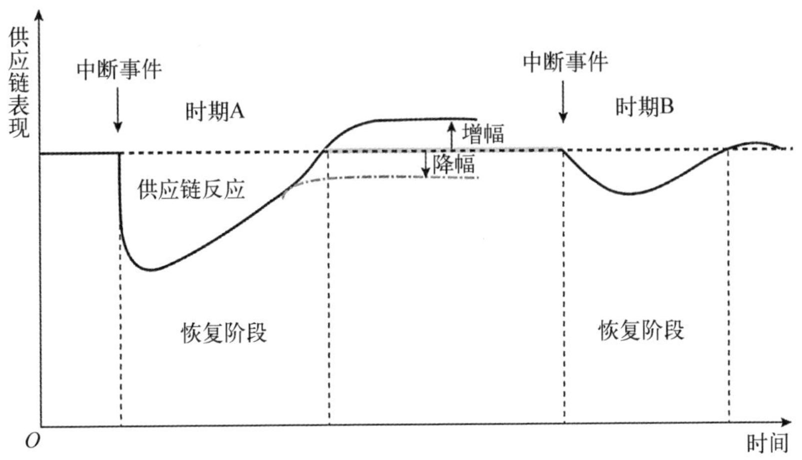

图 1　韧性供应链经历一系列中断事件后的表现

① Bode C, Macdonald J R, Merath M. Supply disruptions and protection motivation: why some managers act proactively (and others don't) [J]. Journal of Business Logistics, 2022, 43 (1): 92 – 115.

② Tukamuhabwa B R, Stevenson M, Busby J, et al. Supply chain resilience: definition, review and theoretical foundations for further study [J]. International Journal of Production Research, 2015, 53 (18): 5592 – 5623.

疫情之后，学者们在新的场景下对韧性的内涵进行了进一步地拓展。Chopra 等[①]引入了“commons”的概念，表示供应链是信息流、产品、资金的资源池，并研究了“commons”如何在公司和跨行业等层面上帮助提升供应链的韧性和运行效率。譬如，某公司使用多渠道供应商去满足其遭遇的日变需求，这种行为也极大地提升了其应对疫情的能力。Wieland 和 Durach（2021）[②] 对韧性的概念进行了扩充，包含工程韧性和社会-生态韧性，其中，工程韧性力求通过设计和优化来达到相对平衡状态，可以通过恢复平衡状态所需的时间和抵抗干扰的生存时间来测量；社会-生态韧性则允许供应链随时间的推移而改变，要求管理者努力实现对外界的适应性和可转换性。Azadegan 和 Dooley[③] 从网络层面对供应链的韧性进行分析，提出中观层面上的韧性概念，即多个供应链网络合作应对中短期的供给风险。

除了上述内容之外，Zinn 和 Goldsby[④] 关注到疫情对全球化供应链的影响，Ketchen 和 Craighead[⑤] 对大公司集成其供应链上小公司商业能力的程度进行分析，Kovács 和 Falagara[⑥] 针对疫情期间人道主义救援物流的经验进行研究。

综上所述，目前国际顶尖期刊对疫情下供应链管理的相关研究，主要集中于供应链在疫情暴发初期受到的冲击及其应对策略。但是，目前疫情趋向于常态化，在我国还呈现出小规模化的特点，在这些特殊情况下，供应链运营会遇到什么样的问题？供应链管理该采取什么样的策略？都是亟须后续研究的问题。

（二）疫情期间的运营管理

在上述重要的运营管理期刊中，学者们除了对疫情下的供应链管理进行了

---

① Chopra S, Sodhi M, Lücker F. Achieving supply chain efficiency and resilience by using multi-level commons [J]. Decision Sciences, 2021, 52 (4): 817 - 832.

② Wieland A, Durach C F. Two perspectives on supply chain resilience [J]. Journal of Business Logistics, 2021, 42 (3): 315 - 322.

③ Azadegan A, Dooley K. A typology of supply network resilience strategies: complex collaborations in a complex world [J]. Journal of Supply Chain Management, 2021, 57 (1): 17 - 26.

④ Zinn W, Goldsby T J. Global supply chains: globalization research in a changing world [J]. Journal of Business Logistics, 2020, 41 (1): 4.

⑤ Ketchen Jr D J, Craighead C W. Toward a theory of supply chain entrepreneurial embeddedness in disrupted and normal states [J]. Journal of Supply Chain Management, 2021, 57 (1): 50 - 57.

⑥ Kovács G, Falagara S I. Lessons learned from humanitarian logistics to manage supply chain disruptions [J]. Journal of Supply Chain Management, 2021, 57 (1): 41 - 49.

大量研究外，同时也对疫情期间政府和公民的行为、决策模型的作用等进行了分析，这些研究也可以为未来的供应链运营管理提供一些启示。

1. 政府和公民的行为

疫情期间，政府在疫情防控中起到了重要作用，公民遵守防控政策的程度也对政策的效果有重要影响。Ru 等①通过分析多个国家的疫情相关数据，发现经历过 SARS 病毒的国家和地区对新冠疫情的反应速度相对较快，不仅体现在谷歌的相关搜索量上，而且政府的抗疫管控速度也更加迅速，公民更加容易遵守保持社交距离等防疫措施。居家隔离和“封城”是政府的主要防疫手段，Carranza 等②通过研究智利首都圣地亚哥的疫情防控数据，分析手机的地理信息数据，发现新冠疫情的传播率与人员流动性有明显的正相关性。由于高收入群体更愿意居家隔离，而低收入群体需要外出工作以维持收入，所以低收入群体的流动性较大，进而导致低收入群体的感染率较高。Wang 等③使用手机数据分析居民的流动性，发现未参加保险的和受教育程度低的居民遵守居家隔离措施的概率较低，因为他们的工作难以在家完成。De Vaan 等④建立了一个信息设计框架，发现政府在权衡公民健康和经济发展的重要性之后，再选择向群众夸大疫情的严重性或者减少疫情防控宣传。如若政府更重视公民健康，会夸大宣传疫情的严重性，反之亦然。

2. 决策模型赋能

供应链管理决策模型的使用，对供应链管理能力的提升有重要影响。Mohamadi 等⑤以多伦多综合医院的手术室排班问题为研究对象，使用混合整数规划方法建立数学模型，借用 Benders 分解方法对模型进行求解，计算结果表明可以有效地提升手术室使用率，并且能提高约 40% 的手术容量。Jain

---

① Ru H, Yang E, Zou K. Combating the COVID-19 pandemic: the role of the SARS imprint [J]. Management Science, 2021, 67 (9): 5606 - 5615.

② Carranza A, Goic M, Lara E, et al. The social divide of social distancing: shelter-in-place behavior in Santiago during the COVID-19 pandemic [J]. Management Science, 2022, 68 (3): 2016 - 2027.

③ Wang G. Using mobile device data to understand the effect of stay-at-home orders on residents' mobility [J]. Manufacturing & Service Operations Management, 2021 (11): 1014.

④ De Vaan M, Mumtaz S, Nagaraj A. Social learning in the COVID-19 pandemic: community establishments' closure decisions follow those of nearby chain establishments [J]. Management Science, 2021, 67 (7): 4446 - 4454.

⑤ Mohamadi N, Bakhishi S H, Transchel S, et al. Impact of pandemics on humanitarian retailing operations: a vouchers case [J]. Production and Operations Management, 2022 (2): 13690.

和 Rayal（2022）[①] 开发了数学模型分析疫情传播初期对医疗设备能力的需求，并使用该模型来管理有限的医疗设备能力，即用随机模型模拟感染率，并使用优化模型来决策医疗设备能力的调用，结果表明医疗设备共享在医疗设备紧缺的时候不一定是有利的，可能会导致感染高峰更早到达。

疫情期间，很多人都遭遇了食物短缺的问题。很多国家内部，食物银行负责收集政府或个人捐赠的食物，并且分发给当地合作机构，合作机构负责将食物分发到有需要的个人。食物银行作为人道主义机构，期望在有限的预算中最大化食物分发的公平性。Stauffer 等[②]在考虑了食品过期时间后，建立了相应的数学模型，利用移动食品分发项目、额外的食品库存储能力来提升食物分发水平。经过数值模拟，他们的模型能有效提升食物银行的分发效率。美国农业部在疫情期间，开展了一项“农民到家庭的食物打包”项目，经过批准的供应商或者分包商可以直接从农民家购买新鲜的食物并打包。由于食物银行没有空闲的能力去支撑这个项目，美国农业部采取了以下创新的方法：一是供应商直接将食物分发给经销商；二是食物银行充当调配的角色，协助平衡供应商的供给和经销商的需求。但由于疫情期间有限的人力物力，有些地方难以充分调配，因此开发了相关决策支持系统来调配食物。

此外，新冠疫情在政策、信息、情绪三个因素的驱动下，不断推动一波又一波疫情。传统的流行病学的模型难以处理行为驱动的变化，因此，Perakis 等[③]开发了一种多波段预测模型，可以实时动态掌握新疫情波，并能更加准确地长期预测疫情波。疫情期间，住同一个酒店的客人之间可能会产生交叉感染，Chen 等[④]设计出一套家务管理的流程，消除酒店中的污染渠道，以达到预防疾病传播的目的。Liu 等[⑤]分析了疫情后中国的一百多万条交易数据，发现

① Jain A, Rayal S. Managing medical equipment capacity with early spread of infection in a region [J]. Production and Operations Management, 2022: 1-18.

② Stauffer J M, Vanajakumari M, Kumar S, et al. Achieving equitable food security: how can food bank mobile pantries fill this humanitarian need [J]. Production and Operations Management, 2020 (1): 13663.

③ Perakis G, Singhvi D, Lami O S, et al. COVID-19: a multiwave SIR based model for learning waves [J]. Production and Operations Management, 2022: 1-19.

④ Chen X A, Wang R, Zhang J. Divide and conquer: a hygienic, efficient, and reliable assembly line for housekeeping [J]. Manufacturing & Service Operations Management, 2022, 24 (2): 938-955.

⑤ Liu Q, Shen Q, Li Z, et al. Stimulating consumption at low budget: evidence from a large-scale policy experiment amid the COVID-19 pandemic [J]. Management Science, 2021, 67 (12): 7291-7307.

中国政府的消费券补贴能有效地促进消费，1元的政府补贴可带动3.4~5.8元的超额支出。

二、疫情下的供应链管理研究趋势

自新冠疫情发生以来，疫情对供应链管理影响的相关研究受到学界的迅速重视。本文以供应链管理领域国际顶尖期刊关于疫情供应链的相关研究为基础，并补充了由国家自然科学基金委员会认定的30类管理科学重要学术期刊上的相关文献，提取出了相关文献的关键词，结果如表1所示。

表1 供应链管理领域重要期刊上关于疫情中供应链的研究关键词

印刷时间	关键词	参考文献
2020年1月—2020年3月	(1) globalization; (2) global supply chains; (3) trade agreements; (4) 突发疫情; (5) 应急物流; (6) 数据驱动; (7) 动态调整; (8) 交互演进; (9) 应急物流网络; (10) 应急服务水平; (11) 选址分配; (12) 重大传染病; (13) 情境; (14) 应急物资配置决策; (15) 贝叶斯序贯决策模型	刘明等①; 刘明等②; 葛洪磊和刘南③
2020年4月—2020年6月	(1) analytical research; (2) behavioral research; (3) conceptual development; (4) empirical research; (5) theory; (6) transiliency; (7) cocitation analysis; (8) resilience; (9) risk; (10) systematic review	Craighead等; Pournader等④

① 刘明，曹杰，章定. 数据驱动的疫情应急物流网络动态调整优化［J］. 系统工程理论与实践，2020a，40（2）：437－448.

② 刘明，李颖祖，曹杰，等. 突发疫情环境下基于服务水平的应急物流网络优化设计［J］. 中国管理科学，2020b（3）：1－20.

③ 葛洪磊，刘南. 重大传染病疫情演化情境下应急物资配置决策建模分析：以新冠肺炎疫情为例［J］. 管理工程学报，2020，34（3）：214－222.

④ Pournader M，Kach A，Talluri S. A review of the existing and emerging topics in the supply chain risk management literature［J］. Decision Sciences，2020，51（4）：867－919.

续 表

印刷时间	关　键　词	参考文献
2020年10月—2020年12月	(1) complex adaptive systems; (2) supply chain networks; (3) resilience; (4) industry associations; (5) panarchy; (6) supply chain risk; (7) talent management; (8) digitization; (9) university model; (10) complex adaptive systems; (11) supply chain networks; (12) industry associations; (13) 中国-东盟自由贸易区; (14) 区域农产品供应链; (15) 粮食安全; (16) 政府文件; (17) 供应链恢复; (18) 扎根理论	Azadegan 和 Dooley; Flynn 等①; Hoek 等; 谭砚文等②; 杨洋等③
2021年1月—2021年3月	(1) marketing; (2) logistics; (3) consumer experience; (4) consumer-centric; (5) last-mile; (6) visibility; (7) consumer values; (8) electronic commerce; (9) partnering; (10) adaptation; (11) social-ecological systems; (12) resilience; (13) transformation; (14) entrepreneurship; (15) supply chain design; (16) supply chain entrepreneurial embeddedness; (17) theory building; (18) disruption; (19) humanitarian supply chain; (20) humanitarian logistics; (21) medical supply chain; (22) epidemic; (23) climate change; (24) 弹性; (25) O2O 平台; (26) IDS 平台; (27) 脆弱性; (28) 合作关系	Esper 等; Sodhi 和 Tang; Wieland 和 Durach; Ketchen 和 Craighead; Kovács 和 Falagara; 田丹等④
2021年4月—2021年6月	(1) industrial commons; (2) resilience; (3) supply chain risk management; (4) disruption; (5) 贫困地区; (6) 农产品	Chopra 等; 张喜才⑤
2021年7月—2021年9月	(1) CEO network; (2) disruption; (3) supply chain network; (4) supply chain plasticity; (5) 应急响应; (6) 医疗防控物资; (7) 信息不对称; (8) 合同设计	Falcone 等; 林琪等（2021）⑥

① Flynn B, Cantor D, Pagell M, et al. From the editors: introduction to managing supply chains beyond Covid-19-preparing for the next global mega-disruption [J]. Journal of Supply Chain Management, 2021, 57 (1): 3-6.

② 谭砚文，李丛希，陈志钢. 新冠肺炎疫情对中国与东盟区域农产品供应链的影响及对策 [J]. 农业经济问题，2020 (10): 113-121.

③ 杨洋，邹明阳，谢国强，等. 重大突发公共卫生事件下的供应链恢复机制 [J]. 管理学报，2020, 17 (10): 1433-1442.

④ 田丹，唐加福，任悦. O2O 模式下即时配送服务系统弹性的提升策略优化 [J]. 系统工程理论与实践，2021, 41 (2): 310-318.

⑤ 张喜才. 农产品供应链安全风险及应对机制研究 [J]. 农业经济问题，2022 (2): 1-11.

⑥ 林琪，赵秋红，颜迎晨. 应急医疗防控物资采购合同设计研究 [J]. 管理评论，2021, 33 (8): 302-313.

续 表

印刷时间	关　键　词	参考文献
2021 年 10 月—2021 年 12 月	(1) operational strategy; (2) resilience; (3) discrete choice analysis; (4) experiment; (5) proactive action; (6) protection motivation theory; (7) disruption; (8) supply risk management; (9) 疫情风险; (10) 供应中断; (11) 双重时效性; (12) 库存控制; (13) 生鲜品; (14) 系统动力学; (15) 突发事件; (16) 农产品; (17) 供应链安全; (18) 应对机制	Shen 和 Sun; Bode 等; 慕静和李婧①; 张喜才②
2022 年 1 月—2022 年 4 月	(1) e-commerce; (2) containment measures; (3) digital resilience; (4) logistics; (5) resilience; (6) disruption; (7) planning; (8) risk; (9) behavioral operations; (10) decision analysis; (11) experiments; (12) 协同选址; (13) 应急物流; (14) 选址模型; (15) 多层级储备库	Han 等; Dohmen 等; Oliva 等; 李昌兵等③

由表 1 可以看出，disruption（中断）、resilience（韧性或弹性）是最高频的两个关键词。"disruption"指的是供应链中断，疫情带来的供应链中断具有显著的长周期性、高随机性、大范围性等新特点，这都对供应链的运营带来了前所未见的困难和挑战，因此学者们对疫情带来的供应链中断特性进行了深入探讨。"resilience"指的是供应链的韧性，一般是指供应链从受到冲击后恢复到之前水平的能力，这也是应对疫情冲击的主要策略之一。疫情的特殊性对供应链韧性提出了新要求，因此提升供应链韧性的策略也发生了相应的变化，学者们也对此展开了进一步的研究。

三、疫情常态化下的供应链管理研究新方向

生物学家达尔文的一句名言："不是最聪明的物种能存活，不是最强壮的物种能存活，存活下来的是最能适应不断变化的环境的物种。"虽然达尔文针对的是物种生存，但是同样的道理也适用于商业行为。因此，在疫情常态化条

---

① 慕静，李婧. 考虑疫情风险与双重时效性的生鲜品供应中断库存控制策略研究［J］. 运筹与管理，2021（11）：1-11.

② 张喜才. 新冠肺炎疫情下贫困地区农产品供应链的关键环节及优化升级研究［J］. 农业经济问题，2021（5）：99-106.

③ 李昌兵，李小倩，曹帅，等. 疫情防控视角下多层级储备库协同选址及物流配送研究［J］. 运筹与管理，2022（2）：1-10.

件下，供应链管理遇到了什么样的新挑战？需要做出哪些相应的适应性改变？这些成了学界和业界亟须解决的问题。

（一）疫情常态化下的供应链中断风险

对于参与国内大循环的供应链，常态化疫情对供应链的局部造成频繁的影响，并且全国各地的防疫政策不一致导致影响程度有所差别。在这样的背景下，供应链中断会呈现出什么样的新特征，以及如何量化其对供应链造成的影响都需要进一步研究。

对于参与国际大循环的供应链，由于国际、国内地区疫情严重程度不一致，世界各国采取的防控政策也不一样，各地不同人群对政策的服从性也存在显著的差异。因此，供应链中断的随机性更强，遭受的风险也更为复杂。这种背景下的供应链中断风险，也是十分值得研究的新课题。

（二）供应链韧性

已有文献对疫情期间供应链的韧性开展了翔实的研究。但是，疫情常态化后，供应链的中断风险特性发生了变化，可能使得供应链的局部中断成为新常态，因此提升供应链的韧性显得尤为重要。在这些新场景下，供应链的韧性有了哪些新内涵？如何提升供应链的韧性？这些问题目前都没有得到很好的回答。

（三）案例研究

关于供应链中断的研究，在疫情之前一直是学界和业界的研究热点，但是基本上聚焦于某些特定事件的影响，譬如地震、海啸、贸易战等事件的影响。疫情之后，有学者开始针对疫情期间供应链中断的真实案例进行研究，对其特性进行了进一步分析。同样，疫情常态化后，在供应链中断对企业的影响、企业的应对措施等方面，不仅需要理论上的分析，而且需要真实案例研究的支撑，才能更好地深挖出事物的本质。

（四）疫情常态化下的行为研究

如前文所述，管理人员作为供应链管理的决策者，在应对供应链中断时显得尤其重要。因此，疫情常态化下，供应链管理者的行为特征，譬如更加看重成本还是风险对抗度、决策行为与个人特点之间的关系等，也是值得研究的内容。

供应链的下游端是消费者。当疫情发生后，政府需要第一时间阻断传播链条，因此采取“封城”、限制出行等严格政策以减少人们互相接触，甚至部分区域的运输网络出现了中断。疫情常态化下，这些措施可能逐步成为日常生活的一部分，但这种政策对消费者的行为影响值得深究，可能会给市场带来较大的不确定性，继而对供应链的运营造成影响。以食品供应链为例，人们会因为居家隔离或恐慌情绪而囤积大量食物（包括大米、冷冻肉类等易于贮存的食物），导致个别食品的需求激增。与此同时，疫情期间餐馆关闭，人们减少在餐馆的用餐，导致餐馆的食品需求量陡降。此外，疫情会导致人们的收入下降，对食品的消费偏好也会发生相应的改变，更多地转向价廉物美的本地产品。并且，海外疫情频发，很多国外的食品工厂都发生了疫情，国际冷链物流也有传播疫情的风险，也影响到了人们对进口生鲜产品的偏好。从食品的物流系统来看，以往餐馆的集中配送转变为消费者的分散配送，这对物流系统也提出了更大的挑战。譬如，商品打包更加零散化，送货地点更加分散，派送频次更高，这些问题都对物流系统提出了更高的要求。

（五）供应链决策模型

决策模型能有效地提升供应链管理的能力，为资源分配、物流系统等提供有力的支撑，但疫情常态化下的环境对决策模型提出了新的挑战。

第一，对疫情的准确预测可以为决策模型提供精准的输入变量。但是，由于疫情出现的高度随机性，其扩散范围、影响区域等都难以准确估计，对疫情传播模型提出了新的挑战。

第二，在随机环境下，供应链管理的决策模型也成为随机决策模型。如何在随机情况下取得最优解，是值得研究的新方向。此外，由于疫情常态化带来的多期随机性，决策模型不仅要考虑当期，而且需要考虑多期决策，这些都给决策模型的建立和求解带来了新的挑战。

四、总结

除了上述的一些研究方向以外，还有很多值得研究的新方向。譬如：精益供应链的零库存、及时生产等策略不太适用于疫情期间的供应链运营，增加缓冲库存等措施可能会更加实用，但这并不代表着精益供应链的思想就不适用于疫情常态化下的环境。因为减少不必要的浪费、降低成本是供应链管理的重要一环，但如何将“精益”和“韧性”相结合，是值得深挖的研究课题。总之，疫情常态化成为一个新的场景，供应链中断风险体现出了新的特质，亟须新的研究对这种场景下的供应链管理问题进行深挖。

从一则防疫新闻谈谈法治框架下的智慧物流[①]

李志灵[②]　赵思翔[③]

【摘要】

随着电商物流的发展，收发快递已成为个人生活中不可缺少的环节。而在疫情背景下，快递包裹的流通也给防疫政策带来了一定的压力。本文基于一则防疫相关的新闻，探讨了智慧物流在此背景下所发挥的作用，以及在此过程中关于个人信息使用的法理依据。

根据住房城乡建设部办公厅《关于开展国家智慧城市试点工作的通知》（建办科〔2012〕42 号），智慧物流是指物流智慧化管理和服务的建设水平，包含物流公共服务平台、智能仓储服务、物流呼叫中心、物流溯源体系等方面的建设。

该文件也是笔者在威科法律库中以智慧物流为关键词检索出的最早对智慧物流下定义的国家级文件。伴随着信息科学的进步，在政策的倡导和现代生活需求的刺激下，我国物流第一梯队的企业已经在激烈的竞争中建立起了符合我国国情且具有企业自身特色的智慧物流系统。

疫情令每个人都关注着权威媒体对相关情况的报道。近日，笔者注意到了一条新闻：顺丰速运余杭中转站发现有多名员工确诊。不少杭州市民、外地居

---

① 原文发表于上海交通大学行业研究院官方微信公众号“安泰研值”2022 年 3 月 14 日。

② 上海申浩律师事务所执业律师。

③ 上海交通大学行业研究院智能物流行研团队成员、上海交通大学安泰经济与管理学院助理研究员。

民收到了这样的短信，提醒其所收的快件经过了该中转站，存在被新冠病毒污染的风险，因此要求收件的市民进行核酸检测。

这几十个字的新闻包含了丰富的智慧物流以及个人信息保护的相关背景知识。在当前形势下，针对几个关键问题值得做一些探讨。

一、个人信息保护

在上述新闻中个人信息的使用是否遵循了个人信息保护的相关法律？

2021 年 12 月，全国人大网有篇文章标题就是《今年立法数量是近年来最多》，这其中就包含了《中华人民共和国个人信息保护法》（简称《个人信息保护法》）及《中华人民共和国数据安全法》（简称《数据安全法》），也让 2021 年被称为个人信息保护元年。作为上位法的《数据安全法》出台后，地方有关数据的法规也陆续出台，例如《上海市数据条例》《浙江省公共数据条例》等。

《个人信息保护法》规定，个人信息是以电子或者其他方式记录的与已识别或者可识别的自然人有关的各种信息，不包括匿名化处理后的信息。《个人信息保护法》第十三条规范了个人信息处理者（组织或个人都可以作为个人信息处理者）处理个人信息的七种情形，以个人同意为原则，不需同意为例外。

其中有六种情形是不需要取得个人同意的。例如有为应对突发公共卫生事件，或者在紧急情况下为保护自然人的生命健康和财产安全所必需的情形以及法律、行政法规规定的其他情形，不需要个人同意即可处理其个人信息。处理包括收集、存储、使用、加工、传输、提供、公开、删除等。

《数据安全法》第八条规定：开展数据处理活动，应当遵守法律、法规，尊重社会公德和伦理，遵守商业道德和职业道德，诚实守信，履行数据安全保护义务，承担社会责任，不得危害国家安全、公共利益，不得损害个人、组织的合法权益。《数据安全法》中所称数据，是指任何以电子或者其他方式对信息的记录，可以看出数据的内涵范围包括个人信息。

有被感染风险的快递接收人之所以会收到疫情联防联控部门的短信提醒，显然意味着顺丰在得知员工确诊后，通过企业内部的智慧物流系统追溯到了收件人的相关信息，并通知了当地政府防疫工作人员。

顺丰作为个人信息处理者的这个行为非但没有违反《个人信息保护法》

以及《数据安全法》，反而是遵守了法律的规定。

该种告知政府防疫人员的行为属于传输和提供，乃至固定范围的公开，其符合了应对突发公共卫生事件或紧急情况为保护自然人的生命健康而无需个人同意的特殊情形。政府承担着保护人民群众生命安全的重任。政府构建联防联控的防疫机制需要手握庞大公民个人信息的企业在满足一定条件下承担其社会责任，此时提供个人信息（数据）的行为是维护公共利益的必要之举。

试想，若政府得不到这些数据，无疑会造成防疫工作的漏洞，最终危及广大群众的生命健康，相关企业也难辞其咎。从这样一则疫情防控的新闻中我们也可以看到，只有在法治的框架和智慧物流高度发展两者同时具备的条件下，才能使得这样的精准追溯和疫情筛查成为可能。

二、公共数据

这些由顺丰提供给政府的有关个人信息属于公共数据吗？

国家法律层面并没有对公共数据下定义。《上海市数据条例》将公共数据定义如下：本市国家机关、事业单位，经依法授权具有管理公共事务职能的组织，以及供水、供电、供气、公共交通等提供公共服务的组织（以下统称公共管理和服务机构），在履行公共管理和服务职责过程中收集和产生的数据。

《浙江省公共数据条例》（2022 年 3 月 1 日起施行）第三条规定："本条例所称公共数据，是指本省国家机关、法律法规规章授权的具有管理公共事务职能的组织以及供水、供电、供气、公共交通等公共服务运营单位（以下统称公共管理和服务机构），在依法履行职责或者提供公共服务过程中收集、产生的数据。根据本省应用需求，税务、海关、金融监督管理等国家有关部门派驻浙江管理机构提供的数据，属于本条例所称公共数据。"在疫情中，地方政府卫健委为疫情防控所收集或要求企业、个人提供的信息应当属于以上定义的公共数据。

更进一步地说，这些由顺丰提供给政府的收件人个人信息，起初并不属于公共数据，因为它们的信息处理者是顺丰公司。但是当快递人员确诊感染新冠后，由于病毒的传染性较强，被污染的快递可能会影响到与其发生关联的任何一个自然人。

在这种情况下，顺丰公司有义务按照法规政策上报疫情，并向当地政府提供相关确诊人员信息、由顺丰公司作为信息处理者获得的快递信息以及收件人信息。这些收件人的身份以及联系电话等信息，也在这个过程中由非公共数据变成了公共数据。

但需要注意的是公共数据不意味着是公开的数据。公共数据按照共享属性可进一步分为无条件共享、受限共享和不共享数据。

《浙江省公共数据条例》第二十一条规定："……收集的数据不得用于与应对突发事件无关的事项；对在履行职责中知悉的个人信息、商业秘密、保密商务信息等应当依法予以保密。突发事件应急处置工作结束后，公共管理和服务机构应当对获得的突发事件相关公共数据进行分类评估，将涉及个人信息、商业秘密、保密商务信息的公共数据采取封存等安全处理措施，并关停相关数据应用。"

也正因此，处于舆论高度关注之下的，与疫情产生各种关联的公民的个人信息及个人隐私才有法律的保障。违法泄露个人信息、个人隐私的行为人将承担法律责任。

这方面已有前车之鉴。2020 年发生的赵某诉某企业营销策划有限公司隐私权纠纷案［（2020）渝 0112 民初 24368 号］就是一个典型案例。此案发生时，我国《个人信息保护法》以及《数据安全法》都未出台，但是国家对于公民个人信息的保护已经充分彰显在判决结果和文书中。篇幅所限，此处不赘述案件前因后果，读者可检索案件了解案情。此处也不对个人信息和个人隐私的关系展开论述，两者不等同但具有高度关联。

三、数据系统与智能物流

那么，在此次事件中电商物流企业的哪些数据可能与疫情精准定位有关呢，哪些又是没有必要用于信息追溯的呢？

首先在电商平台端，除了用户订单数据之外，系统也记录着诸如广告点击、用户评论、浏览记录、购物车等数据，但这些数据都没有流入订单管理系统（OMS），而更多是记录在类似客户管理系统（CRM）中。没有真实的订单生成，自然也就无须用来追踪订单实物。

但是，这并不意味着订单的追溯一定要从 OMS 开始，因为当某个物流中转点出现疫情之后，可能会导致它下游站点的物流效率的降低，也意味着物流路由和时效的变化。因此当用户准备下订单或者清空其购物车时，电商平台能够及时说明情况，这对于用户来说也是一种安心的购物体验。

当然，OMS 只是把订单汇总在一起并下发到对应的仓库，仓库根据订单信息完成出库发货或者调拨的任务。若无疫情则一切正常；但当一个中心仓或者区域仓发生疫情时，需要仓库在第一时间将已下发但未生成拣货波次的订单回收，并找到若干个安全的仓库代替发货，若货品种类特殊，其他仓库都没有备货的话，就只能等待了。

除上述情景外还有两种情况。一种是具有感染风险的货物已经分配拣货波次，并且已经拣货完成等待出库了，但还在仓库的范围内。那最合理的措施就是将货物就地封存，等待防疫处理。另一种情况是如果货物已通过仓库站台装车，也不必担心，车辆管理系统（TMS）能够实时了解车辆所在的位置，及时通知对应车辆到最近的防疫站点接受处理。如果第三方承运商的车辆没有接入实时系统呢？那在 TMS 中也至少可以获取车辆牌号，并联系司机进行处理。如果货物已经在进行“最后一公里”配送，那快递小哥也要及时停止配送，返回站点。

当物流系统中出现受污染的货物时，应尽量避免将货物送往物流网络的下一级站点，但随着我国物流企业的效率不断提升，这样的情况通常难以避免。因此，一个中心、区域或其他周转仓库发现病例后，可以向前追溯一段时间内所发的货品和物流路由，就能锁定这一期间货物所到的下一级节点。

当然，最重要的还是避免终端消费者与货品发生接触。通过仓储和运输系统，以及最终端的设备很容易知道哪些用户已经签收了相关的订单，这些用户就必须进行核酸检测；除此之外，对于还未收到快递的用户，这个时候就需要及时向他们发送信息，通知其不要再去驿站取件，避免形成群聚效应。

四、结语

龙头企业层面智慧物流的发展会促进智慧城市的建设，期待法治框架下的智慧物流给社会、企业、人民带来更多的福祉。

航运减排新规再解读[①]

寇　莹[②]　赵一飞[③]

【摘要】

国际海事组织推出的EEXI和CII指数于2023年1月1日起生效。本文从EEXI和CII的算法源头入手，结合当前各类船舶的实际情况，对EEXI和CII的实施前景进行了分析，结论是EEXI的推广会迫使一些老旧船舶提早退役，推动国际海运界运力的进一步更新；CII的实施还需要各家船舶所有人的积极配合，完成一定的数据积累才能真正发挥作用。

国际海事组织（International Maritime Organization，IMO）于2018年批准的温室气体减排初步战略的目标是以2008年碳排放为基准，到2030年将航运业碳排放强度降低40%，到2050年将碳排放强度降低70%，碳排放总量降低50%，同时制订了短期、中期和长期减排措施。

IMO所属的海上环境保护委员会（The Maritime Environment Protection Committee，MEPC）于2021年6月召开的第76次会议上审议通过了《国际防止船舶造成污染公约》附则Ⅵ修正案［MEPC.328（76）］，引入了两项与船舶减排相关的强制性措施——现有船舶能效指数（energy efficiency existing ship index，EEXI）和碳强度指标（carbon intensity indicator，CII），旨在通过提升船

---

① 原文发表于上海交通大学行业研究院官方微信公众号“安泰研值”2022年3月22日。

② 上海交通大学安泰经济与管理学院助理研究员、上海交通大学行业研究院航运业行研团队成员。

③ 上海交通大学中美物流研究院副教授、上海交通大学行业研究院航运业行研团队负责人。

船节能技术和运营水平来完成海运业温室气体减排战略的短期目标。该两项措施都将于 2023 年 1 月 1 日生效，但在国内航运界似乎还没有太多的反应。

一、序曲：含义再解读

要理解 EEXI 和 CII，首先要弄清楚其来历。

目前为多国政府和众多跨国企业所认可的《温室气体议定书企业核算与报告准则》（GHG Protocol Business Accounting and Reporting Guidelines，简称 GHG Protocol），是国际上应用最广泛的温室气体计算工具，2001 年首次出版，至今历经多次修改和完善。根据 CO_2 排放的方式，GHG Protocol 将所有行业区分为两大类：静止燃烧业（如电力业）和移动燃烧业（如运输业），并分别给出了计算式。其中针对运输业的如式（1）所示。

$$\text{排放系数} = \frac{CO_2\text{ 排放量}}{\text{运输距离} \times \text{运输量}} \qquad \text{式（1）}$$

EEOI、EEDI、EEXI 以及 SEEMP 和 CII 释义如下：

船舶能效运营指数（energy efficiency operation index，EEOI），其基本式为式（1），根据船舶的特性参数改编，于 2008 年提出。

船舶能效设计指数（energy efficiency design index，EEDI），其基本式是将式（1）的分母变为船舶的设计载重吨（或载箱量）和设计航速，适用 400 总吨以上的国际航行船舶，于 2013 年 1 月 1 日生效。

EEXI 的计算式与 EEDI 类似，主要是针对已经投入运营的 400 总吨以上的商船，于 2023 年 1 月 1 日生效。

CII 根据 EEOI 算式的变形式测算，适用 5 000 总吨以上的国际航行船舶，于 2023 年 1 月 1 日生效。

2003 年 11 月，在伦敦召开的 IMO 大会通过了关于船舶温室气体减排政策和实施方案的 A. 963（23）号决议，确定 MEPC 负责建立为达到限制或减少国际海运温室气体排放所需的机制。该决议成为 IMO 解决船舶温室气体排放问题的纲领性文件。之后，MEPC 每年举办 1～2 次全球各国参加的会议，2004 年第 52 次会议提出了《CO_2 排放指标体系草案》，2009 年第 59 次会议通过了《EEDI 计算方法临时导则》《船舶 EEDI 自愿验证临时导则》《船舶能效管理计划制定导则（SEEMP）》以及《船舶 EEOI 自愿使用导则》，而后不断改进规则计算法，直至文章开头所提的 EEXI 和 CII。

由于船舶类型差异巨大，船用动力装置差异也很大，再加上船舶航行水域也存在很大不同，多方因素的叠加使得 MECP 一直推不出一个能为海运业各方广泛接受的 EEOI 操作办法。为了加快海运业碳减排进程，MECP 决定区别对待。首先对新造船提出具体要求，其方法是将式（1）略作变形，去掉分母中的运距，创造出 EEDI 这个指标，之后通过设定最低能效水平和逐步减小 EEDI 值，约束新造船的碳排放（削减量分别是 2015 年 10%，2020 年 20%，2025 年后达到 30%）。

2013 年到 2021 年恰好是航运和造船低谷期，新造船数量比起 2003 年到 2012 年少了很多。尽管在船舶所有人、船厂和船级社的协同努力下，国际航运业的单位碳排放量得以下降，但是距离 IMO 的减排目标还是存在距离。Vessels Value 数据显示，在全球现役船队（散货船、油船和集装箱船）中，只有 21.7%的船舶符合 EEDI 和 EEXI 要求，其中散货船的合规率最低，比例仅为 10.0%；集装箱船作为最大的 CO_2 排放源之一，合规比例为 25.6%；虽然油船表现最佳，但合规比例也才达到 30.4%。为加快国际航运业的碳减排速度，IMO 推出了参照 EEDI 的基于船舶固有参数的确定性指标 EEXI 和基于船舶运营燃油数据的 CII。其中，EEXI 确定的是船舶理论上的技术能效水平，CII 确定的是船舶在一个日历年中实际发生的碳排放强度水平。形象一点说，那就是 EEXI 是由船舶的先天基因决定的，CII 则是靠船舶所有人精细化管理的后天努力达到的。

二、主旋律：合规再解读

考虑到 EEXI 和 CII 都是评价船舶碳强度，且其规则的制定、合规的条件也有不少相似之处，因此可以将两项指标放在一起对比解读，能更容易发现两者异同。

首先，从责任方角度分析。从技术层面上看，EEXI 和 CII 算式中的 CO_2 排放量（分子）均由船舶燃料类型决定，并与消耗量正相关。不同之处在于 EEXI 的 CO_2 排放量取决于船舶主机和辅机的设计参数，是一个静态定值；而 CII 的 CO_2 排放量取决于年末船舶在 IMO 的数据收集系统（data collection system，DCS）中的统计数据，来自船舶所有人的主动申报，因而是一个按年变动的数值。两者的分母都是由船舶的海运活动能力来表现。不同的是 EEXI

的分母取决于船舶载重吨和设计航速，也是定值；CII 则取决于船舶年度完成的货运周转量，也是一个按年变动的数值。

从商务层面上看，鉴于国际航运市场结构的特殊性，EEXI 的责任方无疑主要是船舶所有人，其主要责任就是保证自己的船舶满足 EEXI 的要求，这就需要加强对船舶的管理，尤其是对影响能耗的设备和技术的管理。惯例上，不少船舶所有人都会把这类业务交给船舶管理公司去打理。显然，这将增加船舶所有人的成本，增加船舶管理公司的收入。对于 CII，尽管 IMO 并没有明确承运人作为责任人，但是既然将货运周转量作为 CII 算式的分母，承运人对于船舶的 CII 就有不可推卸的责任。而承运人又有两类：作为船舶所有人的承运人和不是船舶所有人的承运人。由此，船舶所有人、期租和光租的租家以及不是船舶所有人的承运人，都可能是 CII 的责任人。那么，就可能出现在满足 EEXI 条件下，一个日历年内，船舶分别期租给不同租家的情形。租家之间如何履行 CII 责任、分摊相应的 CII 指标就将成为一个需要进行探讨和优化的问题，也需要建立一个业内认可的规则加以规范。

其次，从政策制定方角度，可以从政策规则、指标设计和指标标准三个方面来探讨。政策规则：EEXI 和 CII 都是强制性措施，要求船舶获取的碳强度水平必须满足某一标准或按照某种规则运营。两者的差异在于 EEXI 采取达标规则制度，即要求船舶的 EEXI 只要满足达标限值就能运营；CII 则采取评级制度，即对船舶实际的碳强度从最佳到最差进行分级，分为 A~E 共 5 级。为此，指标设计方式也不同：EEXI 只需要设计一个达标限值，即 required EEXI，而 CII 就需要设计每个级别的边界。简而言之，无论是 EEXI 还是 CII，都是按照与船舶吨位相关的某种特定规则计算得到的，每艘船舶都有相应的一套个体标准性指标，一艘船舶的 EEXI 标准指标只有 1 个，而 CII 有 4 个数值作为分界限值［具体参见 MEPC. 328（76）/15/Add. 1］。合规条件是船舶的实际 EEXI 必须小于等于 required EEXI，否则只能退出市场；在 CII 措施下，对任何一年评级为 E 或者连续三年评级为 D 的船舶，需要在船舶能效管理计划（SEEMP）中详述其达到 C 级或以上的评级的整改措施，对评级为 A 与 B 级的船舶，鼓励港口和航运相关方提供奖励激励。

三、尾声：前景再解读

EEXI 和 CII 的前景目前扑朔迷离。对政策制定者来说，一个关注焦点在于当前的 EEXI 和 CII 措施最终能够实现多少减排量？如何验证这些减排量？如何调整标准或制定新的规则来持续推动航运业实现碳减排目标？

目前 EEXI 和 CII 计算的参数都是根据过去某一年中，所有适用于规则的船舶在两项措施下的基线、类型以及吨位的历史数据，通过统计回归得出的估计值。也就是说，只有在船舶技术水平或运营水平整体上发生大的提升，或者船型结构与吨位发生大的改变时，这几个参数才会出现较大变动。未来这些参数是否需要调整可能要看 EEXI 和 CII 的实施效果。

另一个需要关注的焦点是当前的两项措施都只规定了惩罚措施，主要就是依靠港口国监控来限制不达标船舶的运营。对于达标船舶的奖励估计就是允许运营了。这对 EEXI 是可以的，但是对 CII 显然是不够的。既然 CII 下有 A~E 五个等级，对 D 和 E 级有限制和整改的惩罚措施，但是对 A 和 B 级没有奖励，那么船公司一般就只要让船舶达到 C 级就好，不会向 A 和 B 级去努力。这样政策制定者设定 A 级和 B 级的意义就难以落实了。

对作为责任方之一的船舶所有人而言，有两类船舶受到 EEXI 的影响：第一类是不合规船舶，也就是实际 EEXI 高于规定 EEXI 的船。对这些船来说，需要考虑的决策问题包括是选择报废还是选择进行技术升级改造？如果选择后者，则选择何种方式，限定主机功率、安装减排装置还是更换主机改用低碳燃料？第二类是实际 EEXI 虽然低于限值，但处于临界状态，一旦政策收紧，就会转为不合规的船舶。这些船舶的船舶所有人需要考虑的决策问题是：何时报废？或者什么时候进行技术升级改造以及怎么改造？目前由于环境保护的高要求，报废船舶拆解已经不可随意而为，而是要进行环境保护评估。

面对 CII，船舶所有人的选择有两个角度：单船和船队。

由于 CII 的计算发生在年末，因此船舶所有人有机会适时调整每一艘船的运营策略以期在年末获得合规或更优的评级。简而言之，在 CII 措施下单船将面临如下决策问题：已知分界限值的情况下，船舶在下一个航次走哪条航线承运何种货物才能获得最佳评级结果？如果船舶所有人麾下有多艘船舶组成的船队，问题就变得更为复杂。例如，当发现 A 船执行原计划安排的航次 R1，其 CII 等级就会落入 D 级时，是否可以变更该船到航次 R2，而让 B 船来执行航次 R1。这样改变的结果很可能是 B 船的等级从 B 级降为 C 级，而 A 船继续保留在 C 级。那么对于船舶所有人而言，是两条船都是 C 级更好，还是一艘为 B 级一艘为 D 级更好，就成为船舶所有人需要决策的问题。以此类推，对于拥有三艘以上船舶的船队管理者而言，就需要掌握通过运输网络与船舶运营的协同规划使船队整体获得最优评级方案的方法。无论是单船还是船队，船舶所有人在应对 CII 的措施上，都应做好实时数据的采集和分析，通过数字化方式，实现船舶经济效益和节能减排的同步优化。要做到这一切，数字化决策支持工具的引入显得十分必要。

最后，关于 CII 的等级制，很可能是为下一步碳排放交易机制做的铺垫。需要建立这样的机制，让获得 A 级和 B 级的船舶可以获得更多的碳配额，以便与仅有 C 级甚至 D 级的船舶进行碳交换（买卖），即不仅形成 CII 措施的配套奖惩，也最终形成一种适应全球海运业的碳配额交易机制。也只有这样，才能促使更多的船舶所有人努力提升船舶的能效水平，推动更多承运人降低船舶碳排放强度，提升船舶等级，而这依赖船舶所有人、承运人、船舶管理公司等相关各方的积极配合，为 IMO 的 DCS 提供必要的船舶运营数据。若没有全球航运大数据的支撑，CII 的持续推进有待时日。

新冠疫情是国际集装箱班轮市场运价“正常水平”的分水岭①

杨东明②　赵一飞③

【摘要】

2020 年之前，全球集装箱班轮市场持续了十多年的低价战略。新冠疫情从多个角度扼制了班轮公司有效运力供给，激发了以太平洋航线为代表的集装箱运价的全面飙升，颠覆了集装箱班轮市场的格局。本文认为，由于船员工资、船舶造价、集装箱造价、船舶燃料价格等成本因素均出现不可逆的上扬，集装箱班轮运价已经不可能回到 2020 年之前的水平。

新冠疫情给航运业带来了巨大的冲击。在短暂的下滑之后，集装箱班轮公司惊喜地发现，这次冲击带来的更多是千载难逢的盈利机会。班轮业的这次机遇是怎么形成的，机遇之后又会是怎样的情形，本文就此问题进行探讨。

一、回顾历史

2008 年美国金融危机之后，全球集装箱班轮市场的运价一直低迷。由图 1 可见，在长达十年的时间里，从上海到美国基本港的 40 英尺集装箱的运价水平基本上就在 2 000 美元到 4 000 美元的箱体里波动。中美贸易商已经习惯了

---

① 原文发表于上海交通大学行业研究院官方微信公众号“安泰研值”2021 年 9 月 1 日。

② 上海交通大学行业研究院航运业行研团队成员。

③ 上海交通大学中美物流研究院副教授、上海交通大学行业研究院航运业行研团队负责人。

这种市场状态，并将这一状态下的运价视为“正常水平”。实际上，在这一“正常水平”下，全球班轮公司竭尽全力地挖掘潜力、降低成本、提高服务质量，换来的只是年复一年的亏损。韩进破产，南美航运、东方海外被并购，中远与中海合并为中远海运，日邮、商船三井和 K-Line 重组班轮业务组建了 ONE，如此等等不一而足。无论是通过建造更大的集装箱船来降低成本、通过重组兼并来消化连年的亏损，还是通过班轮联盟来提高船舶的装载率，其结局只有一个：每年年报少数公司的微薄利润和多数公司的持续亏损，以至于全球最大的班轮公司马士基都在考虑“转型”。这就是 2009 年到 2020 年全球班轮市场运价的“正常水平”。但是，这种水平真的正常吗？

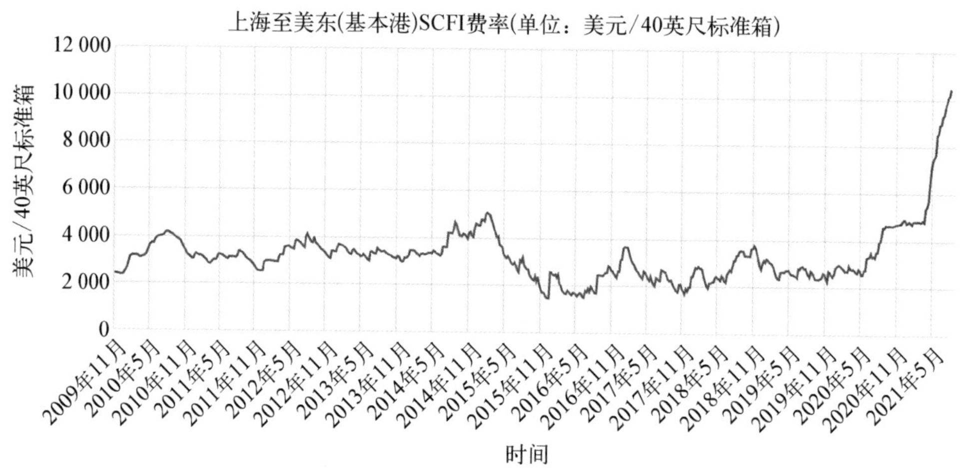

图 1　2009—2020 年全球班轮市场运价①

二、疯狂运价

谁也没有想到，这一“正常水平”被新冠疫情所颠覆。从 2020 年初新冠疫情暴发以来，国际集装箱班轮市场运价经历了一轮先低后高的剧烈变动，特别是自 2020 年第四季度以后，国际集装箱班轮市场出现了前所未有的空箱短缺和舱位紧张局面，导致集装箱国际海运价格一路高歌猛进。2021 年 8 月已经有班轮公司为远东到北美的 40 英尺集装箱报出 14 000 美元的海运价格。无论是货主、无船承运人还是集装箱班轮公司，都异口同声地说：“疯了！”各

① 数据来源：Shipping Intelligence Network。

家班轮公司2021年上半年的年报结果显示半年利润均创历史新高，且都显著高于历史全年利润。并且这种情形还在加剧之中。随着北美、日本和东南亚疫情的加剧，没有人认为运价会在2021年底前下降，只会继续上升。

同时，世界主要班轮公司都在通过各种方式批量订造大型或者超大型集装箱船舶。BIMCO资料显示，2021年前5个月全球集装箱船订单量达到了220万标准箱（TEU），相比2020年同期高出12倍以上，甚至比2005年同期创下的纪录还要高60%，其中占比最高的为24 000 TEU和16 000 TEU的船舶。克拉克森统计称，2020年中国船厂接单量以修正总吨计占全球新订单的41%，位列全球第二。2021年上半年，中国船厂又新签订单395艘，合1 093万修正总吨，年化同比上升147%，以修正总吨计约占全球的46%，位列全球第一。这些数据得到以下验证：中国船舶工业协会披露，中国主要船厂的订单都已经排到了2023年底，现在已经在安排2024年以后的订单，其中集装箱船订单比例最高。

由此从2021年初开始就有一个各方都在关心的话题，那就是什么时候世界集装箱班轮市场才能从“疯狂”状态恢复“正常”?

三、不同视角

货主关注这个话题是因为居高不下的运费和一箱难求的舱位大幅度提高了贸易成本，最近甚至有无船承运人提出，如果一个40英尺集装箱内的货物价值低于7万美元，将不会提供远东到北美的订舱服务。这对实体贸易产生了不小的影响，不少中小企业发货人纷纷向国家发改委、商务部和交通运输部投诉。

船舶所有人关注这个话题是因为虽然在当前市场环境下，船舶所有人挣得盆满钵满，但是对2008年前后大批量造船给后面10多年带来的巨大压力记忆犹新；同时也担心在运价如此高水平的情况下潜在进入者的举动，例如大货主或者大的无船承运人变身为船舶所有人的可能。船舶所有人必须对未来的激烈竞争局面提前做好谋划。

无船承运人关注这个话题是因为长时间的高运价和舱位的不确定提高了他们的成本，同时降低了他们的服务水平，引起了大客户的不满。不少大客户为了能够保证舱位，可能转而选择直接与班轮公司签约。如果高运价将持续一个较长的时间，例如3到5年，这些无船承运人中的一部分很可能会去投资买二手船或者建造新船，来保证对大货主的服务质量，同时降低运营成本。

资本方关注这个话题是因为在新冠病毒大流行的形势下，全球集装箱班轮市场的形势出乎意料，如果这个态势将持续3到5年，那么是不是有必要在现在将资金投入这个市场，割它几茬韭菜，获取高额的收益？可以在货代、班轮、集装箱二手船、新造船和船员等不同的环节介入，显然，疫情持续时间的长短将决定介入的方式，是单方面介入，还是组合介入？如果是组合的话又应该组合哪几个环节？

四、各方预判

实际上，影响国际集装箱航运体系运转的不仅仅是舱位和空箱的短缺问题，也包括集装箱港口及其后方集疏运，例如，集装箱港口作为国际集装箱航运体系中海陆交汇的节点，对国际集装箱运输系统具有重大影响。港口突发事件同样导致班轮船队运营效率降低，进而造成市场运力供给不足的现象。但实际上，运力一直在增加，并没减少，只是船舶的运营效率下降。

同时，影响运价的不仅仅是集装箱班轮市场的供需关系，也有无船承运人和一大批国际货运代理人的推波助澜。对此，本团队在2021年7月8日于上海交通大学行业研究院官方微信公众号"安泰研值"中发表的《"一箱难求""一舱难求"再到万元运价的行业逻辑》一文中已经有了系统阐述。

站在不同的角度，很多市场研究人士都对这种运价非"正常水平"的持续时间发表各自见解。一个比较有代表性的观点是运价将于2022年下半年开始逐步下行，因为目前市场上订造的大量集装箱新船将于那时开始逐步交付，总量相当于现有世界集装箱船队运力的30%甚至以上，未来两年世界贸易总量即使有所增长，但也不可能有如此幅度的提高，因此根据经济学最基本的供求关系理论，显然两年以后世界集装箱航运市场将出现供显著大于求的局面，因此该观点认为市场运价将于那时开始逐步下行恢复到"正常水平"。

另一个比较有代表性的观点是，集装箱班轮市场的"恢复正常"时间取决于新冠疫情大流行结束的时间。只要世界卫生组织（WHO）宣布大流行结束，全球集装箱班轮市场的运价水平就会在3到6个月的时间里恢复正常。因为一旦疫情结束，港口后方的集疏运体系很快就会因为集卡司机的到位而恢复；集装箱码头会因为码头工人的到位而提高效率，集装箱压港的情况就会缓解，集装箱船靠泊装卸的时间也会缩短；船员会因为疫情限制解除而实现顺利换班，船舶等待船员的情况会很快改善。

还有一个悲观的预测，那就是由于新造集装箱船订单的大量出现、大量新造集装箱已经投放市场、近期买方由终端缺货导致订单放量所产生的“牛鞭效应”，在 2022 年下半年，全球贸易量会急剧萎缩、运力供给会急剧增长，集装箱班轮市场的运价将会出现跳水。尽管可能比不上 2008 年波罗的海干散货指数（BDI）的下滑幅度（5 月 20 日为历史最高的 11 793 点，12 月 5 日为年度最低值 663 点），但也很可能创下历史新低。

从上述观点可以看出，很多研究人士基本上认为现在的运价水平太高，未来一定会下跌。分歧仅仅在于下跌的幅度和下跌的时间。

五、多维思考

针对上述观点，本团队认为首先要搞清楚一个问题，那就是什么是“正常水平”？2020 年疫情发生之前的运价水平就是“正常水平”吗？这个“正常水平”包含哪些内容？估计大多数人提到的正常水平主要是指 2019 年之前的运价水平。如果单纯地说运价水平的话，那么可以预计，疫情过后，集装箱班轮运价回到原来水平的可能性已经不大，因为船价、箱价和船员成本都已经和疫情前的水平不可同日而语，集装箱班轮市场的运营模式也在悄然变化。

（一）船舶价格

船舶的价格有四种类型：新造船价格、二手船价格、光船租赁价格和期租船价格。由于钢材价格上涨，现在同样吨位的集装箱船舶的造价同比已经上升 20%以上。中小型集装箱船舶日租金水平普遍都已经比疫情前高了三四倍，大型集装箱船舶的日租金水平涨幅更高，而且租期基本是三年起租。因此，如果现在签下新造船合同，或者期租合同，且疫情在 2022 年能够如期结束，那么班轮公司的运营成本中的船舶价格一项，就很可能高出疫情前的 50%以上。

（二）集装箱价格

集装箱班轮业务的开展，除了需要有集装箱船外，还需要购置大量的集装箱。因为疫情“一箱难求”的推动，一个通用集装箱的价格目前已经比疫情前翻了一番，也就是说这批集装箱折旧费用增加了一倍。如果是租箱，现在集装箱箱东要求的租期基本上是八到十年，且租金也水涨船高，至少比疫情前高出 60%。

（三）船员薪酬

船员是班轮公司开展业务必不可少的人力资源，疫情期间成为稀缺资源。一方面，班轮公司为了保证船舶的正常运行，不得不提高船员工资，吸引船员坚守在船上。从上海航运交易所发布的国际海员薪酬指数可见（见图 2），到 2021 年 7 月，船员薪酬指数上升了至少 30%，考虑到该薪酬指数涵盖了近洋航线上的船员薪酬，可以想见，远洋船员的薪酬至少要上扬 50%。还有一个重要方面，是船员薪酬刚性，也就是薪酬水平一旦上涨，下跌的可能性微乎其微。这一点比起船舶价格和集装箱价格而言，对未来班轮公司的影响是巨大的。这也是韩国现代商船（HMM）公司管理层与海员工会谈判未果，导致海员工会宣布罢工的根本原因。

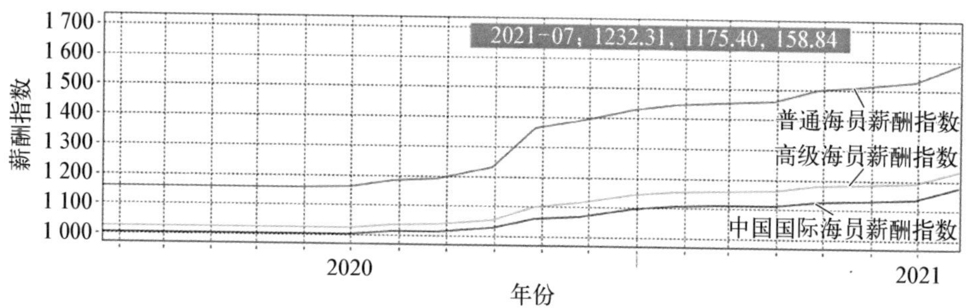

图 2　中国（上海）国际海员薪酬指数①

（四）市场运营模式

2019 年之前，全球班轮市场主要的运营模式是班轮联盟，也就是班轮公司通过联盟，可以借助联盟内其他班轮公司的航线和运力，增加航线的覆盖面和覆盖密度，在满足客户日益增长的精细化服务需求的同时，提高船舶的装载率，降低单箱运营成本。2020 年疫情发生初期，预见到市场需求下跌，主要集装箱班轮公司通过削减航班、闲置船舶和控制运力的方法成功平衡了供需关系，其手法完全有别于过往的恶性价格竞争，才有了今天市场的火爆局面。相信疫情过后，班轮公司将继续保持班轮联盟运作方式，但是班轮联盟的主要作用将会在控制运力投入方面发挥更大的作用，以应对供需失衡带来的运价剧烈波动。而一旦进入关系生死的价格竞争阶段，班轮公司是否会再作冯妇，重新

① 数据来源：上海航运交易所。

找回控制运力的默契，将值得关注。

（五）航运电子商务

2020年之前，很多货主和物流企业不愿花时间和人力在网上询价和订舱。由于担心客户感受，集装箱班轮业电子商务的推进缓慢。在疫情防控政策的推动下，集装箱班轮经营人的利润大幅提高，开始愿意在数字化转型上加大投入，强力推进网上询价和网上订舱等在线服务，并在“一舱难求”的形势下推出网上订舱优先保证舱位的举措，使得网上订舱业务取得很大进展，推动众多中小货主和货运代理企业逐步接受在线服务模式。预计这种电子订舱服务将是疫情后的全球集装箱班轮业务的一种“新常态”。

从资本方的角度看，一个市场一旦出现超额利润，一定会成为资本各方角逐的对象，集装箱班轮市场现在就是一个出现超额利润的市场。由于这个市场的链条很长，涉及面很广，从分散在全球各地的数以亿计的货主，到聚集在主要港口数以万计的货运代理和报关公司，再到数以百计的全球港口企业，最后才是数以十计的班轮公司。这个传统市场今天出现的情形出乎很多资本方的预料，他们没有做好充分的预案。应该从哪个角度切入这个市场才是最佳选择，目前大部分资本方还没有看清楚，还没有采取行动，这就给了班轮公司足够长的时间去攫取超额利润。一些着急的投资人按照传统思维，直接就开始造船，甚至造大船的举动着实让很多业内人士担忧。一旦资本方想清楚介入的方式，也就是集装箱班轮市场泡沫逐渐消除之时。

从目前的情况来看，以上这些足以影响国际集装箱运输市场的因素都存在很多不确定性，因此预言国际集装箱运输市场运价什么时候可以恢复到2019年前的“正常水平”不太实际。正如古希腊哲学家赫拉克利特所说：“人不可能两次踏进同一条河流。”当前的国际集装箱航运市场也是如此，其诸多方面已经发生了巨大变化，实际上很难再回到从前。新冠疫情将成为国际集装箱班轮市场运价“正常水平”的一个分水岭。

可以说，在新冠疫情前后，国际集装箱航运市场发生了巨大变化，甚至很多变化是人们始料未及的。从宏观层面来看，国家和各级政府要全面系统地看待国际集装箱航运体系的发展，择机解决瓶颈问题，为国际贸易提供基础性的支持作用；从微观层面来看，国际集装箱航运企业和利益相关方应该密切关注市场走势，充分把握市场波动节奏，看清市场发展趋势，在波动中寻找自身的发展机遇。

上海临港洋山港区国际中转业务的新里程碑[①]

赵一飞[②]

【摘要】

自2009年国务院发布《关于推进上海加快发展现代服务业和先进制造业建设国际金融中心和国际航运中心的意见》以来，“沿海捎带业务”是上海国际航运中心建设进程中一直备受关注的一项举措。本文针对2021年11月18日的国务院批复开展分析，认为该项制度为上海洋山深水港开展真正意义上的国际集装箱中转业务创造了条件，同时也指出上海要抓紧政策的窗口期，使该项制度发挥最大能效。

2021年11月18日，国务院正式批复在中国（上海）自由贸易试验区临港新片区（简称临港新片区）暂时调整实施《中华人民共和国国际海运条例》和《国内水路运输管理条例》的有关规定，允许符合条件的外国、香港特别行政区和澳门特别行政区国际集装箱班轮公司利用其全资或控股拥有的非五星旗国际航行船舶，开展大连港、天津港、青岛港与上海港洋山港区之间，以上海港洋山港区为国际中转港的外贸集装箱沿海捎带业务试点（坊间称其为“沿海捎带业务”）。

这个文件对洋山港区而言是具有里程碑意义的。众所周知，国际中转水平

---

① 原文发表于上海交通大学行业研究院官方微信公众号“安泰研值”2021年12月1日。

② 上海交通大学中美物流研究院副教授、上海交通大学行业研究院航运业行研团队负责人。

是国际一流航运枢纽港的重要标志。实际上，自 1996 年上海市政府决定在洋山岛建设上海国际航运中心集装箱深水港区的时候，就是定位于大力发展国际集装箱中转业务。但由于受我国相关国际航运法规及制度的限制，以及周边港口的竞争，上海洋山深水港区小洋山港区一期自 2005 年 12 月 10 日投产以来，其集装箱国际中转业务一直没有得到很好的开展，距离规划设想的目标存在较大距离。上海市政府一直在为上海港洋山港区的国际中转箱量取得突破寻找良策。

一、之前的做法

在该批复出台之前，在我国开展集装箱业务的国际国内班轮公司，必须严格按照《中华人民共和国国际海运条例》和《国内水路运输管理条例》开展业务。按照上述两个条例的规定，外国、香港特别行政区和澳门特别行政区国际集装箱班轮公司利用其全资或控股拥有的非五星旗国际航行船舶，不可以开展中国港口之间的集装箱运输业务。例如，注册在香港特别行政区的东方海外货柜航运有限公司就不能使用自己拥有的悬挂巴拿马旗的船舶承运大连港到广州港的集装箱货物，但是如果目的地或者中转港是香港，就可以承运。因此，在较长的一段时间里，香港成为中国南方最重要的国际中转港。在这一制度下，不少国际集装箱班轮公司都开设了连接中国北方的集装箱港口（如大连港、天津港和青岛港等）和日本大阪港、横滨港以及韩国釜山港的班轮航线，以便中国北方腹地的进出口货物可以通过日本和韩国港口中转到北美和欧洲。

《中共中央 国务院关于支持浦东新区高水平改革开放打造社会主义现代化建设引领区的意见》提出，浦东要加快共建辐射全球的航运枢纽。为此，上海积极探索提升上海港洋山港区国际中转量的办法，提出结合启运港退税相关政策，优化监管流程，先期实施中资方便旗船沿海捎带政策，由中远海运集运的船舶开展试点，并跟踪其实施效果。在实践了近两年并取得相关成果的基础上，上海近期向国务院提出了允许外籍国际航行船舶开展以上海港洋山港区为国际中转港的外贸集装箱沿海捎带业务的建议。

二、批复下的做法

国务院本次的批复十分具体。第一，参与这次试点的国内港口只有 4 个：大连港、天津港、青岛港和上海港洋山港区；第二，参与的班轮公司是外国、香港特别行政区和澳门特别行政区的国际集装箱班轮公司；第三，主要业务内容是以上海港洋山港区为国际中转港的外贸集装箱运输业务；第四，这一做法是外贸集装箱沿海捎带业务的一种形式。

之前，拥有"中资方便旗船"的国际班轮公司，目前主要是中远海运集运（全球第四大班轮公司）。截至 2021 年 10 月初，中远海运集运共拥有 487 艘集装箱船，运力达到 2 960 539 TEU。这一数字看起来很大，但是占全球市场份额仅为 11.8%（数据源自 Alphaliner），再加上内贸外贸市场的分割、与东方海外等联盟企业的共享舱位限制等，可以尝试"沿海捎带"的运力极为有限，无法形成规模效应，难以凸显上海港洋山港区的国际中转优势。

本次国务院的批复，无疑是我国国际航运领域的一次重要突破。上海港作为全球第一大集装箱港口，航线密度极高，全球前四十大班轮公司基本有航线在上海港靠泊。将上海港洋山港区作为枢纽港，先行面向大连、天津和青岛三港开放国际中转业务，对于班轮公司和国内港口企业都有好处。

对各大班轮公司而言，可以利用这一制度便利调整运力分配和舱位配置，提升船舶运输效率，增强其集装箱运输服务的竞争力。由于上海港的地理位置优越，这里发出的近洋航线以及北美、欧洲、非洲等远洋航线都十分丰富。该制度实施后，远洋班轮公司就可以减少 15 000 TEU 以上的超大型集装箱船在中国沿海港口的挂靠次数，从而缩短大船的航次时间，提高运输效率。而众多拥有万箱船及以下载箱量船舶的各个中小型班轮公司，可以开辟出围绕上海港洋山港区的支线班轮，将货物从大连、天津和青岛运到上海港洋山港区，然后中转到班轮干线的超大型船上，运往美洲、欧洲、非洲、南亚和中东地区。

对相关的各港口而言，货主不需要根据货物的目的港来等待特定的北美航班、欧洲航班装船，只要有到上海港洋山港区的航班就可以操作订舱，按时装上支线船，到上海港洋山港区后，再中转到目的港的航班上去，从而在相应的每个港口针对不同目的地的货物，都可以实现"天天发"，有效地提升相应港口的区域竞争力。

三、展望

国务院的批复给出了一个时间节点，即 2024 年 12 月 31 日。与以往不同的是这次给出的不是批复的生效时间，而是失效时间。估计其中的意味如下：

从字面上看，这个批复偏重于上海港洋山港区的国际中转业务的发展，是一项重要的制度创新，但实际上也同时给大连港、天津港和青岛港提出了明确要求，就是要积极帮助上海港洋山港区成为国际集装箱中转枢纽港。这样一项看似上海占便宜的制度如果一直持续，必然会遭到各方的反对。现在设了这样一个截止时间，就意味着这只是一个实验。秉承中国自由贸易试验区制度创新“可复制可推广”的理念，这个制度如果实验成功，今后可以向宁波舟山港、广州港、青岛港等国内沿海港口推广。在这样的前提下，各方的质疑声就不会太大。

从国际集装箱班轮市场的状况看，今天全球集装箱港口前十位中，有七个港口都在中国沿海。形成这种局面并非国际班轮公司所愿。实际上全球其他海域，都形成了由一个主要的基本港，若干支线港组成的格局。例如北美西海岸以洛杉矶长滩港为主要基本港，北美东海岸以纽约新泽西港为主要基本港，欧洲以鹿特丹港和安特卫普港为主要基本港。中国沿海七个大港全部跻身全球前十，一方面是中国制造业发展所推动，另一方面也是国内相关规则所导致。如果 2024 年 12 月 31 日之后，这一批复的内容得以持续，并且最终国务院同意修改《中华人民共和国国际海运条例》和《国内水路运输管理条例》的相关条款，使该项制度法制化，形成常态化作业，将对我国沿海港口资源的进一步协调利用，具有巨大裨益。

最后，从“沿海捎带”试点来看，实际上国务院批复的内容并非习惯思维下的“沿海运输船舶捎带外贸集装箱”的意思，而是指外贸集装箱船在我国沿海港口之间“捎带”外贸集装箱。这应该只是“沿海捎带”最表浅的含义。希望在这次实验取得成功之后，“沿海捎带”可以呈现更多的形态，如外贸船捎带内贸集装箱、内贸船捎带外贸集装箱等等。只有越来越丰富的服务内容，才能更大程度上提高集装箱运输效率、降低温室气体排放、保障人民群众的生产生活稳步增长，从而满足人民群众日益增长的美好生活需要！

金融板块

预付卡管理如何补短板[①]

冯　芸[②]

【摘要】

预付卡发行企业卷款跑路乱象屡禁不止。上海先后出台《上海市单用途预付消费卡管理规定》等制度，并上线协同监管服务平台，但执法效果不尽如人意。本文提出积极引入金融科技企业等社会力量，将上述监管服务平台从简单实现信息对接和监管服务的平台扩展到为小微商户和消费者提供多样化增值服务的生态系统，补上预付卡管理短板。

随着科技进步，支付行业得到快速发展，众多服务行业商家纷纷推出先充值后消费的预付卡，一方面，解决了小微企业经营过程中资金短缺的问题；另一方面，部分商家推出的充值享优惠活动，起到了便利公众和促进消费的积极作用。但部分商家由于客观上经营管理不善，资不抵债，因此无法兑现预付卡的服务承诺，甚至部分别有用心的商家和个人利用预付卡实施消费侵权、恶意圈钱甚至卷款跑路等。这些事件严重侵害消费者合法权益，从长远来看，也抑制了此类预付卡的使用，断了小微企业通过预付卡获取短暂融资的渠道。

预付卡是先付款后消费的债权凭证，按使用范围不同可分为单用途预付卡和多用途预付卡。单用途预付卡由商业企业发行，只在本企业或同一品牌连锁商业企

---

① 原文发表于《文汇报》2021 年 6 月 20 日。

② 上海交通大学安泰经济与管理学院教授、上海交通大学行业研究院金融科技行研团队负责人。

业购买商品或服务时使用；多用途预付卡由获得中国人民银行批准办理“预付卡发行与受理”牌照的非银行支付机构发行，可跨地区、跨行业、跨法人使用。

2017 年至今，中国人民银行多次发布相关规定和条例来规范多用途预付卡市场。然而，对于地方性单用途预付卡，我国现行法律法规并未对发卡商家资质提出特别要求，依法备案的要求在现实中也迟迟未能落地。发行地方性单用途预付卡的主体是为数众多的小微商户，尤其是服务行业中的餐饮店、健身场馆、美容理发店、服装清洗店、箱包修理店、教育培训机构等。由于此前单用途预付费卡乱象丛生，上海于 2019 年 1 月 1 日正式实施《上海市单用途预付消费卡管理规定》。作为配套规范性文件，同年 5 月 1 日正式实施《上海市单用途预付消费卡管理实施办法》，并上线单用途预付消费卡协同监管服务平台。但是，平台发挥监管作用的重要前提是经营者自觉对接平台。为数众多的小微企业和个体工商户并未与平台对接。同时，消费者在平台上查询的信息量有限，使用体验不佳。

就笔者来看，监管服务平台的扩展，需要引入社会力量。其中最主要的应该是金融科技企业，以招投标的方式引入金融科技企业共建监管服务平台，利用金融科技企业的技术优势，扩展平台已有功能，为发行单用途预付卡的小微商户新增服务，同时提供监管。在金融科技企业中，第三方支付企业与小微商户的接触最密集，技术产品和服务模式最成熟，匹配度最高，因此具备为小微商户提供专业化、全方位的创新收单及金融增值服务的能力。

在这一过程中，小微商户的资金虽然集中存管，但是金融科技企业在为小微商户提供服务的过程中一定程度上掌握了经营数据和预付费使用情况，可以为小微商户提供更加全面客观的风险评估，帮助他们从商业银行获得信贷资金；同时，也为中小银行拓宽了服务小微商户的渠道，提升银行对小微商户的触达面，提升中小银行获客能力。

同时，金融科技企业在帮助小微企业进行门店经营管理的过程中，沉淀了足够多的数据，可以在一定程度上解决小微企业经营过程中的信息不对称问题。对于信用良好的商家，过去因为信息不透明，许多保险公司不敢为企业提供担保，而当财务相对透明后，金融科技企业还可以为预付款提供担保。由于预付费余额公开透明，金融科技企业能够为小微商户建立经营风险预警机制，同时引入保险公司创新保险产品，为预付卡履约保证保险，使得消费者更加放心购买此类预付卡，这将进一步促进预付卡的合理使用。

上海如何稳固国际金融中心地位？[①]

冯　芸[②]

【摘要】

随着科技的进步及其在金融行业的渗透，国际金融中心评价体系发生巨大变化。上海国际金融中心排名逐年上升，但优势地位不稳。本文认为上海在软实力，特别是营商环境和声誉指标上还有上升空间，并提出明确国内中心城市功能定位、发展监管科技以改善营商环境、重视数据资产的流转和应用、加快绿色金融发展等相关建议。

随着科技的进步及其在金融行业的渗透，国际金融中心评价体系已然发生巨大变化。上海国际金融中心排名逐年上升，并被归入“全球性顶尖”金融中心类型，彰显强大的竞争力。但是研究发现，在2021年3月发布的第29期全球金融中心指数排名中，亚太地区有5座金融中心依次位列第3~7名，差距相当微弱，竞争激烈，上海的优势地位并不稳固。在新近发布的第30期排名中，上海从第3名跌落至第6名，第3~8名得分中相邻两个排位仅有1分之差。上海如何稳固国际金融中心地位，是当下需要思考的重要问题。

一、如何理解国际金融中心评价体系？

国际金融中心排名是较为客观、全面地比较全球主要国际金融中心建设成

---

① 原文发表于《每日经济新闻》2021年10月9日。

② 上海交通大学安泰经济与管理学院教授、上海交通大学行业研究院金融科技行研团队负责人。

就的方法之一。目前较为公认的全球金融中心评价体系是英国独立智库 Z/Yen 发布的全球金融中心指数（global financial center index，GFCI）。GFCI 指数从 2007 年发展至今，竞争力指标现在包含营商环境、人力资本、基础设施、金融发展水平、声誉五项。

随着网络信息技术的发展，对五类竞争力指标中的营商环境的评估从线下扩展到线上。在监管科技发展的背景之下，拥有低风险、有序、稳定的环境在对国际金融中心的评价中越来越重要。

基础设施评估指标关注重点逐渐从以物理形态存在的基础设施转移到线上网络的便捷程度上。

金融业发展水平指标变化主要体现了两个评价趋势：一个趋势是提高对金融科技的关注度，另一个趋势是关注绿色金融。

声誉指标的变化反映了两个趋势：一是对于创新的关注度在提高，着重衡量全球城市的创新能力及技术人才优势，评估时会考虑高科技企业数量、风险投资和研发支出、年轻人口占比等等；二是更加注重资本的流动性，金融中心的国际化程度越来越重要。

上海从 2007 年的第 24 名一路跃升至 2021 年 3 月第 3 名，排名的大幅提升反映了上海国际金融中心建设所取得的突出成绩；此外，一个重大变化是北京和深圳不再是“全球性顶尖”金融中心，而上海依然被归入此类。

对比 2008 年的排名，伦敦和上海的得分差距明显缩窄，在 2021 年 9 月的排名中，位列第 3 名至第 8 名的中国香港、新加坡、旧金山、上海、北京、东京的分数相当接近，其中有 5 座金融中心均属于亚太地区，并且从各期排名来看，得分差距逐年缩窄的趋势非常明显，上海的优势地位并不稳固，区域内部的竞争非常激烈。

在第 30 期排名中，根据竞争力各次级指标，上海表现最佳的是金融业发展（位列第 4）和基础设施（位列第 7），而相对较差的是营商环境和声誉（均位列第 15），以及人力资本（跌出前 15）。

二、上海怎样做到“全球性顶尖”金融中心？

上海建成国际金融中心已是事实，但如何继续稳固“全球性顶尖”金融中心的地位，是当下需要思考的重要方面。

目前中国大陆数座中心城市在营商环境等指标中排名相对靠后，因此即使上海致力于建设优质营商环境的示范中心，但也在经济体层面上受累于整体环境。由此可以看出制约上海国际金融中心排名提升的因素是整体大环境。

第一，国内若干城市在建设金融中心过程中应明确功能定位，强化各自优势，相互扶持发展，达到以点带面的整体提升。近年来，中国大陆若干座大城市相继提出建设金融中心的战略目标。在国际权威金融中心评价中，仅上海列为“全球性顶尖”金融中心，北京、广州、深圳、成都、杭州、青岛和天津列为全球专业性金融中心，呈现出差异化的特色。未来这些金融中心还需进一步明确各自的功能定位，形成梯队态势，强化特色优势，相互扶持发展，达到整体提升的效果。

目前国家将上海定位为国际金融中心，而北京则更倾向于金融监管中心。北京借助监管科技领域的研发和推广运用，可提高国内金融监管科技水平，改善国家层面的营商环境，对国内几所金融中心建设都将产生积极的影响。同时，上海凭借其强大的金融要素市场，以及与全球金融机构的广泛联结，带动国内几所专业性金融中心纵深发展。

第二，要大力发展监管科技，改善腐败感知指数、腐败控制、贿赂风险、电子政务发展指数等多个与营商环境相关的指标。

以区块链的运用为例，由于区块链本身所具有的公开透明、全程留痕、可追溯等特征，该技术可以解决违规操作和信息不对称等问题，因此可以考虑在各级政府采购部门推广应用，从技术角度有效地控制腐败，从而改善营商环境。

第三，上海应继续做强做大金融要素市场，加强金融基础设施建设，并着重于要素市场互联互通程度的提高，以及数据治理机制的建立和完善，以继续稳固已有优势。

上海是全球金融基础设施和金融要素市场最齐备的城市之一，集聚了股票、债券、外汇、期货、票据、保险、黄金、石油等各类交易市场，还有上清所、中登、中信登、跨境支付清算等一批关键的金融基础设施。金融基础设施的建设和发展与先进的科技手段深度融合。近年来，上海金融要素市场各大机构聚焦于IT技术架构转型升级，利用移动互联网、大数据、人工智能、区块链、云计算等技术手段不断拓展与丰富核心系统和核心业务的边界。

在上述基础上，建议上海一方面继续创造性地结合技术和制度优势，提高金融要素市场的互联互通，进一步消除市场分割。另一方面完善数据治理机制，对金融要素市场产生的海量数据进行定价、流转、使用，使其直接服务于金融行业的各个领域并创造价值。上海不应满足于海量数据沉淀在各交易所内部，而应积极发挥上海各高校和研究机构的力量，使数据切实转换为生产力。

此外，上海还应加快发展绿色金融，加大低碳技术研发应用，补足自身在环境和居住等方面的短板。

2020 年上海的全球城市实力指数位于伦敦、纽约、东京和中国香港之后。构成该指数的要素包括经济、研发、文化交流、居住、环境和交通六个方面，其中差距最大的是环境和居住质量，上海在“空气的清洁度”“绿地的充实度”“零售店数量”“医生数”等相关指标上有待强化。

在国家双碳目标下，绿色金融是上海国际金融中心建设的重要方面。发展绿色金融不仅助推国家双碳目标的实现，而且可以通过改善居住和环境质量，进一步稳固并提升上海国际金融中心的地位。为了与国际金融中心地位相匹配，上海应致力于建成世界级的绿色金融中心，充分利用自身在金融要素市场上的优势地位，建立健全共享的全领域的绿色金融数据库，加强相关数据的采集、认证、流转、监控、披露和应用，加快推进上市公司和金融机构的 ESG 评估体系建立。此外，上海应借助金融和市场手段，而不只是单纯依赖行政手段，促进低碳技术的研发和推广，降低碳排放，实现低能耗，以此改善居住和环境质量。

最后，金融行业自身的特点也决定了人才是关键的生产要素和核心竞争力。上海建设国际金融中心还需要在创新型人才培养、集聚和流动上提供更多的制度支持和长效机制。

打地鼠系列之“恶名清单”又来了？[①]

李　楠[②]

【摘要】

在WTO已有良好的解决国际贸易争端的渠道和规则的情况下，美国单方面发布的《假冒和盗版恶名市场报告》，既没有基于全面专业的信息收集，也没有专业负责任的信息分析，不具有独立性和任何权威性，只是对中国污名化手段的一种延续，招数并不新鲜。我们需要对其中的谬误、歪曲的事实和对中国的污蔑进行有理有据的强力回击。

2022年2月17日，美国贸易代表办公室（USTR）又发布了一年一度的《假冒和盗版恶名市场报告》，列出了侵权假冒行为严重的42个线上交易平台和18个国家的实体市场。毫无意外，实体市场名单中包括了多个中国批发市场，42个线上交易平台中则包括了多个中国电商，如淘宝、拼多多、百度网盘、敦煌网、阿里全球速卖通和微信电子商务生态系统，其中阿里全球速卖通和微信电子商务生态系统是今年报告里新增的。

一时间内引起了不少热议，那么这份报告到底说了什么？美国每年发布这样一份报告的目的是什么？要想搞清楚这些问题，我们必须回顾过去20年间，中美知识产权争端的历史。

---

① 原文发表于“楠说风险”2022年2月23日。

② 上海交通大学安泰经济与管理学院副教授、上海交通大学行业研究院中国银行业行研团队成员。

1988年4月美国通过《综合贸易与竞争法》，将对知识产权保护不力的国家列入“重点观察名单”。一些国家一旦被列入，就会遭遇“301条款”的报复。在1989年至2005年期间，美国六次将中国列入“观察名单”或“重点观察名单”，三次对中国实施贸易制裁。同时，美国利用“337条款”，对中国出口产品实施禁止令，每年均达十几起。“337条款”已成为美国的制度壁垒，严重违反了WTO《与贸易有关的知识产权协定》。

2005年，为帮助国际社会了解中国知识产权保护的真实状况，做出正确判断，中国驻联合国办事处网站上发布了《中国知识产权保护的新进展》。2005年后，中国逐步履行WTO协定，在知识产权立法、执法方面获得极大进步，2008年4月中国颁布《国家知识产权战略纲要》，成为中国走向知识产权立国的里程碑。

中国在知识产权立法执法取得巨大进步的情况下，一直要求美国在WTO争端解决机制下解决知识产权纠纷。2007年美国在WTO争端解决机构对中国发起诉讼，认为中国违背了WTO《与贸易有关的知识产权协定》和《伯尔尼公约》，诉讼过程长达20个月，共有12个国家和地区作为第三方参加诉讼。2009年1月26日，WTO专家组发布最终裁决报表，美国提出的三项诉讼获得两项通过、一项驳回的结果；不过在这三项诉讼中涉及的11个法律点，中国赢得了八又五分之二的法律点，而且都是核心关键的法律点。因此，美国取得了表面上的胜利，而中国则争取到了实质上的胜利。

与此同时，美国一直试图在WTO争端解决机制之外单方面挑起中美知识产权之争。从2006年开始，美国贸易代表办公室（USTR）在《特别301报告》中发布所谓的“恶名市场”，2011年开始，USTR每年在《特别301报告》之外，发布独立的《恶名市场报告》。

USTR在报告里说明该报告的信息来源是“公众信息”，即通过美联邦注册公众意见收集网站①收集到的公众意见。2021年总共收集到的投稿仅85份。因此，USTR自己承认该报告“既不是对违法行为做出的调查报告，也不是反映美国政府对于报告中的市场所在国家的知识产权保护和执法环境的评估”，甚至也“并不是对世界上所有的存在违反知识产权行为的线上线下市场的全面梳理”。

① https：//www.regulations.gov.

在WTO已有良好的解决争端渠道、规则和程序的情况下，美国另起炉灶单方面发布的报告，既没有基于全面专业的信息收集，也没有专业负责任的信息分析，因此该报告不具有独立性和任何权威性，而只是对中国污名化手段的一种延续，招数并不新鲜。国际社会有识之士也早已看得很清楚。英国前商务大臣文斯·凯布尔爵士在牛津辩论社最近举办的一场辩论中就明确说，试图动摇以规则为基础的WTO国际体系根基的，不是中国，而是美国前总统特朗普。因此，我们没有必要过分紧张，可以对其“战略上藐视”。

另外，我们也必须“战术上重视”该份报告，特别是需要明察秋毫，对其中的谬误、歪曲的事实和对中国的污蔑进行有理有据的强力回击。

(1) 2022年2月18日，商务部新闻发言人就该报告发表谈话并指出，“近年来，中国知识产权保护制度不断完善，知识产权保护体系逐步健全，知识产权保护得到全面加强。中国持续加大执法力度，对群众反映强烈、社会舆论关注、侵权假冒多发的重点领域和区域，重拳出击、整治到底。中方企业投入大量资源，积极配合政府部门和权利人，打击侵权盗版”。[①]

“保护知识产权、打击侵权假冒，是世界各国共同面临的挑战。尤其在经济全球化和互联网等新技术飞速发展的今天，打击侵权假冒需要各国通力合作。中国愿同世界各国加强知识产权保护合作，为全球企业营造公平竞争的营商环境。”

而外交部发言人汪文斌也表示：“中方也一贯支持中国企业按照市场原则，在遵守当地法律法规的基础上对外开展相关合作。我们敦促美方停止将经贸问题政治化，全面、客观、公正地评价中国企业在知识产权保护方面作出的努力和取得的成效，为中美两国企业在平等互利和相互尊重的基础上开展合作营造开放、公平、公正、非歧视的营商环境，共同推动中美经贸关系健康稳定发展。”[②] 这与美方报告中的主旨“推动企业和政府各方采取合适的措施打击侵权假冒”是完全一致的。

不过我们是行动派，而不是口头派。中国在知识产权保护方面取得的成效

---

① 商务部新闻办公室. 商务部新闻发言人就美方发布《2021年度假冒和盗版恶名市场审议报告》发表谈话 [EB/OL]. (2022-02-18) [2022-05-01]. http://www.mofcom.gov.cn/article/xwfb/xwfyrth/202202/20220203281139.shtml.

② 外交部. 2022年2月18日外交部发言人汪文斌主持例行记者会 [EB/OL]. (2022-02-18) [2022-05-01]. https://www.mfa.gov.cn/web/wjdt_674879/zcjd/202202/t20220218_10643443.shtml.

有目共睹，在 2021 年 4 月 26 日《中国知识产权保护与营商环境新进展报告（2020）》发布会上，全国打击侵权假冒工作领导小组办公室主任、国家市场监督管理总局副局长甘霖就详尽地给出了中国在打击侵权假冒行为中所取得的成绩和付出的努力。文斯·凯布尔爵士也在牛津辩论社的辩论中说，中国一直致力于成为负责任的全球经济伙伴，建立了知识产权法院，并且有外国公司通过法律诉讼成功保护了其知识产权。

然而，美方报告对事实置若罔闻，在报告的第二部分“打击假冒侵权行为的进展”中，对中国在打击侵权假冒伪劣商品、不正当竞争等违法行为上取得的成绩和付出的努力只字不提。当然，如果我们注意到这份报告的信息来源只是 85 份线上投稿，也就对 USTR 犯这种低级错误不觉得奇怪了。

（2）美方的报告中列出的侵权假冒行为严重的线上交易平台和实体市场，有些已被我国市场监管部门查明存在侵权假冒伪劣商品、不正当竞争等违法行为，并已依照相关法律法规进行了处罚，有些则是合法经营的市场。而美方的报告仅仅基于区区 85 份网上公众的意见，可见存在较大的选择性偏差和偏见，信息噪声巨大，对于各国打击侵权假冒行为并没有什么参考意义和帮助，且与其自称的报告主旨“推动企业和政府各方采取合适的措施打击侵权假冒”是背道而驰的。

（3）该报告提出本年度报告的重点关注问题是在生产假冒产品的工厂工作的工人所受到的负面影响。这本来是一个有重要社会意义的问题，但美方在报告中隐晦地提到中国的许多产品是由“强迫的劳力”生产的，可能 USTR 自己都对这些缺乏事实依据的报道感到心虚，于是紧接着说明，其收到的 85 份问卷中关于这个问题的信息几乎没有，而且对于这个重要的问题缺少信息、例子和证据。USTR 对所有这些事实“选择性失明”，甘于做“井底之蛙”。

因此，商务部新闻发言人说：“中方认为，美方应全面、客观反映中国政府和企业在知识产权保护方面所做的努力和取得的进展，并做出公正评价，避免对企业造成不应有的负面影响。美方在报告中对中国相关企业的描述采用‘据称’或‘据报道’等模棱两可的措词，既没有确凿证据，也没有充分论证，是不负责任和不客观的。”①

---

① 新华社. 商务部：不认可美方所谓的“恶名市场报告”结论［EB/OL］.（2022－02－18）［2022－05－01］. http：//www.gov.cn/xinwen/2022-02/19/content_5674540.htm.

关于解决小微企业融资困境的建议[①]

李　楠[②]　陈开宇[③]

【摘要】

小微企业在解决就业和促进经济发展方面的作用越来越重要，然而随着疫情引发的全球性经济金融危机延续，中国经济正在步入充满了不确定性的经济低谷期，民营中小微企业将面临较长的经营困难期。本文建议基于小微企业的风险特点，针对不同类型的小微企业，发展多样的融资渠道，并建立社会信用保障体系和相关数据分享平台。

随着疫情引发的全球性经济金融危机的延续，中国经济正在步入一个2~3年的经济低谷期，而且充满了不确定性。主要表现在社会总需求不足、居民消费价格指数（CPI）在低位徘徊，但同时大宗商品价格上涨，工业生产者出厂价格指数（PPI）持续上升，形成“剪刀差”（PPI增速高于CPI增速），且“剪刀差”有持续扩大趋势，说明生产商品或服务的实体企业将有一段较长的经营困难期。

在经济低谷期，靠近CPI的行业的利润空间受到“剪刀差”的负面影响更加严重。在我国，靠近CPI的行业主要是以民营中小微企业为主体的第三产业，因此，小微企业将面临较长的经营困难期。

---

① 原文发表于上海交通大学行业研究院官方微信公众号“安泰研值”2022年3月15日。

② 上海交通大学安泰经济与管理学院副教授、上海交通大学行业研究院中国银行业行研团队成员。

③ 上海交通大学行业研究院中国银行业行研团队成员。

另外，小微企业在解决就业和促进经济发展方面的作用越来越重要，在经济低谷期，小微企业的兴衰直接影响我国就业率，社会影响面大。因此如何通过恰当的融资方式帮助小微企业脱困是目前亟须解决的一个问题。

一、小微企业经营融资困境成因分析

小微企业风险和不确定性大，主要表现在以下几点：

（1）对外部环境变化（含宏观经济放缓、产业结构调整）的反应敏感。遇到有利局面则迅速崛起，遇到不利局面则批量死亡。

（2）资产规模小，经营起伏大，生意兴隆则扩张，生意不顺则收缩。

（3）经营周转快，因本小利薄，故追求快速反应、快速周转。

（4）财务不规范、真实性存疑。

然而银行作为金融中介，社会融资是其最主要的渠道，对于金融体系的安全、健康和有序发展有着重要的作用，因此银行必须对信贷风险实行严格的管理和控制。

另外，风险管理和评估是有成本的，因此银行对于不确定性大、风险高、单笔数目小但总数巨大的小微企业贷款，可采用的最合理的风险管理模式是“信贷配给”制，即设置高标准风险门槛，只有风险足够低的小微企业能够获得贷款。

总体而言，银行对小微企业发放贷款存在以下困难：

首先，尽调和贷后管理成本高。小微企业贷款金额小，单笔贷款涉及的人力物力成本太高，因此，小微企业贷款不适合单独办理，更适合批量办理。

其次，小微企业财务不稳定。小微企业规模小，一笔订单就足以让整个财务结构发生天翻地覆的变化，使得前期的财务分析全盘失效。所以，简单的财务分析不能满足对小微企业的尽调。

再次，小微企业与大企业之间的交易，风险相对较低、真实度较高，但需要大企业配合提供相关信息。但大企业处于产业链优势地位，不会配合银行主动提供小微企业交易信息。

最后，小微企业容易涉及民间债务，而民间债务不透明，不在中国人民银行征信系统登记。往往是小微企业违约后，银行才发现出现一大堆民间债务。

二、普惠金融推进中的常见误区

目前各家商业银行在推进普惠金融业务中遇到的普遍问题如下：

（1）成立专门的小企业部，投入资源进行条线管理。但是，诸多条线的任务都压到了基层业务部门的具体办事人员身上，造成“上面千条线，下面一根针”的情况，基层在不堪重负之下自然出现拖延或虚假现象。

（2）尽管将普惠金融业务列入 KPI 考核，并放松了对普惠金融业务不良率的考核要求。但放松不良率考核在实际操作上难以实现，因为银行整体不良率的考核是银行风险管理的红线，也与分支机构的绩效、授权等环环相扣，这使得银行各级机构从事普惠金融所面临的风控压力巨大。

（3）将小微企业考核指标分解下发到银行基层网点，让银行基层网点去“大海捞针”，而基层网点普遍缺乏有经验的对公客户经理，不具备足够的风险识别能力。

（4）普惠金融信贷产品单一。多数银行在难以识别小微企业风险的情况下，只能按照“当铺思维”，要求小微企业提供抵押物，然后依据抵押物价值放款，但是小微企业特别是科创企业往往缺少固定资产，拥有更多的是无形资产，如技术、人力资本等，无法估值用于抵押。

在风控考核未放松的情况下，给银行基层下达靠其自身能力不足以完成的普惠金融业务任务，那么银行基层自然采取最简单粗暴的“当铺思维”处理，但这既不足以防范风险，也不足以满足小微企业的需求。

三、普惠金融的合理发展路径和建议

基于小微企业的风险特点，应该根据不同类型的小微企业发展多样的融资渠道，并建立社会信用保障体系和相关数据分享平台。

（一）建议中国人民银行将所有民间借贷全部列入征信体系

（1）所有民间借贷均自愿登入中国人民银行的征信体系。

（2）企业债务清偿顺序为列入中国人民银行征信体系的债务优先于未列入征信体系的债务。

（3）为防止破产前利用虚拟个人债务逃债，对列入中国人民银行征信体系的债务，在同等情况下，按债务在征信体系的登记时间排列优先顺序。

（4）所有民间借贷列入征信体系，对于民间的非法集资也有非常好的监管作用。

（二）建议地方政府尝试建立大中型企业信息分享平台

要求一定规模的大中型企业承担社会公平竞争责任，这里特指信息公开，主动配合公开相关信息，协助其上下游中小企业进行银行融资。具体包括如下内容：

范围：所有上市公司及申请上市的企业，或国家部委及地方政府指定的行业或区域龙头企业。

内容：规模企业需定期向金融体系公开其与上下游企业之间的业务关系，并配合金融企业尽调及贷后管理的要求，向金融企业提供其与上下游企业之间的及时交易信息。

以上要求的逻辑：核心企业与其上下游的小微企业之间，存在着大量的业务关系，这些业务关系真实度相对较高，在核心企业的配合下，银行可以通过这些业务关系开展相应的供应链融资，形成对小微企业的融资支持，同时帮助核心企业稳固其上下游供应链，最终对核心企业有利。

实施难点：核心企业在与上下游企业之间的业务关系中处于强势地位，并不关心上下游企业的存亡，没有认识到上下游企业稳定经营对自己的好处，因此缺乏提供信息配合银行融资的主观动力。

实施方案：核心企业应建立数字化的上下游供应链网络，跟踪管理其上下游的业务关系，及时体现物流、资金流等信息。建立这样的供应链信息网，有助于国家的税收、工商管理，也有助于金融机构查询跟踪小微企业经营情况，同时也有助于保险机构、担保公司等参与到供应链融资中来。

数据安全法规：其一，对于上市公司而言，确保自身业务的可公开性，本身就是对上市公司的基本要求，这里只是要求上市公司将上下游信息公开披露得更加主动；其二，对于区域内的优质企业而言，按照上市公司的信息披露要求，对优质企业的进一步规范发展或未来的上市计划均有好处；其三，这类信息披露只是针对有限群体——银行、保险公司、担保公司、保理公司等金融机构。

（三）基于上述征信体系和信息平台的支撑，银行可以按照如下模式开展普惠金融业务

（1）做好宏观经济分析，选择有前景的、符合国家战略方向的行业。

（2）做好区域经济分析，在好行业中寻找有发展前景的产业集群或行业聚集。

（3）做好核心企业分析，在有发展前景的产业集群或行业聚集中，挑选有发展前景的核心企业或龙头企业。

(4) 做好小微企业分析，在核心企业或龙头企业的上下游，寻找资信良好、发展平稳的小微企业。

(5) 做好产品设计及风控，依照核心企业与小微企业之间的交易模式，银行可以设计多种供应链信贷产品，包括贷款资金直接支付给核心企业的采购类订单融资，以核心企业应付款为质押的保理融资等；并在产品设计中嵌入各种风控内核，包括物流信息跟踪反馈控制，资金流的信息跟踪反馈控制等。

(6) 做好风险披露及清收，依据核心企业与小微企业之间的交易设计风控，一旦企业发生违约，银行可立刻向核心企业披露小微企业的违约情况，并要求冻结相关应收款、未交割货物等。

“十四五”规划引领数字经济加速进入“下半场”[①]

彭　娟[②]　王　艳[③]

【摘要】

本文首先梳理了自2017年以来，我国政府推进经济数字化转型和高质量发展的清晰脉络；然后分析比较了“京津冀”“长三角”“粤港澳”三大城市群，大力推动本地产业数字化转型，抢占数字经济制高点，提升城市竞争力，推动区域数字经济腾飞的战略部署；最后提出“产数融合”是数字产业的发展重点。

2021年是“十四五”开局之年，又是中国共产党成立100周年的史诗之年！“数字经济”继2017年、2019年、2020年后，在2021年被第四次写入《政府工作报告》。从2017年的“促进数字经济加快成长”，到2019年“壮大数字经济”，再到2020年“打造数字经济新优势”，直至2021年“十四五”规划中的“建设数字中国”，可谓一步一个台阶，充分表明了我国政府加快数字经济发展的决心，引领数字经济加速进入“下半场”！呼啸而来的数字经济必将成为整个国家经济转型、高质量发展的核心驱动力。

今天我们站在“十四五”的起点上，和各位一起探讨全国主要城市群及

---

① 原文发表于“今日头条”2021年3月22日。

② 上海交通大学安泰经济与管理学院副教授、上海交通大学行业研究院会计与审计行研团队负责人。

③ 上海交鹏科技股份有限公司研究员、管理学博士。

各省市都在如何发展数字经济？

“十四五”规划提出发展战略性新兴产业：新一代信息技术、生物技术、新能源、新材料、高端装备、绿色环保以及航空航天、海洋装备等八大产业，并明确指出了产业数字化的方向。

一、三大城市群先行先试，区域一体带动产业经济

（一）京津冀

2020 年，京津冀地区实现生产总值 8.6 万亿元，占全国 GDP 比重的 8.46%。以北京为例，新经济增加值占 GDP 比重的 37.8%；高技术产业增加值占 GDP 比重的 25.6%；战略性新兴产业增加值占 GDP 比重的 24.8%；数字经济增加值占 GDP 比重的 38%。①

北京坚持智能制造、高端制造方向，大力发展集成电路、新能源智能汽车、医药健康、新材料等战略性新兴产业，前瞻布局量子信息、人工智能、工业互联网、卫星互联网、机器人等未来产业。大力发展数字经济，深入实施北京大数据行动计划，加快企业数字化赋能，并以七大举措布局数字经济新征程：① 以创新链带动产业链；② 推进文化产业发展引领区建设；③ 加快建设“三城一区”主平台和中关村示范区主阵地；④ 加强京雄产业创新协同；⑤ 建设全球数字经济标杆城市；⑥ 打造高精尖产业，培育万亿产业集群；⑦ 优化产业空间布局，强化“两带”联动效益。天津：加快构建现代工业产业体系。河北：共建京津冀协同发展新格局。

（二）长三角

长三角沪苏浙皖三省一市，以全国 1/26 的面积（35.9 万平方千米）、1/6 的人口（常住人口 2.2 亿）贡献了全国近 1/4 的 GDP。

2020 年，长三角地区生产总值为 24.47 万亿元，占全国 GDP 比重的 24.08%，其中，上海人工智能产业规模近 2 000 亿元，大数据产业规模超过 2 300 亿元。②

未来五年长三角地区携手并进，开启数字经济发展新征程的举措有哪些呢？

---

① 数据来源：国家统计局《2020 年中国统计年鉴》，北京市《北京统计年鉴 2020》，并经简单计算得出。

② 数据来源：国家统计局《2020 年中国统计年鉴》，北京市《2020 上海统计年鉴》，并经简单计算得出。

总体来说，① 建好“长三角科技创新园”，为长三角一体化发展提供动力支撑；② 推动科技基础设施集群化发展；③ 开展关键核心技术协同攻关；④ 开展产业链“补链-固链-强链”行动；⑤ 多维度共建长三角国家技术创新中心；⑥ 打造全国数字经济创新高地。

（1）上海：加大第五代移动通信、工业互联网、大数据中心等新兴基础设施投资，推动集成电路、生物医药、人工智能三大先导产业规模倍增，加快发展电子信息、高端装备等六大重点产业，大力发展数字经济，全面实施智能制造行动计划。

（2）江苏：加快壮大新一代信息技术、高端装备制造、新材料、绿色低碳、生物技术和新医药等高新技术产业，培育一批居于行业领先水平的国家级战略新兴产业集群，大力发展数字经济，推动数字产业化、产业数字化，制订工业互联网发展行动计划，加快发展优势制造行业的工业核心软件。

（3）浙江：深入实施数字经济五年倍增计划，大力建设国家数字经济创新发展试验区，加快打造数字变革策源地，培育壮大数字产业，形成一批具有国际竞争力的数字产业集群。

（4）安徽：合力建设长三角科技创新共同体。

（三）粤港澳

2020年，大湾区生产总值达11.59万亿元，占全国GDP比重的11.41%。[①]

粤港澳大湾区大力推进数字经济高质量发展，有哪些举措呢？

（1）广东：打造新一代电子信息、绿色石化、智能家电、汽车、先进材料等十大战略性支柱产业集群，加快培育半导体与集成电路、高端装备制造、智能机器人、区块链与量子信息等十大战略性新兴产业集群，加快推进数字产业化和产业数字化，推动数字经济和产业经济深度融合。

（2）香港：以粤港澳大湾区发展为切入点，积极成为国内循环的参与者和国际循环的促成者。

（3）澳门：积极培育新兴产业，推动产业升级转型。

（四）其他地区

同时，全国其他地区的数字特色产业也在崛起，共绘产业发展蓝图。

（1）山东：大力发展智能制造、个性化定制、柔性生产、云制造等新模

---

① 数据来源：国家统计局《2020年中国统计年鉴》，广东省《广东统计年鉴2020》，并经简单计算得出。

式，聚焦石化、汽车、家电、信息、海洋等优势领域，打造一批具有战略性和全局性的产业链，加快发展数字经济。

（2）青岛：推进制造业产业基础高级化和产业链现代化，建设世界工业互联网之都。

（3）贵阳：计划打造三个千亿级产业集群，实现大数据发展“三级跳”。

（4）重庆：加速构建汽车、电子等世界级产业集群。

（5）福州：加快“三创园”高新技术产业集群，打造数字应用第一城。

二、数字经济谋新篇，“产数融合”是重点

“产数融合”是指数字产业和实体产业在技术、管理、商业模式、行业实践积累等领域的深度融合、共同发展。

“产数融合”发展的本质是全面创新，包括三大工作要点：① 升级实体经济，全面推进产业数字化；② 加速数字经济，自主发展数字产业化；③ 转变创新模式，开放聚合创新生态化。

产业云为“产数融合”提供核心驱动力。产业云是基于云基础设施，整合产业生态资源以提供技术、解决方案、产业实践服务的城市产业赋能平台，为推动城市“产数融合”、产业创新升级，重塑产业新格局提供核心驱动力。

产业云还为城市产业集群创造新价值。目前，华为产业云落地超过 120 个创新中心，产业集群攻关基地联合伙伴超过 300 家，为超 1.7 万家制造企业开展数字化转型，其中，深入五大类制造场景：研、产、供、销、服，覆盖超过 15 个产业集群：电子、装备、汽车、石化、钢铁、五金等。三年内，产业云创新中心为超 100 万位企业用户提供数字化转型服务；推动以数字经济为牵引，以实体经济为切入点的产业数字智能化转型升级。

同时，数字经济新空间已经拓展到广袤的乡村大地。立足实际情况，顺应技术发展趋势，借助物联网、大数据、云计算、区块链、人工智能等现代信息技术，推动乡村产业经济的改造转型、提高乡村产业组织的管理水平、加速乡村产业产品的品牌升级、强化乡村产业服务的体系建设。建立统一的平台标准系统，加快推动农产品大数据平台建设；以“造血机制”为核心，以农产品销售为入口，以农村气象服务为纽带，以市场服务为向导，形成“多位一体”的数字化农业综合体。力争使数字经济新技术、新产品、新模式在乡村产业里抢新机、出新绩、走新路。

另外需要指出的是新冠疫情几乎改变了整个世界的常态化运行路径，在中国历经3年的“抗疫”过程中，数字技术在民生领域所起的作用尤为突出。疫情让我们发现了现行医疗体系存在进一步优化的空间，我们还需要完善智慧医疗顶层设计，加速形成医疗健康新业态，健全相关标准与安全体系，加快建设区域卫生健康信息平台、数据共享交换平台；加快相关技术研发，探索政府主导，医院、科研院所、企业等多方协同研发应用的新模式，促进智能医疗设备、辅助系统等新技术、新产品、新方案和新策略产出。

综上所述，我国数字经济迅速发展壮大，产业数字化成为数字经济发展的新方向，并推动数字经济加速进入“下半场”。工业互联网为产业数字化提供了关键基础设施支撑和产业生态基础，培育了一批工业互联网技术创新企业、系统解决方案供应商和运营服务商，下一阶段，打造一批可复制、可推广的发展模式和典型应用场景则是我们着力发展的新阵地。

“十四五”规划已经绘就数字经济蓝图，实施举措也在逐步完善中，我们要做的就是凝心聚力、脚踏实地迈向数字经济新征程。

银行业在存量博弈中分化[①]

潘英丽[②]

【摘要】

中国经济正进入转型和调整期，银行面临利差收缩和坏账显性化前景。深度介入制造业和房地产领域的重资产银行日益艰难；聚焦零售、金融产品交易和财富管理人的轻型银行绩效可观；但是金融投资管理仍有可能助长零和博弈的贫富分化，唯有在科技加持下提升能力，更好地培育和支持有效率的企业组织创造新财富，才是商业银行可持续发展的正道。

新冠疫情肆虐的2020年已经过去，2021年的春天在严防输入和疫苗接种的快速推进中，迎来了中国经济预期中的复苏。正如中国经济“冷热不均”的结构性特征那样，银行业的分化也以其内在逻辑静悄悄地展开。

中国银行业进入存量博弈阶段的前景已日益清晰。

2020年末银行业总资产相当于GDP的257%。而非金融部门的债务已达GDP的290%，较2019年末增加了27个百分点。资产要求回报，但面对规模巨大的银行资产，实体经济显然供养不起，过去3年银行总资产收益率已持续下降。压力主要来自三个层面：上面是代表社会利益的政府要求银行让利，并通过央行政策调控收缩银行利差；中间是适应产业结构调整和资本市场发展需

① 原文发表于上海交通大学行业研究院官方微信公众号“安泰研值”2021年6月17日。

② 上海交通大学安泰经济与管理学院教授、上海交通大学行业研究院中国银行业行研团队负责人。

要的金融脱媒对银行形成挤压；下面是微观主体的债务违约行为引发银行资产的坏账。

事实上银行体系的风险离充分暴露还相去甚远。金融增加值占 GDP 的比例（类似存贷利差，体现金融部门占用的社会资源）随宏观杠杆率的上升创造出了历史新高，并且也是全球最高。主动降杠杆或隐性坏账的显性化处置已不可避免。未来坏账的更多暴露与冲销是商业银行过度支持重资产行业扩张所需承担的自身责任部分。

存量博弈必然带来银行间的分化。

少数银行胜出，多数银行求变，还有部分银行正在衰败之中。资本市场以其前瞻性和敏感性做出了相应的判断和选择。

在消费奢侈品企业（白酒、医药和医美）市值屡创新高、高科技企业异军突起之时，超过 80%的上市银行股价却集体破净。尽管多数银行跑输大盘，但仍有少数银行的股价在过去 52 周涨幅超过了 70%或 80%。我们根据总资产与总市值的比例对资产轻重不一的银行进行排序，发现股价涨升与轻资产互为因果。

排除新近上市的中小银行后，轻型银行的本质特征是轻资产高效益；常以零售、交易和财富管理为经营特色，服务收入占比持续上升，从而避开了重资产行业产能过剩给银行带来的高风险。轻型银行大都顺应了从信用和抵押物支撑的间接融资转向资本市场直接融资的供给侧结构改革要求，越来越多地扮演着金融产品销售网络平台的角色，并通过提升财富管理能力实现内涵式发展。

将轻型银行作为销售平台与财富管理人的角色无疑是审时度势的结果，也得到了市场的充分认可。但是，从宏观和可持续发展角度观之，仍有其自身的局限性。因为如果缺乏有效率的企业组织去创造新增财富的话，聚焦金融投资的财富管理更可能造成零和博弈的贫富分化结果。

笔者曾经撰文论证了“中国经济转型的核心是培育有效率的企业组织”。

因为只有有效率的企业，才能有效组织生产，给家庭和社会提供所需的优质产品和服务，才能创造更多就业岗位，才能助力碳达峰、碳中和目标的实现，才能给金融市场提供优质的底层资产，实现社会财富的持续积累，并对社会进步做出积极的贡献。因此，通过能力的提升和高科技手段的运用更好地鉴别和培育有效率的企业组织仍然是商业银行的必修课。

作者团队在 2021 年 6 月发布的《银行产业地图：2021 春季报告》延续

2020 年的秋季报告，以全息可视的表达方式，重点分析了银行信贷在产业和地区间的配置。

信贷的产业配置显示，农业、采矿业、制造业、批发零售业前几年的信贷过度收缩，在 2020 年得到了边际改善。银行在基础设施领域的贷款投放仍在加速，对金融业、租赁和商务服务业等资金中转通道的依赖进一步加深。卫生行业和高新技术服务业在存量信贷中的份额稍有上升。相比较，消费服务业的存量信贷份额与其相对回报率、相对偿债率很不匹配，并且仍在下降。

该报告还收集了全国 336 个地级市的存贷款数据，并引用我校夏立军教授团队创立的资本活力指数，分析了各省的存贷款分布与流动。我们发现城市的贷存比与资本活力指数呈显著正相关，政府杠杆率与资本活力指标呈负相关，信贷增速则与政府杠杆率呈负相关。由此也反映出营商环境和有效率的企业组织对有效的金融资源配置以及地区经济可持续发展有着基础的、不可替代的作用。

零售板块

究竟什么是“新零售”？[①]

陈景秋[②]　荣　鹰[③]　章　甜[④]　杨　涵[⑤]　徐婧怡[⑥]　萧戈言[⑦]

【摘要】

本文搜集了网络媒体中有关企业新零售的新闻报道，通过定性分析获取零售企业所采纳的主要新零售策略。发现零售企业的新零售实践包括7项策略：数字化系统构建、深度客户分析、优化客户体验、门店优化、借助社交平台、创造转换成本、平台转型。

“新零售”这三个字并不指代任何特定的商业模式，“新”代表无限可能，任何变化都可称为“新”。那么，与其纠结于新零售的定义（WHAT），不如去理解新零售的策略和做法（HOW）。新零售终究路向何方，还是取决于零售企业在实践中的不断尝试和突破！

为此，我们搜集了网络媒体中有关企业新零售的新闻报道，通过定性分析获取零售企业所采纳的主要新零售策略。我们的分析对象为国内零售企业或在国内有主营业务的跨国零售企业，为此我们在各中文搜索引擎，包括百度、搜

---

① 原文发表于《文汇报》2021年4月27日。

② 上海交通大学安泰经济与管理学院教授、上海交通大学行业研究院零售行研团队成员。

③ 上海交通大学安泰经济与管理学院教授、上海交通大学行业研究院零售行研团队负责人。

④ 上海交通大学安泰经济与管理学院本科生。

⑤ 上海交通大学安泰经济与管理学院本科生。

⑥ 上海交通大学安泰经济与管理学院本科生。

⑦ 上海交通大学安泰经济与管理学院硕士研究生。

狗和必应，以及新零售网、36 氪网和虎嗅网等专业网站，搜索“新零售”“线上销售/零售”“智慧零售”“配送+零售”“新零售转型”等关键词，并过滤广告性质的文章，从而获得有关企业新零售策略的若干条新闻信息，并形成档案库。在档案库中，我们对不同企业所采取的新零售策略进行编码：

首先，阅读搜索到的每一条新闻，将提取的企业名称和企业新零售策略信息，加上新闻链接整理在 Excel 表格中；其次，整合为以企业为单位的汇总表，将一家企业的多条新闻汇总，最终得到 92 家企业的新闻信息；最后，对 92 家企业进行筛选，删去 9 家，包括非零售企业（如尚可优品酒店、荣昌洗衣）、为零售企业提供战略支持的互联网巨头企业（如阿里、京东），以及在中国市场没有主营业务的国外零售品牌（如 whereby、Target、梅西百货、footlocker、Walgreens），最终获得 83 家零售企业用于我们最后的分析。

在最终纳入分析的 83 家企业（见图 1）中，传统零售企业有 62 家，新兴零售企业（从成立初期就依托互联网开展业务）有 21 家。这些企业分布在卖

卖场/综合	大润发、家乐福、百联、银泰、名创优品、广百股份、便利之星、金虎便利、世纪联华、永辉超市、无印良品	每日优鲜、盒马鲜生、叮咚买菜、网易严选、趣拿、拼多多
食品餐饮	星巴克、望湘园、良品铺子、西贝、麦当劳	瑞幸咖啡、三只松鼠、束式茶界、霸蛮社
家居建材	红星美凯龙、宜家、TATA 木门、浙江艾美家居	尚品宅配、林氏木业、e2e 建材平台
服饰	美特斯邦威、南极人、巴宝莉、太平鸟、达芙妮、恒源祥、波司登、回力鞋、海澜之家、百丽、CacheCache、ZARA、H&M、LEVI'S、优衣库、NIKE、The North Face、欧时力、拉夏贝尔	
美妆	丝芙兰、SKII、LAMER、资生堂、欧莱雅	完美日记、The Top Skin
母婴	贝因美、十月妈咪	孩子王
电器	奥克斯、美的、苏泊尔、国美、五星电器、格力、苏宁	小米
运动	特步、卡地亚、李宁	
珠宝眼镜	周大福、卡地亚、爱迪尔、宝岛眼镜	可得网
其他	仁和、玩具反斗城	极宠家、全球蛙、花际里

图 1 用于新零售策略分析的 83 家企业名称

场（17，20.48%）、食品餐饮（9，10.84%）、家居建材（7，8.43%）、服饰（19，22.89%）、美妆（7，8.43%）、母婴（3，3.61%）、电器（8，9.64%）、运动（3，3.61%）、珠宝眼镜（5，6.02%）和其他（5，6.02%）等行业。在这83家企业中，国外品牌包括20家：卖场类的家乐福，食品餐饮类的星巴克，建材家居类的宜家，服饰类的巴宝莉、CacheCache、ZARA、H&M、LEVI'S、优衣库、NIKE，美妆类的丝芙兰、SKII、LAMER、资生堂和欧莱雅，运动类的迪卡侬，饰品类的卡地亚等，均为传统零售企业。

基于对83家零售公司的网络媒体报道的定性分析，采取编码法和归纳法提取关键信息，最终获得7项新零售策略——数字化系统构建、深度客户分析、优化客户体验、门店优化、借助社交平台、创造转换成本和平台转型（见表1至表7）。

策略1：数字化系统构建

表1　策略1——数字化系统构建的编码和应用企业

二级编码	三级编码	应用企业
1.1 信息化升级	1.1.1 信息系统升级	回力、奥克斯、国美
	1.1.2 信息系统支撑全过程管理	永辉
1.2 数字化供应链	1.2.1 优化库存管理和物流	ZARA、H&M
	1.2.2 采用智能供应链系统	永辉、网易严选、每日优鲜、束氏茶界、趣拿、宝岛眼镜

新零售的重要特征之一是各种数据信息的爆炸式增长；由于线上交易和客户行为都可以被记录、存储和分析，企业也就有了更多的机会进行消费者分析、业务试错和调整。为此，企业记录、分析数据并应用这些结果的数字化能力显得至关重要：数字化促进外部商业模式创新和内部业务模式升级，帮企业形成新的营收点和创造价值。

为了实现数字化，企业首先要具备信息化的能力。但是，由于信息化建设耗时费力并会颠覆原有的业务流程和管理理念，很多传统企业瞻前顾后错失良机，在数字化时代来临之际由于信息化基础不足而措手不及。

我们发现面临数字化的挑战，回力鞋业、奥克斯和国美都对自己的信息系统进行了改造升级，而以生鲜经营为特色的永辉超市则用先进的信息系统支撑了从采购、分拣、包装到销售的全过程管理。

策略 2：深度客户分析

表 2 策略 2——深度客户分析的编码和应用企业

二级编码	三级编码	应用企业
2.1 增加触点	2.1.1 建立 App	束氏茶界、五星电器、美斯特邦威
	2.1.2 小程序	周大福、LEVI'S、CacheCache
	2.1.3 同时拥有 App 和小程序	大润发、百联、叮咚买菜、ZARA、H&M、优衣库、NIKE、麦当劳、瑞幸咖啡、小米、广百股份
2.2 建立数字化会员库	2.2.1 构建数字化会员体系	金虎便利、恒源祥、束氏茶界、孩子王、NIKE、银泰百货
	2.2.2 打通线上线下会员体系	太平鸟、西贝、SKII、LAMER、李宁
2.3 消息信息分析	2.3.1 智能会员系统	NIKE、优衣库
	2.3.2 借助大数据	叮咚买菜、林氏木业、美的、银泰、欧莱雅

数字化为深度客户分析提供了基础。深度客户分析，为的是将原本模糊的消费者群体转变为有着清晰数字画像的消费者个体，用于个性化的精准营销。以下列举了三种与深度客户分析相关联的方法，它们之间有前后相继的关系。

第一是增加触点。小程序和 App 是最常见的触点，起到引流和实现客户信息数据化的作用。

很多卖场或综合性的商场和国际服饰巨头都同时拥有 App 和微信小程序。相较而言，小程序的运营成本更低。

第二是建立数字化会员库。

数字化会员库旨在整合线上和线下的会员资源，以更好地确定目标消费群并预测购买行为。一方面，通过会员等级和积分体系的建立，有助于分析会员行为路径，掌握消费偏好，深度挖掘会员价值；另一方面，通过实时呈现 VIP

会员画像，构建完整的会员管理体系，为精准营销和最大化会员的生命周期提供支撑。在分析中，我们发现太平鸟、西贝、SKII、LAMER 和李宁等企业都打通了线上、线下的会员体系，金虎便利、恒源祥、束氏茶界、孩子王、NIKE 和银泰等构建了数字化会员体系。

第三是消费信息分析。新零售中的消费信息分析具有高度数字化、动态化、个性化和差异化的特点。

数字化是指消费信息的获取和分析均依托线上；动态化是指通过实时更新消费信息，及时更新消费者需求和采购量的分析和预测；个性化是指运用大数据分析获取消费者的不同类型、特征和消费需求偏好，从而对消费者进行个性化的营销和广告推送；差异化是指不同零售商对可获取的数据类型、数据量级、分析方式和结果保持差异化。在分析中，我们发现知名零售商 NIKE 和优衣库都在 App 中设置了针对会员需求的智能分析和个性化推送功能；叮咚买菜、林氏木业、美的和银泰都会运用大数据分析消费者需求，并进行精准营销；欧莱雅借助百度搜索引擎中的大数据洞察消费者在彩妆上的真实需求以开发新的产品。

策略 3：优化客户体验

表 3　策略 3——优化客户体验的编码和应用企业

二级编码	三级编码	应用企业
3.1 提供交互式体验	3.1.1 虚拟现实技术	丝芙兰、完美日记、优衣库、太平鸟、宜家、林氏木业
	3.1.2 IP 形象设计	三只松鼠、优衣库
	3.1.3 个性化增值服务	孩子王、资生堂、卡地亚
	3.1.4 消费场景化	星巴克、西贝、望湘园、The Top Skin、便利之星
3.2 提升购物便捷度	3.2.1 人脸支付	家乐福、金虎便利、永辉超市
	3.2.2 自助结账	永辉超市、盒马鲜生、大润发、迪卡侬、麦当劳、瑞幸咖啡、林氏木业
	3.2.3 无人售卖机	良品铺子、每日优鲜、瑞幸咖啡、花际里
	3.2.4 快速发货	全球蛙、叮咚买菜、每日优鲜、星巴克、银泰、优衣库

在新零售的浪潮中，以最大限度地优化客户体验为手段和目标的零售模式日益普遍。随着数字化，产品信息变得高度可得且高度饱和，消费者经常处于选择障碍和审美疲劳中，只有标新立异才有可能唤起他们的消费意识。在分析中，发现很多零售企业会从以下两个方面入手去优化客户体验。

第一，提供交互式体验。运用的手段包括虚拟现实技术（VR）、IP 形象设计、个性化增值服务和消费场景化。VR 与现实场景的结合，可以帮助消费者更好地完成试用体验。例如，丝芙兰和完美日记的线下店内，都安置了具有虚拟试妆功能的魔镜，帮助消费者将现实的自己与 VR 中的妆容去匹配；优衣库和太平鸟店内的魔镜则可以模拟试衣；宜家和林氏木业则运用 VR 帮助消费者模拟家居产品的使用体验。

IP 形象设计，主要是结合零售企业自身的品牌特色来设计一些卡通人物形象，用于产品和客户服务的各个环节，从而增进企业与消费者之间的文化和情感共鸣。成功的案例包括连续 7 年获“双 11”天猫食品销售冠军的三只松鼠、优衣库与设计师联名的 UT 系列等。

互联网打破了消费者和商家之间的时空距离，为此能否提供个性化增值服务就更加重要。在分析中，发现母婴品牌孩子王提供育儿顾问服务，护肤品牌资生堂提供个性化的护肤咨询服务，奢侈品卡地亚上线天猫后则承诺提供延长保修和定制建议的服务。

消费场景化体现在产品创新与细分场景的结合中。例如，星巴克将咖啡产品区分出早餐、午餐、下午茶和晚餐系列；西贝从西贝莜面村，开到西贝肉夹馍馆再到西贝杂粮小铺；望湘园也推出了涵盖 25 个预制菜、半成品单品以及 9 款搭配的套餐，满足消费者在家烹饪的需求；针对上班族女性加班的“熬夜场景”，新锐国货品牌 The Top Skin 主打熬夜护肤产品，也获得佳绩；此外，便利之星一直依托生活社区场景运营一站式的连锁服务。

第二，提升购物便捷度。人脸支付和自助结账等智能购物手段促进了购物的便捷：家乐福、永辉超市和金虎便利等超市采用了人脸支付，不仅提升了支付效率还吸引了更多客流；永辉超市、盒马、大润发和迪卡侬安装了智能收银和自助结账设备；麦当劳和瑞幸咖啡推出了扫码自助点餐的功能；在林氏木业的店内云屏完成面部信息采集后可在店内全程自主下单。

无人销售代表智能购物的更高阶段。良品铺子、每日优鲜、瑞幸咖啡推出了智能货柜，花际里推出了无人销售的共享鲜花机，帮助人们实现随时随地地购买。

此外，送货速度越来越快。银泰承诺 24 小时发货，优衣库有当日达和次日达两种快速发货；各大生鲜平台和超市，如全球蛙、叮咚买菜等通过智能调度和骑行路径优化，推出了 3 千米内 29 分钟达的服务；星巴克的“咖快”则方便了路上点单、办公室楼下取货就走的上班族。

策略 4：门店优化

表 4　策略 4——门店优化的编码和企业别称

二级编码	三 级 编 码	应　用　企　业
4.1 布局优化	4.1.1 门店选品	小米、国美
	4.1.2 门店区域划分	名创优品、世纪联华
	4.1.3 门店翻新和升级	波司登、达芙妮
4.2 线下体验店	4.2.1 一体化的体验馆	百联、永辉超市、尚品宅配 C 店、浙江艾美家居、无印良品深圳四合一项目、极宠家
	4.2.2 数字化的体验馆	NIKE 上海 001 门店、优衣库、玩具反斗城
4.3 智能门店系统	4.3.1 RFID 的应用	ZARA、优衣库、H&M、海澜之家、拉夏贝尔、欧时力
	4.3.2 图像识别系统	便利之星、国美、良品铺子、优衣库、完美日记

随着新零售的日渐深入，门店被赋予了更多更新的角色，是连接线上线下以及消费者和零售商的重要载体。在分析中，我们发现，很多零售企业将门店升级作为向新零售转型的重要信号，包括优化门店布局、开设不同类型的体验店和设置智能门店系统等。

在门店布局优化方面，呈现三个特点：第一，依托在线大数据，较好地结合口碑和热度，同时考虑产品和相关度进行门店选品，例如，小米和国美在门店选品和布局上都参考了在线数据的分析结果；第二，门店布局更加注重区域划分，例如，名创优品巧妙运用产品外形和色彩的组合去区分门店区域，世纪华联鲸选等超市则依据生活场景划分区域并增设相应的体验馆；第三，翻新和升级门店，通常都是以具有高科技感和时尚感的设计树立品牌新形象，例如，近年积极布局新零售的波司登和推出新形象店的达芙妮等。

在开设体验店方面，发现很多商家打造了一体化的体验馆，例如，百联的RISO、永辉超市和尚品宅配的“超集店”打造容纳不同品牌和品类的一体化店；浙江艾美家居打造了包含家居产品及其自然衍生产品的生活方式店；无印良品打造的是集酒店、餐厅和店铺功能，即住、吃、用为一体的深圳综合店；极宠家则另辟蹊径，打造服务于宠物和宠物爱好者的涵盖八大业态的综合会员店。还有一些零售企业应用高科技元素建立新奇酷炫的体验店，在彰显其技术实力的同时，也在以趣味性圈粉，还传递了企业文化内容和情怀，不仅有玩具反斗城这样的以“玩”为本的店，还有NIKE和优衣库等服饰巨头开设的大型体验店。

在智能门店系统方面，射频识别（RRID）系统的应用较好地解决了“货”的准确记录和实时更新问题，在服装零售企业得到普遍应用，如国际品牌ZARA、优衣库和H&M以及本土品牌海澜之家、拉夏贝尔和欧时力等。图像识别系统帮助识别和记录人流，从而用于解决小到消费者的个性化推荐、中到SKU设计和产品摆放、大到门店选址的系列问题，在便利之星、完美日记、国美、良品铺子和优衣库都获得较好应用。

策略5：借助社交平台

新零售时代，社交平台不仅提供助力，还可能成为主战场。线上线下均可借助社交平台引流和增加客户黏性。在分析中，发现零售企业最常采用的方法有以下三种：

表5　策略5——借助社交平台的编码和应用企业

二级编码	三级编码	应用企业
5.1 社交裂变	5.1.1 奖励裂变	拼多多、瑞幸咖啡、丝芙兰、趣拿
5.2 经营粉丝社群	5.2.1 微信社群	良品铺子、霸蛮社
	5.2.2 公众号/App	巴宝莉、五星电器
	5.2.3 KOL粉丝群	完美日记
5.3 直播带货	5.3.1 网红或名人直播	欧莱雅、完美日记、仁和、小米、束氏茶界
	5.3.2 总裁直播	格力、TATA木门

第一，社交裂变。社交裂变是零售商通过社交平台拉新的主要方式，通过朋友圈分享或微信群吸引更多的新用户来参与商家活动，从而获得各种奖励，包括优惠券、免费券及现金红包等。例如，拼多多无疑是最擅长使用社交裂变的商家之一，但是除此之外，瑞幸咖啡、丝芙兰和趣拿也惯常运用社交裂变的方法来赢得新客户。

第二，经营粉丝社群。微信是应用广泛的即时通信工具和社交渠道。良品铺子和霸蛮社都通过运营不超过 100 人的微信社群，吸引有兴趣的目标客户，并以社群为纽带进行经常性的情感交流和线下活动，从而提升客户黏性；奢侈品牌巴宝莉则充分利用微信公众号与会员展开互动，并奖励会员的社交互动行为，吸引会员到线下门店开展活动；五星电器通过“圈立方”App 把家装建材和家居家饰社群的关键意见领袖（KOL）发展成为“圈友”，通过他们将有家电及家居购物需求的顾客引流到五星电器实体店购物；完美日记通过与 KOL 合作在小红书上迅速出圈，从而吸引 KOL 的粉丝来购买。

第三，直播带货。有些企业联手网红或名人等 KOL 创下销售佳绩，如欧莱雅、完美日记、仁和、束氏茶界和小米有品等；最近格力空调和 TATA 木门通过总裁直播也获得了显眼的销售业绩，总裁鲜明的个人标签也起到了瞬间吸粉和带货的效果。

策略 6：创造转换成本

表 6　策略 6——创造转换成本的编码和应用企业

二级编码	三级编码	应用企业
6.1 会员权限	6.1.1 付费会员服务	苏宁、每日优鲜、永辉超级物种、银泰百货
	6.1.2 多元化积分奖励	周大福、百联、每日优鲜、优衣库
6.2 定时优惠	6.2.1 预订优惠	优衣库、太平鸟、波司登、苏泊尔、五星电器、小米
	6.2.2 限时优惠	SKII、H&M、巴宝莉、The North Face、三只松鼠、网易严选

由于产品信息的高可得性，客户转换品牌的成本远低于从前，因此如何创造转换成本比从前更具挑战性。从传统零售时代沿袭而来的会员权限和定时优惠呈现出新的特点。

在会员权限方面的举措，体现出零售商的思维逐渐从经营商品向经营会员转变。很多零售企业开始采取付费会员制度，以期提高留存率和促进精准营销，如苏宁、每日优鲜、永辉超级物种及银泰等。

零售商所提供的积分兑换福利呈现出更加丰富和多元化的特点，以最大限度地活跃和激励会员：积分商城可以兑换的产品丰富多样，覆盖了吃、喝、游等，如家乐福推出了“会员积分+低至 1 元换购”，每日优鲜推出的优享会员服务有会员专享价、最高优惠 50%、返现 5%、1 小时达和专享客服等，优衣库的积分会员还有抽奖、专享优惠和新品体验等各种福利。

定时优惠与互联网相结合，又发展出新的形式，最为常见的是在各个互联网销售平台上的预订优惠和限时优惠。天猫商城在“双十一”和重要的节假日都会推出特定时间段的优惠活动，通过付小额定金和随后支付优惠价的尾款来实现；由于预订优惠不支持定金退款，所以创造了转换成本。优衣库、太平鸟和波司登的天猫店都会参加“双十一”预售付定金立减的活动；苏泊尔、五星电器和小米也会在各自的平台推出预订优惠活动。

限时优惠往往一周或一个月一次，包括商家的微信公众号定时下发优惠券、淘宝商家的“聚划算”活动中的秒杀机会等。限时优惠何时出现并不固定，“秒杀”也令消费者感到惊喜，从而强化了消费者反复购买的习惯，对商家形成黏性。各个行业的零售商都会通过在线平台使用限时优惠，例如 SKII、H&M、巴宝莉、The North Face、三只松鼠和网易严选等。

策略 7：平台转型

表 7　策略 7——平台转型的编码和应用企业

二级编码	三级编码	应用企业
7.1 自建电商平台	7.1.1 线下到线上的综合电商平台	红星美凯龙、苏宁
	7.1.2 行业内深化运营的电商平台	e2e 建材新零售平台、爱迪尔、十月妈咪、可得网、仁和
7.2 平台组织转型	7.2.1 全面组织变革	苏宁、波司登、特步、南极人、百丽、美斯特邦威
	7.2.2 建立中台	苏泊尔、贝因美

平台可以是帮助用户实现方便操作的信息系统，可以是促进在线交易的电商网站，还可能是企业内部的组织结构形式。在有关新零售的报道中，多次出现了“平台”和“平台转型”的相关内容。在多数情况下，企业建立的“平台”与开展在线业务的电商平台有关；而为适应在线零售要求，企业内部也需要进行组织结构和职能的相应调整，这就涉及平台转型。

电商对传统零售的冲击，使得很多传统零售商决心建立自己的电商平台，红星美凯龙和苏宁是两个有代表性的案例，但是结果截然不同。红星美凯龙和苏宁分别是家居零售和电器零售行业的翘楚，线下门店遍布全国，都于2010年前后开始运营电商。但是红星美凯龙始终难以突破网站流量小和获客难的障碍，苏宁却几经组织内部的深度变革，不仅成功地运营了电商平台，也从最初的电器产品经营拓展到覆盖生活各层面的全品类经营。最近，随着线上流量见顶，苏宁又利用线下门店优势，开设了苏宁小店、家居生活专业店和苏宁易购直营店等，更好地整合了线上线下资源。

电商的出现，压缩了供应链的中间环节，提升了效率。为此，出现了一些旨在整合行业内资源和重塑价值链的垂直电商，如e2e建材新零售平台、中国珠宝行业的新零售平台爱迪尔、十月妈咪打造的母婴一站式购物平台、眼镜网络电商可得网、专注于药品和健康产品的在线零售的仁和等。

电商平台的运营成功，不仅靠资金投入，还靠经验和决心。苏宁、十月妈咪和宝岛眼镜等在新零售上取得成功的企业，都经历了不断试错的过程。在此过程中，还需要具备拔毛断喙的勇气，因为在线业务的运营与企业组织原本的结构和运行逻辑是相冲突的，这就涉及平台转型。苏宁从布局电商开始，经历了几次大的组织结构调整，将企业转变为一个既拥有整合的资源体系又适合于小团队作战的平台结构。无论是近年来在新零售转型中有着不俗表现的企业，如波司登、特步和南极人，还是经历暂时的挫折的企业，如百丽和美斯特邦威，都在积极进行组织结构的调整和平台转型。

阿里提出的中台结构是颇具代表性的平台转型观点，认为企业组织应以客户为中心划分前、中和后台：前台去理解和洞察客户需求，并通过产品创新和精细化运营等步骤去服务客户；后台提供传统的业务支撑、服务和风险管控等支持；而中台则是一个连接前台和后台的共享平台，设置微服务架构和公共基础设施，建立标准化和规范化的功能模块，在汇集前台需求后从后台获取资源，并进行统一、快速处理。在分析中，我们发现小家电企业苏泊尔和母婴企业贝因美都与阿里合作，积极构建中台，以减少运营成本和提升业务效率。

总体分析

我们基于与新零售有关的关键词，从网络媒体中获得 83 家企业实施新零售策略的媒体报道。由于这 83 家公司在新零售方面的举措受到媒体关注，并且覆盖了多个零售行业，同时包括了传统和新兴零售公司，因此对于我们进行新零售策略的分析而言具有代表性。

我们进一步总结了在 7 项策略（一级编码）及其子策略（二级编码）上的企业频次分布（见表 8）。可以看出，策略 2——深度客户分析和策略 3——优化客户体验更多地被企业所采用，分别占总频次的 21.89%和 22.50%。

表 8　各项新零售策略内的企业频次分布

一级编码	一级频次	一级百分比/%	二级编码	二级频次	二级百分比/%
1. 数字化系统构建	12	7.50	1.1 信息化升级	4	2.50
			1.2 数字化供应链	8	5.00
2. 深度客户分析	35	21.89	2.1 增加触点	17	10.63
			2.2 建立数字化会员库	11	6.88
			2.3 消费信息分析	7	4.38
3. 优化客户体验	36	22.50	3.1 提供交互式体验	16	10.00
			3.2 提升购物便捷度	20	12.50
4. 门店优化	26	16.26	4.1 布局优化	6	3.75
			4.2 线下体验店	9	5.63
			4.3 智能门店系统	11	6.88
5. 借助社交平台	16	10.01	5.1 社交裂变	4	2.50
			5.2 经营粉丝社群	5	3.13
			5.3 直播带货	7	4.38
6. 创造转换成本	20	12.50	6.1 会员权限	8	5.00
			6.2 定时优惠	12	7.50

续 表

一级编码	一级频次	一级百分比/%	二级编码	二级频次	二级百分比/%
7. 平台转型	15	9.38	7.1 自建电商平台	7	4.38
			7.2 平台组织转型	8	5.00

深度客户分析包括增加触点、建立数字化会员库和消费信息分析，体现了关注客户需求的重要性；优化客户体验包括提供交互式体验和提升购物便捷度，体现了满足客户需求的重要性。

这两项策略展现了新零售以客户为中心的理念和特征，也是吸引和留存客户并进行精准营销的基础。采用门店优化策略的企业占总频次的16.26%，仅次于深度客户分析和优化客户体验，表明门店依然是新零售的主要阵地，被零售企业所重视；门店优化中包括布局优化、线下体验店和智能门店系统，均与信息网络技术的应用有着密切关系，体现了门店优化是为了更好地促进线上线下的一体化。

从表8中还可以看出，数字化系统构建的企业频次最少，占总频次的7.50%。这在一定程度上与预期不符，因为数字化系统构建应该是其他策略（如深度客户分析、优化客户体验）的基础。这说明在新零售的转型中，更多企业可能只是关注新零售的表面特征，例如深度客户分析和优化客户体验，而忽略了新零售的基础——数字化系统构建；也可能由于资金和技术壁垒的存在，而导致在数字化系统构建上的投入不足，但是这种情况的出现很可能导致“墙高基下，虽得必失”。

在7项策略中，除了数字化系统构建外，平台转型策略也是新零售实施或新零售转型的基石。事实上，数字化系统构建和平台转型是相辅相成的，企业组织的数字化能力不仅仅需要技术投入，还需要改善企业管理系统和流程使其更适合于应用数字信息技术，在这种情况下企业组织的转型是不可或缺的，否则同样会出现根柢未深的现象。从表8中可以看出，有关平台转型的企业报道较少，在我们的分析中占9.38%，尤其是平台组织转型，仅占5.00%。与数字化系统构建一样，平台转型策略也值得零售企业的高度重视和投入。

结论

基于对83家零售企业实施新零售策略的网络媒体报道，本文运用定性分析的方法，提取出 7 项关键的新零售策略，分别是数字化系统构建、深度客户分析、优化客户体验、门店优化、借助社交平台、创造转换成本和平台转型。在分析中，发现这 83 家企业采取最多的新零售策略分别是深度客户分析和优化客户体验，而在数字化系统构建和平台转型上的报道较少。综合这些发现，网络媒体所报道的新零售策略更多体现在与数字化和客户体验有关的特征上，反映了企业和大众媒体对新零售的基本认知。

本文期望为零售企业开展新零售或者向新零售转型提供借鉴。但是本文也存在一定的局限性：首先我们对新零售策略的分析主要基于网络媒体报道，媒体报道虽然以真实性为基本原则，但是也反映了大众的认知和期望；其次，在分析中，我们没有把实施了新零售举措但是未进行新闻报道的企业包括进去，也无法保证通过网络搜索，就可以获得所分析的 83 家企业实施新零售的全部信息。但是由于我们所分析的 83 家零售企业及其新零售举措均具有代表性，因此可以为我们的分析提供有效支持。针对本文的局限性，我们需要在未来通过网络媒体之外的其他信息渠道以及定量分析的方法去进一步补充。

营销信息直达社交圈，高效赋能零售企业[①]

萧戈言[②]

【摘要】

伴随着购物渠道线上化，营销方式也逐渐从线下转向线上，其中借力社群营销成为更多零售企业的选择。社群平台可通过提升信息传播有效性和消费者黏性来达成高效营销。从时间顺序看，早期通过微信等社交平台吸引潜在消费者达成引流；中期通过会员福利和互动完成自有社群的构建；后期运营会员圈层，提升品牌认同感和复购率。社群营销无疑是互联网时代对于营销效率提升的优秀范本。

Z 世代已逐渐成为消费主力军。作为互联网原住民，他们对于最新的信息和热点捕捉得非常快，是社交渠道上最活跃的流量。他们对于产品独特性和生活品质有较高的要求，也让产品信息直达 Z 世代圈层成为各品牌的重要目标。与此同时，由于零售产品的快消属性，消费者黏性较低，如果产品差异化信息被更多消费者知晓，则可以突出重围，享受流量红利。

在互联网高速发展的时代，信息无时无刻不对消费者决策做出影响。营销方式从线下实体转向线上，线上与线下的交互也成为更多零售企业的选择。借力线上渠道传播信息，通过线下传统渠道营销推广并丰富购物体验，才能充分

① 原文发表于上海交通大学行业研究院官方微信公众号“安泰研值”2021 年 11 月 2 日。

② 上海交通大学安泰经济与管理学院硕士研究生。

赋能企业，吸引消费者，让产品为更多潜在客户所知晓。

通过社群平台营销是增加信息传播有效性和消费者黏性的重要途径。

根据社群运营的传播链条，可以按照时间顺序分为引流、构建和运营三个阶段，而通过社群营销，可以提升每个阶段的效率，达到更好的营销效果。

近几年来，社交媒体日趋多元化，“社交营销”成为高热度的营销方式。微博、哔哩哔哩、小红书、抖音、快手等各类平台在传统的微信、QQ 社交平台外成为主要的信息传播和社交娱乐的方式，尤其得到了 Z 世代的青睐。

品牌与有粉丝影响力的 KOL 达成合作，KOL 通过图片、视频种草方式将喜欢的产品推荐给粉丝。同时，天猫平台的直播带货形式也更加成熟，带来了线上购物的新一轮热潮。对于大众而言，社群营销有利于从描绘用户画像到锁定目标客群，将营销活动与消费者的社交紧密连接，突破私人社交圈。

根据前端、中端、后端顺序可以分为社交平台生态营销、构建自有社群和福利裂变以及运营会员圈层。

一、社交平台生态营销

前端引流：社交平台生态营销。

定义：通过常用的社交平台吸引潜在消费者，利用生态营销加强互动。

案例：社交平台精准营销（微信朋友圈广告），良品铺子，Burberry。

朋友圈生态营销形式可以加强潜在消费者之间的互动。

微信朋友圈广告具有覆盖面广、目标性强的特点。

一方面，微信是最主要的社交渠道，11 亿用户基本上触达了所有的消费者；另一方面，微信可以利用自有算法描绘用户画像并通过用户点赞形式自主延长传播链，从而实现了针对性投放。因此，有诸多企业如良品铺子、Burberry 等企业通过微信等社交渠道进行精准营销。

作为休闲零食新品牌，良品铺子动用大量资本进行社交媒体的渠道布局。公司通过线下门店触达用户，搭建粉丝俱乐部，并按地域划分进行线下周边活动以维持社群的热度。良品铺子建立独立部门社交事业部负责社群运营，打造精品栏目《让嘴巴去旅行》等，有效地将产品信息传递给了目标客群，达到了良好的营销效果。

法国奢侈品牌 Burberry 也踏出了社群营销的第一步。2020 年，Burberry 与腾讯合作，在深圳推出首间奢华社交零售店“Burberry 空间”，同时还开发了对应的小程序。用户进入小程序即可领养 Burberry 小精灵，通过养成式游戏解锁个性化体验，同时分享给好友，引发社交裂变。店内设计和小程序联动为消费者提供沉浸式的购物体验。

二、构建自有社群，福利裂变

中端：构建自有社群，福利裂变。

定义：通过会员福利活动等加深和消费者的连接，构建自有社群。

案例：丝芙兰、瑞幸咖啡、趣拿。

从圈层到具体构建会员群体需要通过一定途径，其中福利裂变是有效方式之一。

福利裂变是通过会员优惠活动拉新拓展会员数。

美妆零售集合店丝芙兰于 2019 年推出微信小程序，日常推出会员分享领取小样、摇一摇优惠券等活动，激励消费者与朋友分享。丝芙兰丰富的会员互动活动逐渐形成社交裂变，为丝芙兰带来了 70%的新用户。瑞幸咖啡通过拉新会员注册获得免费饮品的方式，不断进行流量收割，极大地拓展了品牌 App 的传播边界。

O2O 体验营销平台趣拿打造了线上宣传、线下领取、朋友圈分享的新零售生态圈。目前趣拿 App 拥有 3 200 万粉丝，并拥有超过 5 000 台终端机分布在全国各大城市的写字楼、商圈等地区。通过终端机线下布局增加户外曝光度，提升记忆点；同时，与产品合作赠送的小样需消费者通过线上朋友圈分享后才能在线下领取。线上线下联动实现了双重营销，同时消费者也愿意主动在社交平台分享，带来新一轮的流量正反馈。

美团、拼多多等平台通过拼团的方式让消费者逐渐养成主动分享的习惯，加强在微信等平台的购物分享频次和社交链接。拼多多货找人的方式有助于零售企业去库存，在低价打包销售的同时起到了熟人推荐和低价营销的双重效用。这些传递了福利信息的客户已经是平台的消费者，通过拼团让朋友圈的潜在客户也转化为消费者，逐渐构建起自有的客户群。

三、运营会员圈层

后端运营：运营会员圈层。

定义：通过线上线下活动运营会员圈层，打造用户黏性，为品牌带来增值。

案例：圈立方，NIKE，文创日历。

运营会员圈层是在有消费意向或者消费记录的基础上锚定目标消费人群，提升回购率，从而提高产品营销信息有效性的途径。

五星电器运营“圈立方”App，通过将家居建材领域的KOL发展成为圈友，吸引更多消费者加入，目前已有超过5万圈友。KOL“圈友”逐渐积累私域流量，提升品牌影响力。运动品牌NIKE为了更有效地运营其会员群体而投资NIKEPLUS会员计划。NIKEPLUS会员享有独家产品和专有服务，还可以预约旗舰店的个性化服务，由此NIKE与消费者建立了更加密切的关系。此外，NIKE也会借力微信小程序的消费数据和信息进一步分析消费者，基于NIKEPLUS会员的圈层，为他们提供更好的服务。

近两年来，很多文创产品不断迭代，在内容营销之外还增加了社群运营的辅助形式，如果壳推出的《物种日历》、故宫文创《故宫日历》等在内的文创日历。由于文创主题的背后往往有一个拥有特定爱好的群体，因此将消费者通过社群聚集起来，有利于后续产品的宣传推进，如《单向历》通过征集读者故事和照片，增加了客群的产品认同感和消费黏性。

社群营销的手段其实就是精准营销的一种。社群将一群有相同特质的人联系起来，而精准营销的目标就是锁定有特定特质的人群。

信息高密度的时代，消费者和品牌都渴求通过技术让信息的效率更高一点，减少因为不匹配而造成的资源浪费。无论是通过社交平台提供的信息渠道，或者是通过消费者自发拉新，都逐渐地构建起了品牌的消费圈层；而品牌对于消费者特质和爱好的感知，则决定了运营阶段能否留存用户并转化为未来的销售，此时线上线下的联动显得尤为重要。而在一次次的活动中，消费者的认同感和黏性都被逐渐建立起来。

四、总结

随着社交渠道日益多元化，我们拥有了更多与信息、与陌生人打交道的机会。从前每个人都是独立的个体，而今我们有了更多的机会与相似的朋友相遇。消费场景从线下到线上，消费过程也不再是购买和收货的简单过程。

Z世代作为当前消费人群的主力之一，其中很大部分来自独生子女家庭。他们一方面追求生活品质，渴望独特性；另一方面，通过社交平台，Z世代收获了来自相似群体的认同感，加强了与他人的连接和沟通。消费圈层和社交平台用户的高度重合也解释了为什么越来越多的品牌选择社群营销，同时社群营销也的确使得诸多品牌表现亮眼。

通过朋友圈生态营销、福利裂变和运营会员圈层，社群在产品营销的不同阶段进行了革新，对于消费群体的决策影响也经历了从量变到质变的过程。

对于消费者而言，社群让一群拥有着相似特点的人汇集在一起，更容易触达心仪的产品，减少不必要的时间消耗。而对于商家而言，相同的营销费用，更精准的信息投放，无疑是节约成本的最佳途径。

社群让供、需两端的双赢成为可能，无疑是信息时代下效率提升的优秀范本。

如何看待盒马新零售业态“生鲜奥莱店”①

郑 欢② 魏 莹③

【摘要】

以盒马为代表的O2O生鲜零售平台，一直在探索生鲜零售平台的发展业态。2021年底，盒马在上海开设了一家“生鲜奥莱店”，旨在低价销售盒马的临期产品，减少供应链的食品浪费现象。笔者认为生鲜奥莱店的发展需要平衡生鲜奥莱店和盒马鲜生店的消费者定位，防止侵蚀品牌形象。

2021年底，上海浦东新区一处老百货商场内，盒马悄悄开了全国首家“生鲜奥莱店”，店内蔬菜、水果、牛奶、蛋糕和鲜花等生鲜易耗品或临期食品，大多以五折、七折等低价出售，吸引了附近不少居民抢购。这一新业态的未来，会有多少想象空间呢？

一、盒马创新零售多业态

生鲜奥莱店是盒马又一零售新业态。盒马总裁侯毅曾对外表示，开出这个新业态，主要是帮助盒马减少门店和加工中心的损耗。目前，除了主打的盒马鲜生店外，盒马已推出多个零售业态：盒马Mini、盒马小站、盒小马、盒马X会员店、盒马邻里等。据了解，盒马X会员店宝山大场店已经开业，高青路

---

① 原文发表于《解放日报》2021年12月29日。2022年作者根据市场情况稍做修改。

② 上海交通大学安泰经济与管理学院教授、上海交通大学行业研究院零售行研团队成员。

③ 暨南大学管理学院企业管理系教授、上海交通大学行业研究院零售行研团队成员。

店也即将在上海开出。

有消息称，目前规划的第二家盒马生鲜奥莱店，拟落户成都，但这一消息尚未得到盒马的证实。对于这一新业态未来的规划，盒马尚未予以回应。

除了生鲜奥莱店之外，盒马近两年已尝试了多种新业态，以保持在新零售的领先位置。其中主打高品质客户群体的“盒马 X 会员店”，以及主打“下沉”市场的盒马邻里，和盒马鲜生门店一起，构成盒马新零售的“三驾马车”。据悉，盒马邻里将与盒马鲜生店共享供应链，将超 2 万件商品接入盒马邻里，主要提供“隔日达+自提”的模式。除自提交付和获客拉新功能外，门店内不会有任何商品。

二、生鲜奥莱店发展方向

奥特莱斯的模式一般常见于处理名牌的过季款、断码货等，一来有很大折扣，二来有品牌保证。而盒马生鲜奥莱店的确属于国内首创，五折低价加上盒马品牌加持。作者认为，供应链数字化虽然是盒马的强项，供应量预测精度能达到 90%，但即便如此，受制于生鲜品类的特殊性、物资流通存在周期，供应过剩在所难免。将过剩的供给提供给市场上对价格敏感的消费者，降低供应链损耗，这是生鲜奥莱店的原始驱动力。因此，盒马生鲜奥莱店有自身特点，其一是避开成熟商圈，在消费力稍低的地段选址，同时将店内 SKU（库存保有单位）控制在 200~300 个左右，进行更精准销售。

盒马生鲜奥莱店的供货渠道虽然与盒马鲜生店一致，但据了解主要商品是从仓库直接到店销售，而非是普通门店的二次销售。在供应链预测精度较高的情况下，损耗有限，生鲜奥莱店的供给就会受限，无法大规模铺开，更难以在三四线城市开店。这也是当前生鲜奥莱店的客单量和客单价都比不上普通门店，只能作为补充型业态的原因。不过，考虑到生鲜奥莱店的低价优势，未尝不可作为探索下沉市场的一种尝试。

值得注意的是为了与盒马鲜生店形成差异化竞争，盒马 X 会员店和盒马邻里等新业态正迅速发展。“在保证主体业务活力的前提下，盒马 X 会员店在客单价上有显著优势，盒马邻里等社区团购模式既砍掉了昂贵的‘最后一公里’，还减少了损耗。”依据行研院零售团队的判断，中国市场足够大，能够包容得下新零售多种业态，但更重要的是企业需要在扩张中，注意保证品质管控和品牌管控。

文化与服务板块

被誉为移动互联网之后的一次变革，元宇宙是什么？①

李海刚②　王君盈③

【摘要】

元宇宙（Metaverse）一词最早出现在1992年尼尔·斯蒂芬森所著的科幻小说《雪崩》当中，2021年是元宇宙的元年，首支元宇宙概念股Roblox也于2021年3月在纽交所上市，首日估值达到450亿美元，并引发一轮投资热。本文介绍了什么是元宇宙、元宇宙的基本形态、元宇宙的技术基础、元宇宙的商业化，并对元宇宙的未来展开了畅想，以期帮助大众了解元宇宙。

首支元宇宙概念股Roblox于2021年3月在纽交所上市，首日估值达到450亿美元，并引发一轮投资热。6月，Facebook创始人扎克伯格表示，Facebook的未来规划远不止是社交媒体，而是筑造一个元宇宙。

11月，在Facebook举办的Connect开发者大会上，扎克伯格宣布Facebook正式更名为Meta，押注元宇宙的未来。

Facebook已经将建造元宇宙列为最重要的优先项目之一，通过旗下的Oculus虚拟现实头戴设备制造商（见图1），大笔投资开发虚拟现实装置，使其价格比竞争对手更便宜。一些分析人士表示，Facebook为此甚至不惜亏本。

---

① 原文发表于上海交通大学行业研究院官方微信公众号“安泰研值”2021年11月17日。

② 上海交通大学安泰经济与管理学院副教授、上海交通大学行业研究院文化传媒行研团队负责人。

③ 上海交通大学行业研究院文化传媒行研团队成员。

Facebook 也为社交网络和工作用途推出虚拟现实小程序，其中一个小程序可以和真实世界互动。

图 1　Facebook 旗下的 Oculus 虚拟现实头戴设备

各大机构也看好元宇宙的发展：Bloomberg Intelligence 预计元宇宙市场规模将在 2024 年达到 8 000 亿美元，Ark Invest 预估虚拟世界将会迎来蓬勃发展，其利润将从 2021 年的 1 800 亿美元增长至 4 000 亿美元。

从各互联网巨头的动作也可看出他们对元宇宙的重视：国外有 Facebook 大力拓展 VR 社交业务，微软成立“全息元宇宙事业部”，国内有字节跳动以 50 亿元人民币收购 Pico 入局 VR，网易相关公司大力开拓元宇宙商业，400 家元宇宙公司于 2021 年涌现，资本市场可谓风起云涌。可见，元宇宙风口已至。

一、元宇宙——一种虚实两栖的场景

元宇宙一词最早出现在 1992 年尼尔·斯蒂芬森所著的科幻小说《雪崩》当中（见图 2）。在小说中，人类借助终端可以连接到计算机模拟的虚拟三维世界当中，现实当中的所有事物都会被数字化，人们可以用数字化身来探索虚拟网络世界，同时虚拟世界的行动还会影响现实世界。

《雪崩》描绘了一个暗淡的未来，全球经济已经崩溃，联邦的大部分权力被少数几个大企业控制。主人公是一名技术高超的黑客，同时也是个外卖员，可以自由地游走在规则的夹缝里，带着护目镜和耳机在虚拟现实中度过大部分时间。

图 2 《雪崩》最早提出了元宇宙一词[①]

《雪崩》对元宇宙的描绘比较消极，里面存在着一批逃避现实的玩家，病毒甚至会造成人类真实脑部的损伤。这也可能是元宇宙发展到了一定阶段会出现的问题。

《头号玩家》《西部世界》《赛博朋克 2077》等知名电影中也都有元宇宙的影子。2021 年 3 月，多人在线创作沙盒游戏平台 Roblox 上市，它也被称为“元宇宙”第一股，上市首日股价大涨 54%，市值超过 400 亿美元，比一年前 40 亿的估值增长了 10 倍。

这个战绩直接引燃了游戏投资市场。毕竟，成立于 1982 年的老牌游戏大厂 EA 市值（402 亿）都没这么高。而育碧（73 亿）更是被远远甩在后面。Roblox 认为一个真正的元宇宙产品应该拥有身份、朋友、沉浸感、低延迟、多元化、随地、经济系统和文明 8 个属性。

二、五大特征构造元宇宙基本形态

笔者在梳理多方观点的基础上，将元宇宙的特点概括为五大基本形态（见图 3）。

---

① 尼尔·斯蒂芬森. 雪崩［M］. 郭泽，译. 成都：四川科学技术出版社，2018.

（一）身份唯一性

所有用户都具有身份唯一特征，对应独特的 ID 编码。用户通过唯一特征码参与到虚拟世界的各种体验当中。实现虚拟与现实一对一的匹配，需要诸如虹膜识别技术、指纹识别技术等生物技术的参与。

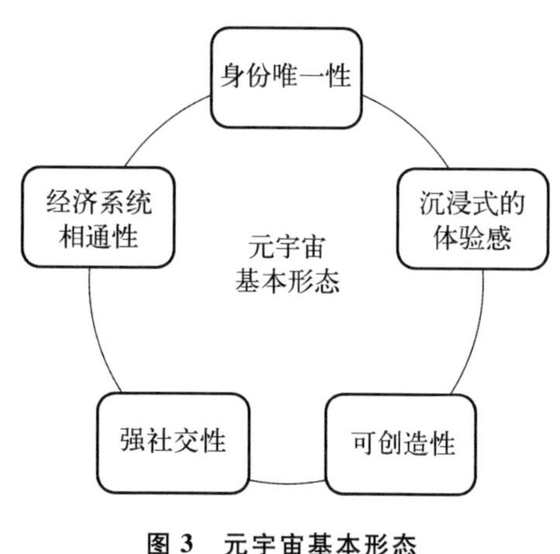

图 3　元宇宙基本形态

（二）沉浸式的体验感

元宇宙构建了一个类似现实的 3D 虚拟世界，为用户提供沉浸式的参与体验。随着元宇宙平台的不断完善，虚拟与现实之间的界限可能会不断模糊。

沉浸式的体验会带来超越现实的震撼感，能够让用户真正沉浸其中，产生与现实隔绝的奇妙感受。某种意义上说，腾讯、抖音、淘宝、Facebook 都可以被看作是元宇宙的早期形态，其丰富的生态为我们创造了众多娱乐形式。

当我们在刷抖音的时候，也会有一刷就刷几小时的场景，但是不会有自己处于另一个时空的感受。虽然注意力聚焦在屏幕方寸之间，但是我们还是处于实体生活中，会被现实当中的各种因素干扰。元宇宙就不同了，它通过 VR 创造了一个虚拟的世界，使得用户产生“穿越到另一个时空”的沉浸式体验。

（三）可创造性

元宇宙提供丰富的创造场景，开发者可以很容易地构建项目，然后发布到元宇宙上。更进一步，这个宇宙会随着内容的多样化和丰富化不断扩充，用户生成内容（UGC）的形式叠加简单易用的创造工具使得内容爆炸成为可能。

同时，创造是元宇宙经济系统的基础。只有在用户不断创造的基础下，数字资产才得以源源不断地生成。用户通过元宇宙世界的数字货币购买体验和道具，使得交易成为可能。

（四）强社交性

元宇宙是一个将所有人相互关联起来的 3D 虚拟世界，人们通过自己的数字身份在这个世界里尽情交互。

元宇宙具备极强的社交性，换而言之，目前具有强大社交体系的科技公司是元宇宙的种子选手。微信、Facebook 等一众社交媒体已经趋向成熟，抖音、快手等短视频平台也有极强的社交性，游戏也是一个强社交场景，未来可期。

（五）经济系统相通性

元宇宙不同于“虚拟空间”，也不只是一种沉浸式游戏或是 UGC 平台。在元宇宙里始终有一个在线的世界，该世界有一套成熟的运行规则。元宇宙作为虚拟的社会，会有一套完整的经济系统。

更为关键的是元宇宙的经济系统与现实世界是相通的。用户在元宇宙创造的数字资产可以脱离虚拟世界流通到现实当中，具体来说元宇宙将会有自己的货币，并且虚拟货币与现实货币是对应的。用户在元宇宙中创造的数字资产在现实中也具有价值。所有创作者都可以在带有公平的经济系统的元宇宙中参与、赚钱并获得奖励。

值得一提的是，元宇宙运作规则是由开发者决定的，所以说它可能会打破真实物理世界的时空限制。

三、元宇宙的技术基础

立体交互式场景的落地离不开技术的支撑，元宇宙的技术基础可以用大蚂蚁（BIGANT）来概括，分别是 B 指区块链技术（blockchain），I 指交互技术（interactivity），G 指电子游戏技术（game），A 指人工智能技术（AI），N 指网络及运算技术（network）和 T 指物联网技术（internet of things）（见图 4）。

图 4　元宇宙的六大技术基础[①]

① 邢杰，赵国栋，徐远重，等. 元宇宙通证［M］. 北京：中译出版社，2021.

交互技术使得人与人能在元宇宙场景下进行互动，电子游戏技术则提供了玩家一个互动和博弈的场所，博弈的是由人工智能技术加工后获得增值的数据/技术，区块链技术代表了数字资产的确权，确权后则通过网络及运算技术进行交换，物联网技术能够将用户在虚拟世界交换后的产物映射回现实，即进行实体资产的分配。表 1 显示了元宇宙技术基础及其功能。

表 1　元宇宙技术基础及其功能

技术基础	功能	关键技术	产业发展阶段
区块链技术	确权	哈希算法、分布式储存、智能合约等	产业融合阶段
交互技术	交互	VR、AR、MR、脑机交互等	攻坚阶段
电子游戏技术	博弈	游戏引擎、3D 建模、实时渲染等	蓬勃发展阶段
人工智能技术	增值	计算机视觉、自然语言、机器学习、智能语音等	高速发展/成熟阶段
网络及运算技术	交换	5G、云技术等	突破阶段
物联网技术	分配	传感器、操作系统等	攻坚阶段

四、元宇宙离商业化还有多远？

解构了元宇宙的六大技术基础后，便可以对元宇宙的商业化进程有一个大致的了解。回顾历史可以发现，每次移动通信速度的加速都带来了产业的升级和商业的新繁荣。

3G 解放了文字，从短信到微信，即时通信打破了时间和空间障碍，满足人类对信息持续不断获取的需求。4G 解放了音乐和短视频，更快的速度使得音视频单向传输，人类接收信息的形式，更为多样。5G 则解放了感官信息交互，多感官的刺激使得人与人“身临其境”，人与物“万物互联”。

总结而言，区块链技术已经跑出了原来的币圈之争来到了产业融合阶段，越来越多的人与机构开始主动拥抱这种新的确权模式。

电子游戏领域经历了从 2D 桌面游戏到 3D 桌面游戏，单人到多人，开发者创造内容到用户创造内容的蓬勃发展；人工智能技术为元宇宙大量应用场景提供数据技术支撑，随着计算机算力的提高，计算机视觉、自然语言、机器学习、智能语音等方面达到了高速发展甚至是成熟阶段；网络及运算技术主要为元宇宙用户解决体验感问题，通过5G/云技术为用户带来高速、持续、低延时的体验，同时给用户带去更为便捷的终端，这块技术也在不断突破。

物联网技术分为感知层、网络层和应用层，网络层方面已有各大移动应用商提供基层支持，感知层方面需要各传感器供应商发力，应用层需要各大操作系统提供商思考如何将元宇宙中万物连接，目前这块技术还存在难点。交互技术包括了VR、AR、MR、脑机交互等，这是带来沉浸式体验感的重要技术，也是元宇宙商业化中要克服的重点关卡。

五、未来的元宇宙是什么?

元宇宙的大门已然开启，商业化进程正在加速。在六大技术中，交互技术和物联网技术仍然有非常广阔的空间，发展潜力无限。

所以未来的元宇宙会是什么?

可能是一个融合社交、广告的立体微博，一个可以纵享沉浸体验项目的游乐园，也有可能是一个可以直接试穿的立体淘宝、一个可以跨国K歌的唱吧……

在不久的将来，可能会涌现出一批新的职业或产品，如元宇宙建筑师、场馆设计师、元宇宙建造培训方、元宇宙游乐项目规划师、元宇宙场馆运营方、3D扫描仪等。想必又会产生除上述罗列外的其他商业模式。

元宇宙是一片星辰大海，但也不要忘记，元宇宙从概念到落地有很长的投资周期，选中合适的赛道切入非常重要。

供应链管理会成为 MCN 的进化方向吗？[①]

谢 天[②]

【摘要】

由于直播电商的巨大市场发展空间，MCN 企业纷纷抢滩登陆，成为“新零售”的入局者。然而由于上游供应链管理能力的不足，对续航能力与发展前景造成影响，导致 MCN 开始布局前端的供应链业务，呈现企业实体化、业务输出化、服务外包化的发展趋势。

新冠疫情无疑是 2020 年至今全球人民所共同面对的一次劫难，但不少行业因祸得福，迎来发生革命性转变或爆炸性增长的机遇，其中最具代表性的当属时下最火热的“直播带货”模式。

尽管直播电商早在 2016 年便已萌芽，并在疫情来临前已然屡屡创造惊人业绩，但在 2020 年无疑被按下了发展的加速键，也同时暴露出这一新模式背后存在的隐忧。李佳琦产品质量问题、辛巴“假燕窝事件”、汪涵“70%退货率事件”等种种乱象，引发大众对直播带货续航能力的质疑，也引发行业对如何健全行业生态圈建设的重新思考。

一、MCN 是媒体企业还是零售企业？

MCN 的概念率先出现于美国视频平台 YouTube，在中国则首先在娱乐直播

---

① 原文发表于上海交通大学行业研究院官方微信公众号“安泰研值”2021 年 4 月 21 日。

② 上海交通大学行业研究院研究专员。

行业中产生类似的业务模式。总体而言，由于 MCN 企业目前主要开展短视频或直播平台上的 KOL 增值服务，具备鲜明的“红人经纪公司”属性，因而时常被视作新媒体行业的重要构成部分。

以蘑菇街 2016 年上线直播电商内容为起点，各大短视频、直播、零售平台陆续跟进，继而李佳琦、辛巴等头部主播先后创下“带货神话”。随着业务模式趋于成熟，配套服务逐步完善，平台、商户、主播、MCN 等相关利益方得以实现共赢，“直播带货”成为零售行业的新热点，迅速吸引媒体企业、零售企业、平台企业、投资人纷纷进场，同时政府亦出台多条加强支持及监管的政策，确保这一新市场得以平稳、健康、有序地发展。

于是，电商直播逐渐取代娱乐直播，成为“直播”这一新媒体形式的最重要的应用场景，“带货”也顺利解决了“流量变现”这一媒体行业持续存在的症结问题。并且，淘宝、京东、小红书等电商或导购类网站皆推出直播电商业务，淘宝直播的成交总额（GMV）甚至位居各平台之冠。

行业边界模糊化的结果，就是直播电商逐渐脱离其原有的媒体属性，更贴近于零售行业。直播电商成为如今社会各界尽皆关注的热点话题，如今社会各界谈及 MCN，会率先将其与“直播带货”联系起来；同时，由于直播电商仍存在巨大的市场规模与发展空间，MCN 企业也确实将其视作主战场，纷纷抢滩登陆，从而在某种意义上与“新媒体”渐行渐远，成为“新零售”的入局者。

二、头部 MCN 企业纷纷布局供应链业务

政策的鼓励、资本的推动、社会热度的聚焦，都加速了直播电商的发展进程，甚至有些“超速”发展。中消协发布的《2021 年“618”消费维权舆情分析报告》指出，直播电商中存在产品质量货不对板、主播兜售“三无”产品或假冒伪劣商品、粉丝数据与销售数据造假、售后服务难保障等现象，体现出政府与平台监管措施不到位，配套服务缺失的问题。

在直播电商创造无数销量神话的同时，也应看到目前上游供应链管理能力的不足，这将直接影响到该商业模式的续航能力与发展前景。于是，愈来愈多的 MCN 机构开始深度布局前端的供应链管理业务，例如：

微念科技主打“李子柒”个人品牌，与柳州市商务局建立战略合作，在柳州投资开设螺蛳粉厂，或借助柳州本地的螺蛳粉产能，实现高产量、高质量、标准化生产，实现 KOL 商业价值与前端产业链能力的强强联合。

京东物流发布的《直播电商供应链研究报告》指出，直播电商模式下的供应链涵盖采购生产、品质管控、物流配送、售后客服、数据智能、货品寻源、品类组货等环节，具有需求驱动、减少库存、柔性敏捷的特点。京东物流利用直播模式更利于接触用户的优势，根据用户的即时反馈调整库存量与生产量，同时通过设立直播仓或前置仓，缩短供货时间，减少库存。

三、供应链业务会成为 MCN 的发展方向吗?

随着直播电商业态迅速发展，竞争趋于红海，消费者日趋理性，行业监督日益规范，推动前端供应链建设逐渐成为 MCN 企业开展直播电商时必须补全的业务环节。以下笔者谨提出三条关于直播电商供应链建设的行业预测。

（一）企业实体化

建设直播电商供应链的根本目标，是缩短实体零售或传统电商零售的产业链长度，从而降低产品品质与配套服务的不可控性，减少物流运输、中间商差价、库存冗余等相关成本。MCN 企业在前端布局愈多，则商品品质愈稳定、价格愈优惠；消费者的购买理由不再基于主播的个人魅力，而是发自对特定主播或 MCN 企业的质量信任，MCN 企业的零售属性愈强，则媒体属性相应愈弱。

于是，MCN 企业不仅建有直播间，更需要根据需求建立直播仓、前置仓、中央配送中心（CDC）、区域配送中心（RDC）等仓储单元，并成立专门的供应链管理部门，未来甚至可能配备专有的采购、质检、物流团队。除了有“主播带货”这一特殊形式外，MCN 企业实质上与一家专业的电商企业已没有太大差异。

更有不少 MCN 企业直接投建产品线，生产自有品牌产品，例如“李子柒”螺蛳粉、宸帆旗下 30 余个女性消费品品牌等，实现从“从品牌到流量”到“从流量到品牌”的逻辑转变，完成从“带货”向“卖货”的身份转换。

（二）业务输出化

已构建成熟前端供应链系统的 MCN 企业，除自营直播电商业务外，亦可对外输出供应链服务给那些尚不具备实力建设完整供应链的 MCN 企业（如谦寻的供应链基地亦对外部 MCN 开放），或是其他不以直播电商作为主要经营模式及收益来源的媒体企业。

例如，在疫情导致市场萧条的背景下，央视、湖南广电、浙江卫视、SMG

等传统媒体企业纷纷开展以扶助农业、扶助地方经济为目的的直播带货活动。在此过程中，由于农业产品存在非标属性、选品团队经验不足、仓储物流服务疏失等，导致出现各种品质或售后服务的问题，对消费者权益与企业口碑造成损失。

该类直播电商活动并非常态化，也不以寻求商业盈利为最主要目的，媒体企业没必要、亦不可能为此构建完整的供应链体系。因而可通过选择与 MCN 企业建立合作，购买供应链服务及其他 MCN 服务类型；MCN 企业亦可从过往行业经验出发，给予更具专业性的完整解决方案。

（三）服务外包化

MCN 机构除自主铺设供应链管理部门外，亦可选择将该块业务外包，向专业的供应链企业购买相关服务。目前，此类“供应链代运营”更多服务于例如 papitube 等以内容生产见长的短视频 MCN 企业，或是有意愿在 Tik Tok 等境外平台开拓跨境直播电商的 MCN 企业。

此外，成都、合肥、丹东等地先后成立 MCN 产业基地或产业园，在政府的支持下吸引 MCN 企业及其他产业链企业入驻，建设完整的短视频或直播电商生态圈。此类产业基地通常更易吸引到希望获取政策扶植、寻求业内合作的中腰部 MCN 企业。因此，通过开展外部合作来补全供应链环节的弱点，显然是更经济的做法。

元宇宙的前方有星辰大海，也有汹涌暗潮[①]

谢　天[②]

【摘要】

元宇宙与真实世界的关系，远不止数字孪生，而是两个并驾齐驱又紧密关联的“平行世界”。在元宇宙的发展进程中，既存在开拓应用场景、助推产业转型的无限畅想，也可能带来数据风险、金融风险、社会风险等问题，对企业入局与政府监管皆带来诸多挑战。

近日来的热词莫过于“元宇宙”，这个词语首先出现于 1992 年的科幻小说《雪崩》中，该小说描绘了一个宏大的虚拟现实世界。清华大学沈阳教授如此定义元宇宙：“元宇宙是整合多种新技术而产生的新型虚实相融的互联网应用和社会形态，它基于扩展现实技术提供沉浸式体验，以及数字孪生技术生成现实世界的镜像，通过区块链技术搭建经济体系，将虚拟世界与现实世界在经济系统、社交系统、身份系统上密切融合，并且允许每个用户进行内容生产和编辑。”

目前，元宇宙以 Meta（原 Facebook）、微软、罗布乐思、腾讯、字节跳动等互联网巨擘为领航者，国内三大电信运营商陆续跟进，资本亦纷纷入场，可以说各相关产业皆积极投入布局。虽以游戏与社交为起始点，但元宇宙的技术

---

① 原文发表于上海交通大学行业研究院官方微信公众号“安泰研值”2022 年 1 月 4 日。

② 上海交通大学行业研究院研究专员。

框架为其带来广泛的延伸可能，成为自政府到企业皆高度关注、加速争夺的新兴市场空间。

元宇宙与真实世界的关系，远不止数字孪生，而是两个并驾齐驱又紧密关联的“平行世界”。随着现实与虚拟的边界变得模糊，每个场景都可能无限延伸，令人想起“一花一世界，一叶一菩提”的境界。元宇宙给了我们无限的畅想空间，我们的目光所及不再是眼前的苟且，也不仅是诗和远方，而是浩渺的星辰大海。

但或许是畅想空间过于广大、技术支撑又有所欠缺的缘故，“元宇宙”目前更接近于一种理想化的设想，而非可实际落地的模式。当我们踏上这场浪漫主义的征途，仍需要在启程前冷静下来，回顾一些现实主义的问题。笔者且在此抛砖引玉，从元宇宙的可能性、必要性、风险性角度开展一些简单的思考。

一、元宇宙的可能性：“多元宇宙”与“虫洞”

我们必须意识到，尽管宇宙存在无限可能，但有限的资源、有限的市场，依然会推动这场“元宇宙拓荒运动”演变为“元宇宙殖民运动”，领衔的巨头企业仍将通过兼并整合、战略联盟等形式，展开激烈的抢滩登陆战与资源争夺战。相较于理想中交通万物的宏大宇宙，更可能的发展格局是若干个兼具相似性与差异性，却又无法完全联结的“多元宇宙”。

“多元宇宙”假说中的一个重要概念是“虫洞”，即连接不同时空的通道。那么对于元宇宙而言，这个打通不同“宇宙”的“虫洞”将在哪里？笔者以为，开启虫洞之处，必然在于目前存在显著竞争性壁垒之处，例如：虚拟货币可否成为所有元宇宙世界的通行货币？基于虚拟货币，可否产生通用的支付端口与结算平台？能否产生类似头部带货主播那般有能力横跨多个竞争性平台的个人或企业？

当然，打通不同“多元宇宙”的另一种可能性，便是像科幻作品中的情节那般，某个宇宙的统治者不断吞并、征服其他平行世界。笔者认为，这种寡头垄断式的“世界大同”，绝非我们希望看见的，事实上也很难出现，毕竟互联网世界的开放程度，归根结底仍依托于政策的开放力度。又或者，会否出现又一种替代性的全新交互理念，推动不同元宇宙阵营改竞争为合作，抑或展开下一次技术革命。

二、元宇宙的必要性：虚拟现实，或许比现实更真实

元宇宙能否发展成为与现实世界并生的又一个世界，其核心问题是除却那些炫丽的展示方式、互动模式、体验形式外，元宇宙与现有的互联网交互究竟有何本质区别？以及能为用户提供哪些不可替代的优化服务体验，进而演变成全新的全民生活方式？

元宇宙的重要价值，是基于虚拟技术的模拟体验与决策推演。目前不少智能化工厂已能凭借数字孪生技术，对全生产过程进行远程监测及行为模拟，从而建立对生产决策与风险评估的全面预判。同理，孪生技术支撑的决策过程可被应用到各行各业的决策与预测中，并且由于虚拟现实技术的高度仿真性，而比现有互联网平台的用户画像更具真实性和全面性。元宇宙不止为终端用户提供了海量的定制化虚拟服务产品，其反馈信息也将成为服务提供商的有利数据参考，并借助大数据分析及人工智能技术，成为精确高效、持续优化的决策依据。

此外，元宇宙作为一个独立于真实世界的虚拟世界，某种程度上能打破原有地理、行政边界的局限，提供更自由化的服务体验、更精准化的产品供给。但究其根本，元宇宙与互联网一样，是现实世界的映射，绝非无国界、无政府、无体制的乌托邦，更非法外之地，依然会受到国家政策与行业规则的严密监管；并且，正由于元宇宙的多元性、复合性、复杂性将带来更高的监管难度，在监管技术与水平尚未能匹配之时，应会谨慎地缓步开放元宇宙中的服务项目。

三、元宇宙的风险性：现实世界仍是虚拟世界的桎梏

首先是数据处理的算力风险。对海量数据的运算、存储、管理能力是智能时代的技术基础，也是最难突破的技术瓶颈。仅是现有的互联网交互模式，以及限于特殊场景的人工智能应用，便已对机构或企业的数据处理能力造成极大的算力负担；“元宇宙”理念下的虚拟现实与人工智能，无疑将带来指数级增长的巨大运算量，令人担忧现有乃至未来数据技术的承载能力。

同时，由于联结性的进一步加强，当某一环节出现数据崩溃等问题时，会否形成多米诺骨牌效应，对元宇宙内所有交互单元乃至相关实体造成连带伤害，也有赖于技术框架、逻辑架构、业务链路等层面是否合理设计。

其次是金融交易的安全风险。区块链是元宇宙的底层技术之一，也被视为

依托该模式开展金融服务的理想模式。尽管理论上区块链的开放性、自治性、匿名性、去中心化、信息不可篡改等特征，确实符合元宇宙理念关于交易活动的需求；但现有的技术条件尚不足以令元宇宙成为现实，区块链亦无法成为元宇宙的金融工具与技术支撑。由于存在大量的投机性泡沫，元宇宙热潮开始不久，便发生基于虚拟货币“泰达币”的元宇宙概念非法融资，银保监会重点监管的区块链诈骗及非法融资，正以“元宇宙”之名借尸还魂，亟须引起各方的关注和警惕。

此外，目前全球暂未形成具有足够价值稳定性、流通广泛性、交易安全性的虚拟货币，令元宇宙在短时间内难以开展大规模的全球性交易活动。究竟是各国陆续启用可追溯的法定电子货币，令元宇宙金融孪生于现实金融世界之上；或是由全球区块链联盟发行统一虚拟货币，依汇率与其他货币进行折算；还是直接采用比特币、以太币等主流虚拟货币，并加强安全性监管……仍有赖于元宇宙企业、互联网金融企业、区块链技术企业以及政府监管部门、相关生态伙伴的共同探讨和深度研判。

最后是与实体世界的竞争风险。尽管元宇宙的设想，是建立与真实世界并轨而有交互的“平行世界”，但事实上在两者尚未高度融合的发展阶段，用户必然面临如何投放时间、金钱、精力的抉择。随着虚拟现实技术与大数据画像的逐步完善，真实世界的消费体验将显得无趣、低效而昂贵；并且由于数字技术具有极高的可复制性与增值能力，也将集聚更多的资本与人才，从而进一步加剧实体经济、线下经济的衰退风险。我们原本期待的并轨而行的“虚拟+现实”的二元世界，可能会发展为在一元虚拟世界框架中，附生若干必要性实体产品与服务的结构。

与此同时，以人工智能与大数据技术驱动的产业数字化转型，也将引发巨大的劳动力冗余，致使失业率大幅提高。例如，依靠对个体用户进行精准画像（并持续迭代优化），元宇宙可高效形成定制化的虚拟服务人员，提供最贴心的服务、最精确的咨询，逐步取代低质量的真人服务。事实上，即便尚未进入元宇宙时代，我们已然亲历着数字技术在诸多领域不断取代真人劳动的过程。

至于 AI 伦理、过度沉迷等层面的问题，在此暂且不做讨论。

四、元宇宙的未来性：虚拟世界倒逼现实世界发生转变

最后，仅对元宇宙的未来做一些粗浅的展望，万望各位读者朋友多多交流

指点。

（1）元宇宙或将成为消费互联网的未来。消费互联网正朝着个性化、精准化、定制化的趋势演进，然而平台企业的竞争需要却与去中心化的发展导向产生矛盾。元宇宙能以更高效、精准、直观的形式连接用户与商户，或将成为消费互联网平台企业的转型方向；现有的消费互联网巨头们，也将因为高度触达用户及消费刚需，在“元宇宙割据战”中占据先手。

（2）元宇宙或将推动虚拟货币价值趋于稳定。元宇宙以区块链技术为经济基础，虚拟货币将成为主要（乃至唯一）结算单位。随着元宇宙中交易活动趋于频繁，必须通过监管等形式来提升虚拟货币的价值稳定性、降低投机性与风险性，例如组建类似于国际货币基金组织的全球性虚拟货币管理机构进行统一监管与规范。

（3）元宇宙或将推动城市布局向去中心化趋势发展。无论是否愿意承认，元宇宙将加速人们习惯于在虚拟世界开展工作、体验生活的进程。正如数字孪生技术让智能工厂不再必须落户于产业园区，元宇宙或许会让人们不再执着于大城市的产品与服务供给，从而推动城市布局走向去中心化的未来。当然，这仍有赖于政策制度、信息服务、远程对话、在线交易、物流配送等方面的发展与完善。

新冠疫情下我国文旅行业的发展战略与成效[①]

周洁如[②]　潘一柯[③]

【摘要】

新冠疫情下，我国文旅行业立足于活跃的国内旅游市场和巨大的内需潜力，制订了以国内大循环为主体的双循环旅游发展战略。本文分析了国内旅游大循环的成效及其表现形式，并以携程为例，分析了旅游企业与时俱进的战略调整与实施成效，从宏观和微观层面验证了新冠疫情下文旅行业国内大循环发展战略的必要性与适用性。

新冠疫情的暴发及在世界范围内的蔓延，给经济发展带来前所未有的困难。2020 年 5 月 14 日，中央政治局常委会会议首次提出，要充分发挥我国超大规模市场优势和内需潜力，构建国内国际双循环相互促进的新发展格局。同年 7 月 21 日，习近平总书记在企业家座谈会上指出："面向未来，我们要逐步形成以国内大循环为主体、国内国际双循环相互促进的新发展格局。"[④] 2020 年 11 月，国务院提出了要加快构建以国内大循环为主体、国内国际双循环相互促进的新发展格局。那么，在此双循环战略下，文旅行业该采取什么样的与

---

① 原文发表于上海交通大学行业研究院官方微信公众号"安泰研值"2022 年 1 月 11 日。

② 上海交通大学安泰经济与管理学院副教授、上海交通大学行业研究院文旅行研团队负责人。

③ 上海交通大学安泰经济与管理学院硕士研究生。

④ 新华网. 新华社论习近平总书记在企业家座谈会重要讲话［EB/OL］.（2020 - 07 - 21）［2022 - 02 - 15］. http：//www.xinhuanet.com/nzzt/125/index.htm.

时俱进的发展战略？

一、疫情后我国文旅行业的发展战略

根据上述国家战略，我国文旅行业未来的战略也应是构建以国内大循环为主体、国内国际双循环相互促进的新发展格局。但是，鉴于旅游行业的特殊性以及全球各国抗疫措施的参差不一，海外疫情短期内无法完全消除，甚至可能在未来相当长的一段时间内常态化。因此，出入境旅游必然因疫情而受严格管控，国际旅游困局难破，国内与国际的旅游发展循环受阻。

随着我国抗疫工作不断取得成果，民众安全意识与旅游信心不断提高，国际疫情的管控使得大量游客回流至国内旅游市场，疫情间我国文旅行业聚焦国内循环布局将会比构建国内国际双循环更现实，更具有战略意义。因此，在双循环的战略背景下，立足于活跃的国内旅游市场和巨大的内需潜力，深耕国内旅游市场，打造创新的高质量旅游服务，且用构建国内旅游大循环的成效和经验去影响带动未来国际旅游的发展，从而建立以国内大循环为主体的双循环旅游发展格局，是疫情下我国文旅行业发展的必然选择与有效途径。

二、疫情后国内旅游大循环的成效

（一）2020 年国内旅游总体表现

2020 年初疫情暴发后，我国迅速共筑抗疫防线，随着国际与国内各省市间的通行受到管控，我国国内外旅游业绩出现断崖式下滑。

2020 年下半年，随着抗疫工作逐步取得成效，我国开始在保证卫生安全的前提下，逐渐小范围小规模地放开国内旅游政策，国内旅游人次开始回温。但疫情还是给我国文旅行业带来了灾难性的冲击。据统计，我国 2020 年全年国内旅游收入仅 2.23 万亿元，同比了下降 61.1%（见图 1）。

根据中国旅游研究院发布的《2020 年旅游经济运行分析与 2021 年发展预测》报告，2020 年，全年旅游经济总体呈现深度“U 型”走势，安全、品质、数字化以及近程游、自驾游、夜间游成为年度热词。

（二）2021 年国内旅游大循环的成效

进入 2021 年后，我国的抗疫工作不断取得新进展，各地在安全前提下出台旅游促进政策，文旅市场开始复苏。2021 年上半年，我国旅游市场稳步回升，消费信心进一步恢复，产业政策集中释放，旅游经济运行复苏向上的基本

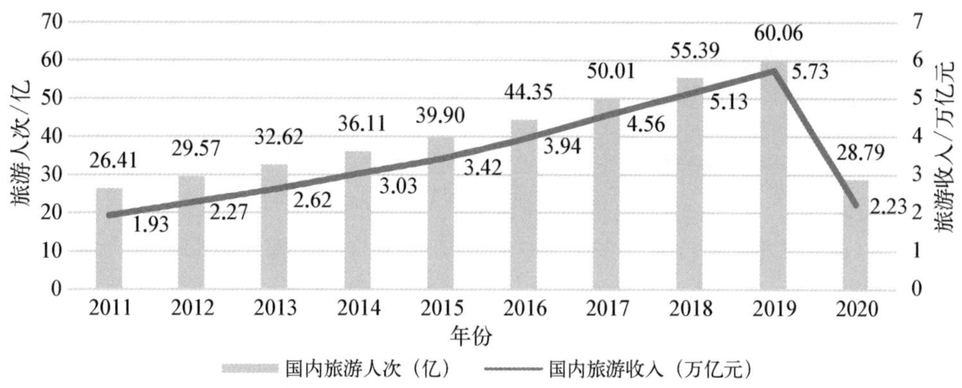

图 1　2011—2020 年国内旅游发展情况

面基本稳固。根据中国旅游研究院发布的《2021 年上半年全国旅游经济运行分析报告》，2021 年第一季度全国出游 10. 24 亿人次，出游总花费 7 375 亿元，分别恢复至疫情前同期的 57. 7%和 42. 7%。全国旅游满意度处于高位，第一季度达到 82. 32，超过去年同期和疫情前的同期水平。

除局部地区受散发疫情扰动外，我国国内循环旅游市场总体保持平稳有序，疫情防控常态化的旅游市场全面恢复。其中，春节与清明假期旅游人数恢复情况均超过疫情前同期水平的 75%，五一小长假更是迎来了一波高潮，国内旅游出游人次达 2. 3 亿，旅游人数按可比口径超过了疫情前同期水平，五一假期成为我国旅游市场疫情防控和全面复苏的战略转折点（见图 2）。

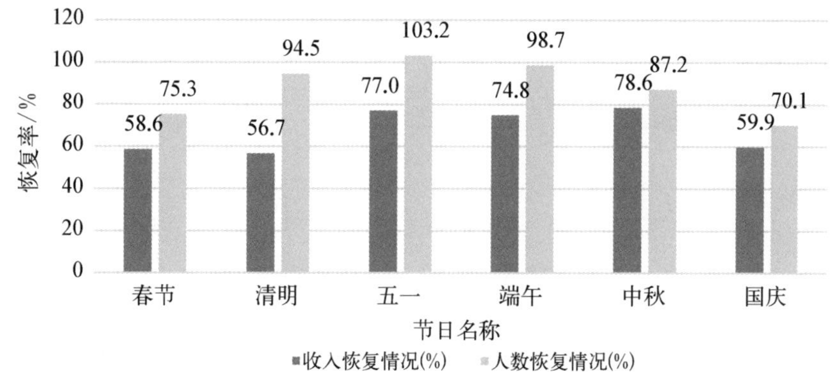

图 2　2021 年节假日国内旅游人数与收入恢复情况（与疫前同期相比）①

① 数据来源：中国旅游研究院。

进入 2021 年下半年，由于疫情反复，全国疫情管控严格，多个城市如厦门、哈尔滨等在假期暂停开放跨省旅游。尽管如此，下半年各节假日我国旅游市场依旧取得了不错的成绩。

经文化和旅游部数据中心测算，2021 年中秋节假期三天，全国累计国内旅游出游 8 815.93 万人次，按可比口径恢复至疫前同期的 87.2%。国庆假期期间，国内疫情突发严峻，多个省份城市进行了旅游管控。假期七天全国国内旅游出游 5.15 亿人次，按可比口径恢复至疫前同期的 70.1%（见图 2）。尽管疫情的管控影响了旅游总出游人次与收入，但总体游客满意度仍然达到了 85.5 的高水平。随着免疫屏障逐步建立，游客谨慎心态继续消除，国内内循环经济新发展格局将会更加稳固，我国旅游行业有望迎来投资加速的转折点。

另外，居民节假日外出旅游的距离和时间也开始增加（见图 3）。2021 年上半年，我国居民国内旅游的出游距离、停留时长和游憩半径与去年相比均有了进一步扩展。春节游客平均出游时长为 1.64 天，过夜率为 29.7%。五一期间游客平均出游时长为 2.1 天，过夜率达 32.6%。清明、五一期间居民出游半径、停留时长、目的地游憩半径与春节相比均扩张明显。

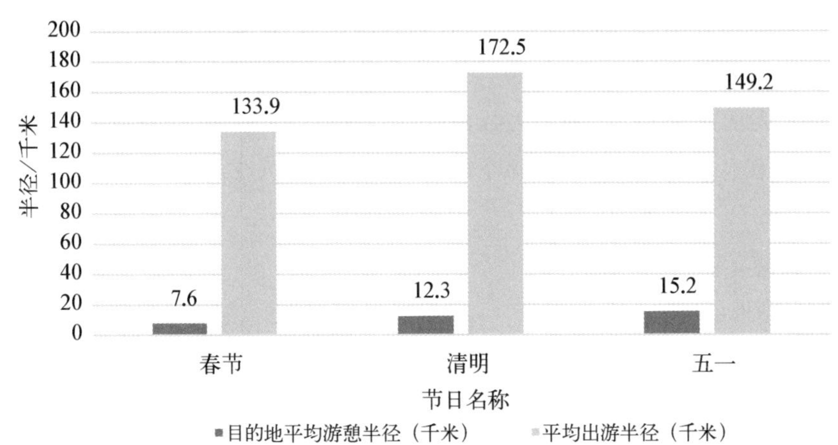

图 3　2021 年春节、清明、五一假期居民出游距离①

总体而言，2021 年，随着疫苗接种范围不断扩大，旅游市场复苏步伐更快，居民出游意愿保持在 85%以上，大众旅游新阶段和小康旅游新时代的特征

① 数据来源：中国旅游研究院。

更加明显，国民旅游权利更加普及，旅游消费升级愈发明显。科技创新进一步带动智慧旅游升级，国内旅游大循环促进旅游消费回流，大数据加持的“预约、限量、错峰”成为旅游出行的常态。根据中国旅游研究院发布的《2020 年旅游经济运行分析与 2021 年发展预测》报告，2021 年是近年来旅游性价比的高点。

（三）2022 年元旦国内旅游市场表现

根据文化和旅游部数据中心统计，2022 年元旦假期全国旅客发送量同比下降 18.2%，整体表现平淡但符合预期。局部地区疫情反复叠加，疫情防控严格，南方中低风险地区旅游热度高，全国旅游市场以短途游、城市周边游为主要出游方向。

携程数据显示，省内游订单占比近六成，省内游订单中，酒店订单量较 2020 年增长超 70%。根据各省市旅游局数据，北京、上海作为热门周边游城市，重点景区游客同比分别增长 72.4%、19.0%；济南作为山东省会城市对同省周边吸引力强大，重点景区游客同比增长 72.3%，根据携程的数据，济南旅游订单中有 68%来自山东省内。各地景区景点在做好疫情防控不放松的同时，开展了一系列主题活动，让游客在丰富的体验中喜迎新年。例如受冬奥会带动，冰雪主题旅游热度高，据同程旅行数据，滑雪场门票/滑雪酒店/冰雪世界门票预订量环比增长 110%/140%/220%。个性化、年轻化旅游产品热度提升：根据携程的数据，“实景剧本杀”搜索热度同比增长 50%，“旅游+演出”相关内容曝光量同比增长 45%；根据同程的数据，“跨年”仪式感带动夜间旅游，1 月 1 日凌晨 0 点到 2 点，同程用车订单为周末同一时段的 10 倍。

三、疫情后国内旅游大循环表现形式

（一）在空间上的表现形式

国内旅游大循环为主体的双循环旅游发展格局，在空间上表现为：一是全国性的大循环，即全国是一个整体、一个系统，在国家的统一部署下，对事关旅游发展全局性的大项目、大活动，实行统一安排、统一布局、统一营销，形成全国范围内协调一致的高效大循环；二是区域性的循环，即把区域作为一个整体、一个系统，如一个省、一个市、一个县，产品多层次布局，营销统一安排，运转统一协调，形成区域内的循环圈；三是线上线下大循环，着力构建全国范围、区域范围的智慧旅游体系，实现线上营销预订与线下接待服务的无缝对接，构建线上线下大循环。

（二）在市场上的表现形式

1. 跨省市旅游复苏

自2021年开始，我国抗疫成果开始体现，民众安全意识以及旅游信心不断提高。随着各省市开放跨省旅游政策，我国国内跨省旅游开始回暖。

文化和旅游部2021年年中开展的专项调查显示，我国六成左右受访者认为新冠疫情形势向好和疫苗接种将会增加2021年旅游和休闲消费的需求。调查的受访者中有83.6%的人计划出游，其中34.9%的受访者计划进行跨省游。

暑假期间，携程集团发布《2021暑期旅游大数据报告》，报告显示2021年暑期全国跟团游和自由行的订单较2020年同期增长了10倍以上，其中跨省游订单量同比暴增413%。2021年8月底，岭南集团广之旅发布的《2021国内秋冬游市场趋势洞察报告》显示，2021年秋冬跨省游市场表现出居民出游距离和深度体验游需求逐渐扩大的趋势。82%的受访者表示在第四季度有出游打算，超20%的受访者已经有冬季跨省旅游计划。2021年中秋假期，受北京环球度假村开园以及一系列旅游政策开放的影响，假期前携程跨省游的订单数量在两周内增长了约3.5倍。

国内防疫屏障的逐步建立，使居民的防疫信心增加，这也使得居民的出游意愿、出游距离以及深度体验游需求持续扩大，国内跨省游市场将在未来进一步复苏，旅游经济预期乐观。

2. 近距离旅游火热

在疫情背景下，近距离旅游，如就近旅游、城市休闲游、乡村游、周边游、微旅游等，即在当地就近旅游的概念火热。

例如，2021年春节，鉴于疫情调控，各地方出台政策鼓励民众就近过年。为了鼓励“就地过年”的实行、满足部分市民的出游需求，疫情低风险地区纷纷推出各类文旅惠民举措（见表1），在线旅游平台也推出“0元票”“免费游”以及大额补贴等营销活动，推动微旅游消费增长。

表1　2021年春节各地“就地过年”活动政策

地区	“就地过年”政策
北京	颐和园、天坛公园、北海公园、北京动物园等10家市属公园均免费向游客预约开放

续 表

地区	“就地过年”政策
上海	推出了 130 多项年味十足的文旅活动，100 条新春城市旅游路线涵盖 600 多个打卡点
合肥	开展“过年留合肥、免费游合肥”活动，12 家国有景区共免收门票 2 037 万元
桂林	向外来务工人员发放 272 万元消费券
苏州	为留守职工提供免费游旅游景区、新春展览、非遗民俗体验等文旅惠民“新春大礼包”

往年春节，流动人口较多的一线城市、新一线城市往往“人去楼空”，但 2021 年春节，曾经浩浩荡荡的返乡大军成为本地旅游的主要力量。根据美团 2021 年春节期间发布的报告，超 50%以上的用户的理想出行距离在 50 千米以内。与此同时，2021 年春节一线城市租车市场的火爆也可以从侧面体现微旅游现象的火热。携程租车数据显示，2021 年春节，本地租车出行的订单显著提升，与 2019 年春节相比增长 82%，其中济南、三亚、上海、南昌等大城市的租车订单增幅均超过 100%。马蜂窝数据显示，2021 年春节期间，往年旅游热门目的地如昆明、丽江、桂林等城市纷纷遇冷，全国旅游热度最高的十大城市依次是广州、北京、三亚、上海、深圳、成都、南京、杭州、重庆和苏州。

疫情下，微旅游填补了广大居民的出游需求。相对传统的异地旅游而言，城市就地旅游、微旅游等本地化深度旅游体验正逐渐成为一股新的旅游趋势。

3. 智慧旅游

智慧旅游是以云计算为基础，以移动终端应用为核心，以感知互动等高效信息服务为特征的旅游信息化发展新模式，本质是以游客为本的高效旅游信息化服务。智慧旅游的建设与发展最终将体现在智慧旅游管理、智慧旅游服务和智慧旅游营销的三个层面。

智慧旅游管理：智慧旅游将实现传统旅游管理方式向现代管理方式转变。通过信息技术，可以及时准确地掌握游客的旅游活动信息和旅游企业的经营信息，实现旅游行业监管从传统的被动处理、事后管理向过程管理和实时管理转变。

智慧旅游服务：智慧旅游从游客出发，通过信息技术提升旅游体验和旅游品质。游客在旅游信息获取、旅游计划决策、旅游产品预订支付、享受旅游和回顾评价旅游的整个过程中都能感受到智慧旅游带来的全新服务体验。

智慧旅游营销：智慧旅游通过旅游舆情监控和数据分析，挖掘旅游热点和游客兴趣点，引导旅游企业策划对应的旅游产品，制订对应的营销主题，从而推动旅游行业的产品创新和营销创新。

疫情后加速了旅游智慧化程度，如运用智能管理系统进行数字化防疫（预约错峰、人流追踪等）。从使用者的角度出发，智慧旅游主要包括导航、导游、导览和导购四个基本功能。零售店、景区、酒店、饭店等都相继拓展了“无人零售店”“智慧厕所”“无接触验票”“酒店智能入住”“机器人点菜送餐”等无人服务实践案例。

（三）典型企业案例——疫情下携程的战略调整与实施成效

疫情的暴发让整个文旅行业不可避免地进入了加速洗牌期。无论是旅游政策的管控，还是新兴旅游概念的不断出现，使整个文旅市场复杂多变。如何在多变的市场环境中迅速调整战略，打开局面，是每一个旅游企业不得不面对的难题。携程在疫情后的战略调整及其实施成效尤为典型。

1. 携程的战略调整

作为中国领先的在线旅行服务公司，携程旅行网成功整合了高科技产业与传统旅行业，向超过 3 700 万会员提供集酒店预订、机票预订、度假预订、商旅管理、特约商户及旅游资讯在内的全方位旅行服务，被誉为互联网和传统旅游无缝结合的典范。

2. 疫情前携程的 G2 战略

2019 年携程提出企业未来发展的 G2 战略，即高品质（great quality）和全球化（globalization）。从高品质角度看，携程将以客户为中心，坚持提供友好、方便、多语言的服务与可靠技术，从而达到全球全覆盖和最佳质量的目标。从全球化角度看，携程将兼具当地行动和全球视野，用全球智慧惠及全球客户，建设全球化的产品、供应链、服务和品牌，同时，培育和吸引全球化的人才。

3. 疫情后携程的战略调整

随着疫情的出现，携程的业务陷入前所未有的危机之中。此后疫情的反复导致国际旅游受到严格管控，这也意味着携程原本的 G2 战略将难以实施。在此背景下，携程集团在 2020 年底的发布会中，提出了未来将实施的全新战略：“深耕国内，心怀全球”。

“深耕国内”，是从内容、产品、供应链和质量四个方向深耕国内旅游市场，并以深耕国内为基础，实现全球战略的布局。在“内容深耕”方向，携程将着手将原本单纯的交易型平台迭代成集“寻找灵感、优惠和休闲”于一体的平台，实现内容的优化深化。“产品深耕”与“供应链深耕”是在“内容深耕”基础上的延展，挖掘如精品民宿、特色玩乐等小而美的新一代旅游产品，并打造供应链交易的闭环。而“质量深耕”是以上三个深耕的基础与技术保障。这四个深耕，共同构成了“深耕国内”战略的基础，而“心怀全球”则体现了携程在深深扎根国内市场的同时，时刻做好全球战略布局的准备。

在调整企业战略后，携程于 2021 年 3 月初发布了“旅游复兴 2.0”计划，并马不停蹄地接连与各个地方旅游局签约，开展旅游服务项目合作。随着疫情防控向好，国内旅游市场稳步复苏，携程在新的战略布局下迎来了疫情后的开门红。

4. 新的战略实施成效

自 2020 年第一季度起，受疫情影响国内国际整个旅游业几乎陷入停摆，携程业绩出现断崖式下跌，仅第一季度便亏损 12 亿元。在更改企业战略后，携程在第三季度便实现扭亏为盈。

2021 年 9 月，携程公布了截至 2021 年第二季度未经审计的财务业绩。财报显示，携程集团第二季度净营业收入约为 59 亿元人民币，同比增长 86%，环比上升 43%（见图 4）。受益于国内旅游市场稳步复苏，携程四大主营业务

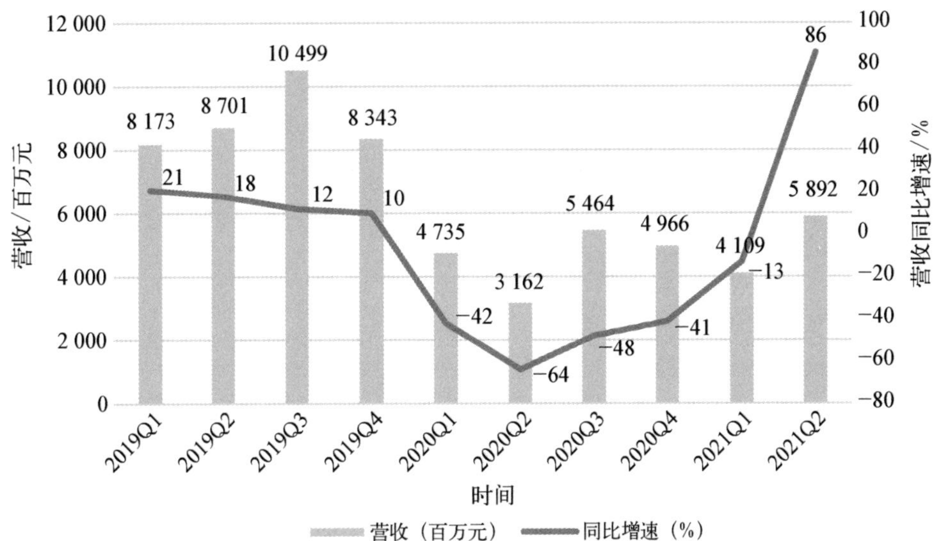

图 4　携程 2019 年至 2021 年第二季度营收与增速

全线飘红：住宿预订营业和交通票务营业收入同比上升超过 80%；商旅管理业务收入同比上升超过 140%；旅游度假业务收入更是同比上升 182%，环比上升 117%。

携程取得的成效，不仅仅与我国防疫工作的成功有关，同时还与携程与时俱进、高瞻远瞩的战略调整密切相关。相比于原本布局全球化的战略，携程调整后的战略更聚焦于国内循环布局。携程立足于活跃的国内市场和巨大的内需潜力，通过平台内容、产品以及产业链的升级，开发打造高质量的旅游服务，实现了疫情后业绩的快速复苏与增长，也证实了国内旅游大循环的可行性与有效性。

四、结论

（一）疫情后文旅行业的发展战略需与时俱进、审时度势

疫情使得国际循环受到阻隔，随着国际旅游游客回流国内，国内旅游市场潜力将不断放大。立足于活跃的国内市场和巨大的内需潜力，打造创新高质量旅游服务，在不放弃构建国际旅游大循环的前提下，集中精力振兴国内旅游，突出国内大循环主体地位，是疫情下我国文旅行业走出困局的有效途径。

（二）疫情下文旅行业的表现验证了国内旅游大循环战略的必要性及其成效

随着抗疫工作不断取得成果，民众旅游意愿逐渐增加，国内旅游市场恢复表现良好。跨省游等传统大循环旅游方式逐渐恢复。与此同时，疫情背景下“微旅游”的小循环概念开始火热，就近深度化旅游逐渐成为新的旅游趋势。

（三）对于旅游企业而言，从战略层次上把握未来发展方向尤为重要

疫情阻断了国际旅游经济循环，但提升了未来国内旅游经济内循环的潜力，这对整个文旅行业是一次快速洗牌，企业需要在战略上跟进国家政策并洞察未来疫情变化发展情况，适时调整，才能从挑战中存活下来。

“疫”中求变：我国文旅行业应对新冠疫情的策略与创新[①]

周洁如[②]　管欣怡[③]　潘一柯[④]

【摘要】

新冠疫情的暴发与持续，使得我国文旅行业遭受到了巨大的冲击，旅游企业不得不“疫”中求变、积极应对。本文基于疫情发生后2年内多家权威旅游类网站媒体报道的152篇文献，通过层层编码、聚合，提炼出如下应对新冠疫情的主要策略与创新措施：旅游内循环、旅游直播、云旅游、旅游供给品创新、智慧旅游、促销、合作与旅游夜经济。

疫情使得我国文旅行业遭受到了巨大的冲击，表现在出入境旅游市场受到强烈冲击后继续停滞，至今没有恢复；国内旅游市场在疫情暴发初期，业绩出现断崖式下滑，到慢慢回温、不断复苏，成效显著。总体而言，2020年疫情给我国文旅行业带来严重影响，国际旅游市场一蹶不振，根据2020年文化和旅游发展统计公报，国内旅游年收入仅约2.23万亿元，同比下降了61.1%。

---

① 原文发表于上海交通大学行业研究院官方微信公众号“安泰研值”2022年2月16日。

② 上海交通大学安泰经济与管理学院副教授、上海交通大学行业研究院文旅行研团队负责人。

③ 上海交通大学安泰经济与管理学院本科生。

④ 上海交通大学安泰经济与管理学院硕士研究生。

进入 2021 年，国内旅游市场逐步复苏，并随着疫情的反复而出现震荡。根据 2021 年文化和旅游发展统计公报，2021 年国内旅游收入约为 2.92 万亿元，比上年同期增加 0.69 万亿元，同比增长 31.02%，恢复到 2019 年的 51.00%。

2022 年春节 7 天假期刚刚过去，根据文化和旅游部数据中心测算，全国国内旅游出游大约为 2.51 亿人次，同比减少 2.0%，实现国内旅游收入 2 891.98 亿元，同比减少 3.9%。

尽管疫情后我国文旅行业复苏艰难，但还是取得了可喜的成绩，成绩的取得，除了离不开有效的疫情防控外，与文旅行业自救，旅游企业“疫”中求变，采取积极的应对策略与创新措施密不可分。

未来疫情难以短期消除，甚至会走向常态化，因此，总结疫情后我国文旅行业中企业的应对策略与创新措施，对旅游企业应对未来面临的挑战有着重要的现实意义与参考价值。

一、研究方法

本文基于所收集的多篇源自权威报刊网站、相关旅游政府机构官网以及旅游专业网站等媒体报道的资料，定性分析并归纳了疫情后文旅行业相关企业的应对策略及其创新措施。

具体而言，本文筛选整理了疫情后 2020 年 1 月至 2022 年 1 月时间段内，中国旅游报、中国经营报、新华社、光明日报、工人日报、南方日报、人民日报等权威报刊网站以及中国旅游新闻网、新浪网、人民网、文化和旅游部政府门户网站、环球旅讯网等权威资讯网站中，拥有“后疫情”“应对策略”“营销创新”“旅游直播”“促销”以及头部 OTA 平台企业名称等关键词的文章报道，经过滤筛除具有广告性质和高度相似的文章后，得到 152 篇文献，形成档案库，再通过层层编码、聚合，提炼出我国文旅行业应对新冠疫情的主要策略。

二、应对策略的聚合与提炼

根据上述研究方法，本文提炼出我国文旅行业应对新冠疫情的 8 个策略，如表 1 所示。

表 1　疫情后文旅行业的应对策略

应对策略	典型的企业、景点（景区）	百分比/%
1. 旅游内循环	携程、马蜂窝、驴妈妈、飞猪、中青旅江苏国际旅行社等	7.2
2. 旅游直播	携程、驴妈妈、迪士尼、康莱德酒店、故宫、黄山、西湖、敦煌、四川理塘等	22.0
3. 云旅游	马蜂窝、故宫、圆明园、敦煌莫高窟、乐山大佛、江西龙虎山、深圳世界之窗、欢乐谷、绿地酒店旅游集团等	19.1
4. 旅游供给品创新	马蜂窝（北极星攻略）、同程（艺龙）& 腾讯游戏、美团 & 希尔顿、威斯汀大酒店、黄山、黄河大峡谷、西湖等	41.5
5. 智慧旅游	故宫、凤凰台饭店、华住集团、华侨城、丽江古城、深圳欢乐谷、黄山、九寨沟、安徽天柱山等	29.0
6. 促销	携程、驴妈妈、去哪儿、美团、阿里飞猪、东航、万豪、希尔顿、金石滩、扬州世园会、佛山等	29.1
7. 合作	美团（长隆）、驴妈妈（湖北、五菱凯捷）、拼多多 & 华住、京东 Plus 会员（携程、万达酒店）等	20.4
8. 旅游夜经济	茉莉书舫、火车餐厅、红杉树深夜大排档、华谊兄弟（长沙）、长沙文和友、西安大唐芙蓉园、南昌滕王阁景区	4.6

三、各应对策略分析

（一）旅游内循环（战略）

新冠疫情的暴发及在世界范围内的蔓延，给经济发展带来前所未有的困难。2020 年 5 月 14 日，中央政治局常委会会议首次提出，要充分发挥我国超大规模市场优势和内需潜力，构建国内国际双循环相互促进的新发展格局。在此背景下，深耕国内旅游市场，用构建国内旅游大循环的成效和经验去影响和带动未来国际旅游的发展，从而建立以国内大循环为主体的双循环旅游发展格局，是疫情下我国文旅行业发展的必然选择与有效途径。

目前我国旅游内循环主要由跨省市旅游的大循环与省市内就近旅游的小循环组成。得益于境外游游客的回流以及抗疫屏障的建立，我国国内跨省市旅游大循环开始逐渐复苏。根据 2021 年暑假携程发布的《2021 暑期旅游大数据报告》，携程 2021 年暑期全国跟团游和自由行的订单较 2020 年同期增长了 10 倍以上，其中跨省游订单量同比暴增 413%。同年 8 月底，岭南集团广之旅发布的《2021 国内秋冬游市场趋势洞察报告》显示，2021 年秋冬跨省游市场体现出居民出游距离和深度体验游需求逐渐扩大的趋势。

由于地区性疫情的波动，大范围的跨省市旅游受到影响。各地在一系列政策的指导下，推出多种省市内旅游活动或项目。省市内旅游、就近旅游以及乡村旅游等小规模旅游持续火热。2021 年春节各地出台“就地过年”的政策，如：合肥开展“过年留合肥、免费游合肥”活动，12 家国有景区共免收门票 2 037 万元；上海推出了 130 多项年味十足的文旅活动，100 条新春城市旅游路线涵盖 600 多个打卡点等。途牛旅游网出游数据显示，2022 年春节假期，近六成游客将出游计划调整为本地游、周边游，即使不出远门，也在“家门口”过出满满的新年仪式感。

上述两种国内旅游循环，是应对疫情的权宜之计，既推动了文旅行业的复苏，又满足了广大居民的出游需求。且相对传统的异地旅游而言，城市就地旅游、“微旅游”等本地化深度旅游体验正逐渐成为一股新的旅游趋势。

（二）旅游直播

疫情冲击使得人们的出行受限，互联网直播成为旅游业的救命稻草，“旅游直播”也迅速火热。

“旅游直播”一般指通过网络直播的方式推销或出售文旅相关产品，以吸引并扩大其消费者群体，包含网红带货、种草打卡、促销捆绑等形式和内容。

旅游直播带货打破了时间和空间的限制，让旅游供应商销售产品的场景作用得到了最大限度的发挥。凭借着旅游直播，观看者不仅可以生动地看到旅游产品的全方位展示，旅游供应商也可提高销售效率，从以前一对一的售卖变成一对 N 的售卖，并可以不限时间，通过多种手段与观看者进行互动以得到实时的反馈。旅游直播带货兼具娱乐节目的趣味性、旅游攻略的功能性和互联网电商的推广性。

按照直播发起的机构不同，旅游直播有如下多种形式：

酒店旅游直播主要集中为网红直播种草以及酒店直播预售等。例如希尔顿酒店别出心裁，推出了疫情期间特别的线上婚礼秀，既为顾客解决了疫情期间线下办婚礼受限的问题，又为酒店吸引了来自各地的人气。还有康莱德饭店，将原本的直播带货年夜饭、特色菜升级为直播教学做美食，吸引了大量观众的目光与评论。

景区直播的形式相对更加丰富，有的通过网红或是春晚带热旅游地，如四川理塘、新疆昭苏的丁真、贺娇龙，福建象鼻湾等。有的景区像故宫博物院，利用直播带货传播文化；也有的景区通过文旅真人秀、逛吃团吸引游客，如飞猪的逛吃团项目等。

在线旅行社（OTA）平台直播利用自身的整合优势，为“直播”一词带来了更多创新。为了获取大量与自身客户画像相似的潜在用户，很多OTA开启了“旅游+社群”模式，如途牛的苔客社群，进行私域流量的直播分享。随着小红书、抖音等进军文旅行业，很多OTA也纷纷做起“兴趣电商”，直播种草“未知旅行”，给予旅行者出行灵感。例如携程在新冠疫情暴发后不久，就宣布启动“旅游复兴V计划”，将携程直播平台作为主力项目，合作商家包括100多条国内航空线路、300多家国内景区、1 000多条国内目的地旅游线路和数万家全国酒店等等，总计投入10亿人民币的复苏基金，并且承诺为这些产品提供“安心退”服务。携程目前为中国最大的垂直类旅游直播平台，类似的旅游直播平台还有飞猪、马蜂窝等。

（三）云旅游

“旅游直播”的出现，一定程度上满足了疫情背景下消费者的旅游需求。而“云旅游”的出现，则更进一步地满足了消费者对沉浸式亲身旅游的渴望。

“云旅游”主要指旅客足不出户，利用AR或VR等技术方式完成对目的地的沉浸式旅游。目前，云旅游主要在博物馆、园区景区、高端酒店等场景中使用。

在博物馆中，“云旅游”主要以“云展览”的形式出现。其中最为常见的是博物馆官方网站上的3D虚拟展厅形式，如中国国家博物馆、南京博物馆等著名博物馆均有网上虚拟展厅形式，可供游客参观浏览当期或往期精彩内容。另外也有以手机应用或小程序观看云展览的形式，如故宫博物院的手机客户端“故宫展览”等，相比官网虚拟展厅更加方便快捷。这一类“云展览”以数字摄影、三维扫描、文物数字化为特色，配合线上讲解与知识课堂进行文化教育传播，使消费者足不出户就能近距离、更细致地观赏文物之美。

在高端酒店中，“云旅游”主要表现为“云生活”和“云探店”。例如，在家不仅参与酒店举办的沉浸式“云派对”“云蹦迪”“云健身”等，体验社交乐趣，也可通过VR实时全景预览酒店，在入住前就预订到自己最满意的酒店房间，从而实现精准营销。

在园区与景区中，“云旅游”大多通过 VR 全息景象打造沉浸式环境体验，使游客身临其境，如 AR 真人科技文旅、VR 观看大型实景演出、云打卡景点等。“云旅游”通过 VR 技术创造虚拟景区，复原遗址，甚至能带给使用者超越现实的体验，比如圆明园的 VR 复原景区。而在“云旅游”概念的基础上推出的元宇宙概念，更是成为过去 2021 年各行各业热议的爆款。随着 2021 年末国内首家元宇宙主题乐园“冒险小王子”在深圳的落地以及百度正式推出的元宇宙产品“希壤”，未来“云旅游”技术会大规模普及。

（四）旅游供给品创新

疫情的到来使得许多传统旅游产品顷刻间崩溃破产，但也促使旅游供给侧在强烈的求生欲下掀起前所未有的创新热潮。

旅游供给品的创新主要指旅游供应商创造某种新的旅游产品，或者是新的旅游主题、新的旅游模式，或对某一老产品的功能进行创新等等。旅游供给品创新体现在吃、住、行、游、娱、购等不同功能方面。

酒店/饭店产品的创新（吃/住），典型的创新实例有希尔顿、君澜酒店等推出的沉浸式酒店（融入自然、风土人情）以及主题酒店（海底小纵队、森林氧吧等），还有同程与腾讯游戏合作开发的电竞酒店，迎合了近年来愈发壮大的电子竞技爱好群体。另外，还有云南昆明花之城豪生国际大酒店、君澜酒店还为商务人士打造了绝佳的“会议型酒店”，作为城市会客厅供商务洽谈、朋友会面等。疫情后的酒店打破了疫情前酒店仅仅只有“住”的功能的情况，开展各类颠覆性创新，开拓新颖的主题或功能，将酒店打造成“景点”，从而吸引消费者的青睐。

旅游交通（行），疫情后旅游交通部门也推陈出新，打破原有规则或功能的束缚。例如新疆铁路推出的“火车游”项目，为消费者提供一边坐火车一边旅游的体验，新疆阿勒泰航空开通的“空中巴士”项目，为消费者提供各景区之间的低空直升机接送服务等。

旅游活动及其内容的创新（游/娱）：为迎合旅客对网红元素和多样性的追求，各大 OTA 平台积极寻求与各个领域厂商的合作，推出新的旅游主题及旅游方式，如驴妈妈平台推出的奥运背景下的海南“体育旅游”、三胎背景下的“亲子游”以及疫情就地旅游背景下的“自驾游”等。这些 OTA 平台所打造的各类主题旅游创新使原有的旅游产品重焕光彩，为消费者带来了前所未有的新体验。

旅游特产（购），驴妈妈风旅阁尝试将特产销售与火热的网红盲盒经济结合，推出盲盒伴手礼活动。携程旗下的“万程旅购”项目尝试“旅游产品+特产商品”在线预订、行后复购的组合形式。这些创新尝试均取得了良好的市场反应。

（五）智慧旅游

智慧旅游是以云计算为基础，以移动终端应用为核心，以感知互动等高效信息服务为特征的旅游信息化发展新模式，本质是以游客为本的高效旅游信息化服务。

疫情后，旅游供应商都在政策指导下积极运用智能管理系统进行数字化防疫，如预约错峰、人流追踪等。通过线上智慧系统，许多旅游供应商还积极探索直销模式，降低营销渠道成本，并积极利用微博、微信公众号、抖音、微商等做私域流量营销，拓展客户群，进行智慧营销。此外，文旅行业也紧跟“无人技术”的潮流，在零售店、景区、酒店、饭店等都相继拓展了智慧服务，如无人服务，现已有无人零售店、智慧厕所、无接触验票、酒店智能入住、机器人点菜送餐等智慧服务实践。

（六）促销

“促销”策略在此文为狭义，指通过降价、优惠券、套餐、补贴等手段来刺激消费者购买旅游产品。该策略在旅游市场屡见不鲜，但疫情下，面临着旅游业市场需求的骤然减少，旅游供给方增加了促销力度、广度和频率。促销按照实施主体类别可分为旅游供应商促销、平台促销和当地政府补贴等。

旅游供应商促销：航司、酒店、著名景区等一些旅游供应商直接对他们的产品进行降价，如旅游淡季或双十一开展线上直播低价秒杀，抽奖活动等。另外，他们还会不时地设计并推出一系列优惠套餐活动，典型的案例如航司推出的随心飞、无限飞、任意飞的机票套餐，被媒体誉为“因疫情沉寂多时的机票市场的现象级产品”，也被专家定义为“航空公司在国内疫情控制有力的情况下发起的自救与求变之举”。例如东方航空在 2020 年 6 月推出的“随心飞”套票，3 322 元/人，消费者可在规定时段（当年余下的周末）任意乘坐所属航司的国内航班，飞往国内各大城市。“随心飞”等套餐的“底层逻辑”就是利用大量的空余座位，激发新的出行需求。

平台促销：OTA 平台往往利用他们的流量优势以及整合资源优势进一步扩

大促销力度。飞猪背靠阿里，以“百万补贴”“百万红包”的形式获取流量，同时推出会员卡、省钱卡、联名卡等来获取用户忠诚度；美团延续一贯的团购策略，获取供应商的降价，以加大优惠力度。也有 OTA 平台选择与供应商进行品牌合作，推出“品牌 IP+平台双重福利”等。

当地政府补贴：疫情期间，各地方政府也以各种形式进行旅游补贴。例如向居民免费发放旅游优惠券，或对当地旅游景区进行补贴或减免税赋，以间接降低游客的旅游成本，促进旅游经济恢复。2021 年春节期间桂林市向外来务工人员发放了 272 万元消费券，北京颐和园、天坛公园等 10 家市属公园均免费向游客预约开放等。

（七）合作

竞争是市场永恒的话题，但疫情下，各行各业为渡过难关，更注重合作，抱团取暖、优势互补、强强联合。文旅行业的合作不仅仅体现为同业合作、产业链上的合作，还体现在跨界合作上。

OTA 平台对产业链起到了很大的聚合作用，这样的平台利用大数据与资源整合，将旅游供应链的上中下游整合在一起，进而更高效地为游客服务。马蜂窝的“北极星攻略”以及携程的“星球号”就是如此。

此外，疫情下跨界合作也比比皆是，各界力量都在寻求不同方式为旅游景点、景区赋能。例如北京昆泰酒店与著名网红品牌泡泡玛特进行合作，将泡泡玛特开进酒店，通过合作释放品牌 IP 价值，赋能商业空间。再如，高德与各大景区合作推出地图导航以及著名景点推荐功能。

（八）旅游夜经济

2019 年，“夜经济”一词入选“年度中国媒体十大新词语”，主要是指从当日 18 时至次日凌晨 2 时所发生的服务业类经济活动。

疫情后文旅行业倡导“就地旅游”，全国各地推出多种多样的夜经济活动，使各个城市的夜晚都灯火通明、热闹非凡。夜经济活动按照活动内容可分为“夜游”与“夜娱”、“夜读”和“夜食”。

“夜游”一般指通过老街、夜市、古镇、文化广场等主题形式，形成夜经济圈，并营造独特氛围供游客在其中漫游，其中时常包含很多流动餐饮摊贩和零售摊贩。许多夜经济文化圈还会利用夜色氛围，打造独特的吸引游客的大型项目，以供夜间打卡娱乐，即“夜娱”。例如芜湖方特梦幻王国夜场的实景光影剧与梦幻舞台、南昌滕王阁的旅游演艺与文化演出等等。

针对本地居民对精神生活的追求，很多文旅企业还与当地图书馆、书店以及文创小店达成合作，如茉莉书舫，新华书店等，打造 24 小时暖色灯光图书馆、夏日夜间集市以及夜间读书会、文化讲座等，提供给居民精神食粮与夜间进行文化交流的空间。

任何一种旅游活动都少不了吃食，而夜间的晚风、清凉与浪漫正是白天旅游所不能感受到的。于是很多著名小吃店，如火车餐厅、红杉树深夜大排档等纷纷推出“夏日凉爽夜宵”、拥有当地特色美食的“深夜食堂”及夜间美食文化节（长沙文和友）等，通过抓住游客的胃留住游客的心。

四、总结

上述我国文旅行业应对疫情的各个策略，开启了文旅行业“疫”中求变的新思路。后疫情时代的新常态，不仅有效降低了疫情带给文旅行业的损失，对文旅行业的快速复苏起到了巨大的推动作用，还在不同程度、不同层面、不同视角下进行了创新。这些创新有的是因疫情防控不得已而为之，并成了以后的常态，如旅游景区利用智能管理系统进行的数字化防疫，网上预约与预订等。有的策略因疫情而加大力度、增加频率，如旅游企业的各种促销优惠策略。还有的策略是因疫情而进行的从 0 到 1 的创新，虽然还存在不少问题，但未来可不断持续改进，迭代更新，如各航空公司的“随心飞”“任意飞”等。无论是何种应对策略，都为文旅行业未来应对疫情的变化积累了经验，为未来的创新开创了新的思路。

智能制造与能源板块

国轩储能爆炸：在反思中不断成长[①]

Chenglin Pua[②]　尹海涛[③]

【摘要】

新能源发电的间歇性和其发展的时代紧迫性之间的矛盾，促成了储能市场大暴发。国轩储能的爆炸事件，再次提醒我们在储能发展过程中关注和强调储能安全的必要性和紧迫性，其中最重要的是尽快出台储能电池的安全标准和使用规范。

北京市国轩福威斯光储充技术有限公司储能电站于 2021 年 4 月 16 日发生了起火事件。接到警情后，北京市消防总队派出了 47 辆消防车 235 名指战员到场处理。但该储能电站在处理过程中无预警地发生爆炸，造成 2 名消防员牺牲。消防员用 10 个小时才将火势控制了下来。[④]

该储能电站是整个区域内家居市场供电系统的一部分。一方面，附近家居市场的屋顶上安装有光伏太阳能板，用来收集电能；另一方面，储能电站用来存储电能，以保证相对稳定的电力供应，也可提供新能源汽车充电的服务。事发前，该电站正在进行施工调试。

该储能电站的前期项目建设包括了屋顶光伏 1.4 MW，储能 12.7 MW · h，

---

① 原文发表于上海交通大学行业研究院官方微信公众号“安泰研值”2021 年 4 月 20 日。

② 上海交通大学机械与动力工程学院本科生。

③ 上海交通大学安泰经济与管理学院副院长、上海交通大学安泰经济与管理学院教授、上海交通大学行业研究院新能源发电与储能行研团队负责人。

④ 北京市应急管理局.《丰台区“4 · 16”较大火灾事故调查报告》［EB/OL］.（2021 - 11 - 22）［2022 - 01 - 01］. http：//yiglj.beijing.gov.cn/art/2021/11/22/art_ 7466_ 470.html.

24 个充电车位以及 12 套直流式双枪充电桩。计划中的扩建项目包括屋顶光伏 1.73 MW，室外 8 MW · h 储能，室内 20 MW · h 储能电池，35 套充电桩和相关直流控制及配电设备。

该事件不仅造成了直接的经济损失和人员伤亡，也成为储能高速发展之路上的一个阻力。随着更多国家加入《巴黎协议》，实现碳中和已经成为一个大趋势。而实现碳中和的关键是转换能源结构，提升非化石能源的发电比例，如风能与太阳能，电力消费结构的改变使得储能的必要性越来越强。

根据彭博社新能源经济部门（BloombergNEF，BNEF）的估计，2021 年储能装机可达到 19.9 GW · h，同比增长 83%。这充分显示了储能行业将迎来高速发展期，但储能行业在近期频频传出不利的消息。自 2017 年到 2020 年，韩国已发生 29 起储能系统火灾。2019 年 4 月 19 日，美国亚利桑那州 APS 公司下属 McMicken 变电站储能系统起火和爆炸，造成了多名消防人员的伤亡。这些事件都引发人们思考，是什么导致了储能电站发生火灾，以及是否应该提高储能的安全标准？

锂电池类型基本上可分为钛酸锂电池、三元锂电池和磷酸铁锂电池三大类。该储能电站主要是利用磷酸铁锂电池来储能，人们猜测是热失控导致了该意外发生。热失控是指在内部热量产生的速度远高于散热的情况下，电池内部积攒大量热量，引发起火和爆炸等连锁反应。行业认为磷酸铁锂电池的安全性相对三元锂电池而言更高。但磷酸铁锂电池发生热失控的可能性大吗？

来自英国谢菲尔德大学的 Peter J. Bugryniec 于 2019 年在期刊 *Journal of Power Sources* 上发表了一篇名为“Pursuing safer batteries：thermal abuse of LiFePO4 cells”的论文。该论文明确指出随着荷电状态（State of Charge，SoC）的增加，磷酸铁锂电池热失控的剧烈程度显著增加，电池的稳定性明显降低。SoC 是一个指标，表示了电池的剩余容量与其完全充电状态的容量的比值。SoC = 0 时表示电池放电完全，当 SoC = 1 时则表示电池完全充满。

中国现有的储能标准尚处于空白期，没有规定储能电站的 SoC 上限，而规定储能电站的 SoC 上限能够降低电池发生热失控的概率。韩国和美国就有明确规定室内以及室外的储能电池的 SoC 上限。

对于储能的标准，美国与韩国走在世界的前列。韩国因为发生了多起储能电站起火的事件，于 2020 年 2 月 7 日针对储能系统的额外安全措施提出了规范，要求将新建的室内储能设施的 SoC 限制在 80%、室外限制在 90%，并且要求将现有的储能设施的 SoC 也降低至相同水平。美国则是每 3~4 年开一次会议讨论及更新标准规范以适应高速发展的储能技术等。

美国消防协会（National Fire Protection Association，NFPA）推出了很多在锂电池和储能系统方面的安全法规，如最新标准是 NFPA 855《固定储能系统安装标准》，它是针对标准储能系统安装方面的法律法规。该标准罗列了在不同的适用领域，开发商、建筑商和储能系统到底应该怎么样来更好地满足美国当局对于锂电池和储能系统的要求。

显然美国在储能安全标准制定方面走在了前列。根据密歇根大学的统计数据，2020 年，美国的储能装机容量超过 23.2 GW，而总装机容量为 1 100 GW。全球储能装机容量总计为 173.6 GW。2020 年，全球共有 1 355 个储能项目投入运营，40%正在运营的项目位于美国。严格的标准导致了美国储能电站起火率低。

此次事件敲响了中国储能行业的警钟。到 2020 年底，中国已投运的电力储能项目累计装机容量达到 33.4 GW，2020 年新增投运容量 2.7 GW。图 1 是 2016—2020 年中国储能电站装机规模情况。根据中关村储能产业技术联盟（China Energy Storage Alliance，CNESA）于 2020 年 6 月 3 日发布的《储能产业研究白皮书 2020》，中国的储能行业正稳步成长。但成长的背后，我们需要居安思危，规范标准是重中之重。

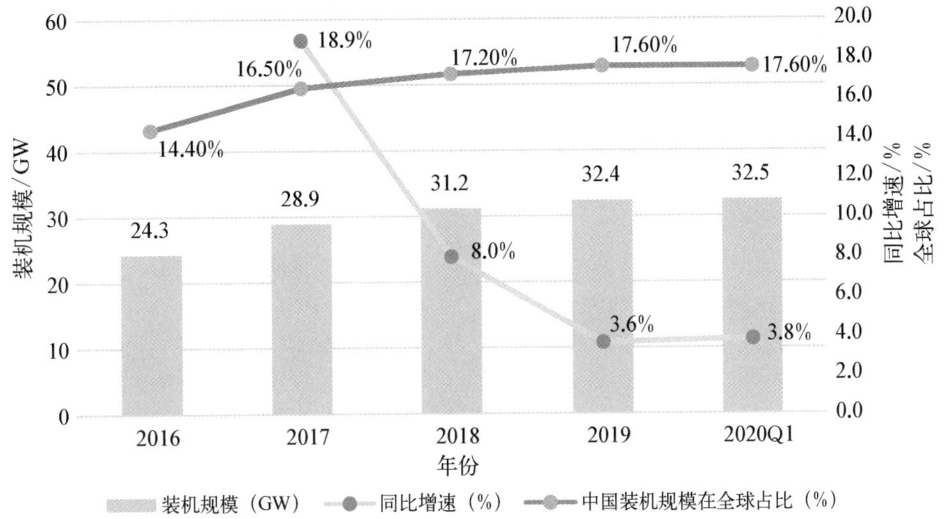

图 1　2016—2020 年中国储能电站装机规模情况

（数据来源：《储能产业研究白皮书 2020》）

制定标准规范有利于行业整体的科技发展，并且严格的标准会促使行业研究更加可靠、安全的产品，产品的科技质量会逐步上升。完善的国内标准可以成为制定相关行业国际标准时的筹码，从而争取更大的话语权使得标准更利于己方。分析美国的氢能产业就能看出美国的雄心在于制定国际标准时希望有更大的话语权。而纵观许多行业，西方都是凭借本国已有成熟的标准，而在制定国际标准时有着更大的话语权。

2020 年 1 月 9 日，国家能源局综合司和国家市场监督管理总局共同印发了《关于加强储能标准化工作的实施方案》，旨在形成政府引导、多方参与的储能标准化工作机制，发挥标准的规范和引领作用。此次国轩储能的爆炸事件敲响了警钟，设立更严格以及发挥效果的规范和标准已经成为刻不容缓的工作。参考美韩的经验，监管单位需要设立储能电站 SoC 上限以降低起火的概率。此外，定时更新标准及规范以符合储能技术的进步也是一个值得我们关注的点。

储能行业是个快速发展的行业，在技术的迭代改进之下，火灾应对措施也需要迭代改进以应付危机。此次事件中，消防员耗时 10 小时才将火势控制。灭火手段的选用决定了我们需要多长时间来控制火势。德国、美国和英国在灭火手段方面的研究也走在最前面。研究发现，锂电池火灾本质上是由热失控引起的，灭火手段中降温是一个重点。通过实验发现，用水可以扑灭锂电池火灾，但耗水量大。如果添加 F－500 和 Firesorb 添加剂，那么灭火效果将大为改观。英国的研究则显示，类型为 Halon 和 FE－36 的灭火剂灭火效果显著。虽然现在还没有一种灭火剂可以在短时间内有效扑灭火势，但我们应该采取一个暂时的折中方案，让火势可以更快得到控制以减少经济损失以及消防员暴露在风险之下的时间。

盼望我们能吸取这次储能爆炸的教训，切实提高储能的安全性，使储能在迈向碳中和的路程上发挥其应有的作用。

区块链赋能的供应链数据共享[①]

蒋 炜[②]

【摘要】

上下游企业之间数据共享是供应链成功的重要因素之一，然而在现实的供应链场景中，企业间的数据共享行为并没有广泛流行。究其原因，数据泄露、分配不公、数据价值不明确阻碍了供应链中的数据共享行为。考虑到国内外供应链数据共享研究空缺与实践需求，本文设计了基于使用的数据价值评估方法，研究了公平价值分配机制，最后构建了基于区块链的数据交易中心，从而构建稳定持久、协同高效、相互信任的供应链数据分享系统。

如今物联网、人工智能、云计算等 IT 技术的兴起，为进一步促进供应链数据分享提供了有利条件。如果将数据以合适的方式分享给其他供应链成员，能够有效降低库存冗余等运营成本，进而使供应链成员都获益。例如，出现产品需求信息在从终端零售商向上游原材料供应商传递的过程中逐级放大的现象（牛鞭效应），以及供应链上、下游企业为了优化自身收益，在各自决策过程中制订的产品价格高于其生产边际成本的现象（双重边际化）。然而在现实的供应链实践中，企业间的数据共享行为并没有广泛流行。尽管有相当多的研究与企业报告显示，在供应链上实行数据共享能够带来经济效益，但实践中企业

---

① 原文发表于“安泰洞见”2021 年 11 月 24 日。

② 上海交通大学安泰经济与管理学院教授、上海交通大学行业研究院智能网联汽车行研团队负责人。

间的数据共享行为并没有广泛流行。据 PRG 组织在 2013 年的调查，111 家被调查企业中，有 84%的企业曾经声明会和供应商建立正式的数据共享合作，然而最终仅有六分之一的企业落地了数据分享项目；类似地，著名独立产业分析机构 Forrester Research 曾报道了仅有 27%的零售商向上游分享了销售点终端（POS）数据。究竟是什么导致了供应链数据共享理论与实践的差异？我们总结了三个阻碍供应链数据共享的主要挑战。

首先，供应链成员担心在进行数据共享的过程中数据被泄露。这类担忧主要来自数据被竞争对手获知，从而增加了竞争对手的优势。根据调查报告，64%的供应链经理认为数据泄露是供应链管理中的头号威胁。例如，在英国的服装行业，为了防止数据被竞争对手获取，绝大部分的零售商拒绝将销售数据分享给供应商；Walmart 同样为了防止数据泄露，终止了原有的数据分享项目。现有研究甚至发现，在均衡条件下，供应商必然会将零售商的私有数据泄露给其他零售商以从中获益。而在如今数据即资产的时代，企业对数据的保护意识更是愈发强烈。考虑到共享过程中数据泄露的危害，学者试图通过设计复杂的合约来防止供应链数据泄露的发生，然而这类方法在现实中适用的场景有限，合约设计非常复杂，难以达到令人满意的效果。

其次，数据分享方和需求方难以对数据的价值或者质量产生共识，数据共享方可能会为了自身的利益分享低质量甚至虚假的数据。尤其是在缺乏约束的情况下，下游的零售商有很大的动机去夸大自己的需求预测信息，迫使上游的供应商增加产能；与之相应地，由于意识到下游分享的需求预测很可能经过夸大，上游供应商会选择不相信下游零售商分享的预测信息，从而引发了共享数据可信度不高的局面。例如在个人电脑产业，半导体制造商平均会多报 30%的需求预测给供应商，从而确保自身不会承担缺货的风险。为了解决这样的问题，需要从数据估值机制入手，确定被分享数据的价值。然而，目前的数据通常以一个不准确且固定的价格被售卖，而那些考虑了数据旁支付（side payment）的研究，往往假设数据价格是外生给定，并没有分析数据产生价值的过程。

最后，现有的供应链数据共享研究与实践没有系统性地设计对数据分享者的补偿方式。学者在对数据分享进行建模时，大多隐含了数据分享方无偿分享的假设。在过往理论研究中可以发现，数据分享方在共享自己的私有数据时可能因为会伤害自身的收益而拒绝共享数据。在供应链实践中，数据价值分配不公的现象比比皆是，如 Pepsico，Johnson & Johnson 和 P&G 不会向数据的分享方准确透露自己通过数据共享获得了多少经济利益；在全球财富 500 强中的美国制药企业大部分不会对数据共享方提供合理的经济补偿，从而导致合作不畅。除此之外，供应链数据分享或交易过程通常都是“一锤子买卖”：数据的需求者与分享者仅会针对数据进行一次交易。倘若没有涉及事前预测与事后清算的数据价值分配机制，数据的卖家几乎不用对出售的数据负责，这样的补偿方案对数据的获取者与分享者都不公平，进而导致数据共享双方的不信任。这些理论结果与现实现象表明，若缺少合理的价值分配机制，分享方“损己利人”的结果将加剧供应链信息孤岛现象。

这些因素都严重阻碍供应链数据共享活动，因此需要一种安全、高效、公平且可信的数据共享机制。考虑到供应链数据共享研究空缺与实践需求，我们提出并设计了基于区块链的供应链数据交易中心。该交易中心使用贝叶斯后验分析估计数据在具体的使用场景中可能产生的期望价值，并在此基础之上，建立场景目标实现后的公平数据价值分配机制，兼顾事前和事后的利益分配形式；以区块链技术与加密算法为基础，设计基于区块链的供应链数据交易中心架构与功能模块，从而在实现分享方数据与需求方模型隐私保护的同时，使供应链数据交易在事后可追踪、可追责；充分利用区块链中共识、非中心以及低交易成本等特点优化交易流程与模式，进一步辅助供应链数据交易中心克服上述三点挑战。

电动汽车和氢燃料电池汽车：谁更能代表未来？[①]

尹海涛[②]　殷俊舜[③]　宋沁轩[④]　潘政麟[⑤]

【摘要】

最近两年，电动汽车的发展驶入快车道；与此同时，氢燃料电池汽车作为新一代低碳交通方式，也锋芒初显。本文细致比较了两者在“安全”和“环保”方面的表现。我们发现，氢燃料电池汽车和电动汽车，无论在安全性能还是环保性能方面，都没有确定的胜出者。所以我们当前还是应当保持着一个接纳百花齐放的心态，让市场选择最能够代表未来的技术路线。

2020 年以来，电动汽车风光无限。特斯拉、比亚迪、蔚来，这些电动汽车领域的龙头企业，都受到了资本市场的青睐。

与此同时，氢燃料电池汽车凭借节能环保、排放零污染的特点，成为汽车低碳化的又一重要战略发展方向，在世界各国引起广泛关注。2019 年，日本发布了《氢能与燃料电池战略规划路线图》；2020 年 11 月，美国制定了《氢能计划发展规划》；2021 年 3 月，在《中华人民共和国国民经济和社

---

① 原文发表于“能源评论 · 首席能源观”2021 年 10 月 13 日。

② 上海交通大学安泰经济与管理学院副院长、上海交通大学安泰经济与管理学院教授、上海交通大学行业研究院新能源发电与储能行研团队负责人。

③ 上海交通大学行业研究院新能源发电与储能行研团队成员。

④ 上海交通大学行业研究院新能源发电与储能行研团队成员。

⑤ 上海交通大学行业研究院新能源发电与储能行研团队成员。

会发展第十四个五年规划和2035年远景目标纲要》中，氢能与储能被列为国家六大未来产业之一。这些规划都将氢燃料电池列为未来能源产业发展的重要方向。

理论上，氢燃料电池汽车能够成为“仅仅排放纯净水”的交通工具，虽然可以做到足够洁净，但其易燃的特性又在安全性能方面埋下了隐患。

如果将氢燃料电池汽车和电动汽车放到“安全”和“环保”的擂台上PK，谁更能代表未来？

一、安全性能，谁更强？

无论是电动汽车还是氢燃料电池汽车，用于提供动力的电池的安全性与可靠性是新能源汽车行业最为重视的课题。

先来看电动汽车。电动汽车的安全性主要取决于动力电池的安全性。三元锂电池是目前电动汽车的第一选择，与磷酸铁锂电池相比，其安全性能较低。近期蔚来汽车在事故后的燃烧，以及此前关于电动汽车自燃事件的报道，都引起人们对电动汽车安全性方面的担心。

因此，针对动力电池安全性的研究正在积极展开。目前，锂电池的安全性理论上再获突破，动力电池通过“针刺”实验。

广汽集团最新研发的弹匣电池系统，在安全性技术方面首次实现了三元锂电池整包针刺不起火，比亚迪在2020年研发的刀片电池也通过了锂电池针刺测试。在2020全球智慧出行大会上，中国工程院院士孙逢春也证实，2019年中国电动汽车起火的概率只有万分之0.49，到2020年这一概率下降到万分之0.26，是同期燃油汽车自燃率的四分之一。

此外，针对电动汽车的安全标准也日趋完善，在工业和信息化部（简称工信部）2021年3月16日发布的《2021年工业和信息化标准工作要点》中，电动汽车的安全标准制定是其重中之重，标准数量达到燃料电池汽车的三倍以上，且对各类车辆的应用都已经有了较为详细的规定。

再来看氢燃料电池汽车。由于氢气的燃烧和爆炸极限范畴很宽，因此氢气在人们心中留下了易燃易爆的印象，那么氢燃料电池汽车是否能够安全地运用氢气呢？

答案是肯定的。

首先，燃料电池汽车中仅有两个地方涉及氢气——电池堆和储氢瓶。其中，电池堆本身并不储存氢气，因此，一旦检测到氢气泄漏，可以迅速切断电源，保证车身安全。而储氢瓶方面，根据中国物理工程研究院的调研，目前中国主要采用的储氢技术是来自加拿大（GFI）公司与意大利（OMB）公司的35 MPa Ⅲ型储氢瓶。在国际上更为先进的Ⅳ型尚未进入中国市场。35 MPa Ⅲ型储氢瓶在我国已经属于十分成熟的技术，完全具备车载条件。而且，一旦储氢瓶检测到氢气泄漏，应急电磁阀门便会迅速打开，将氢气及时排出。这些被排出的氢气并不具备爆炸的条件，即使由于温度、着火点等发生燃烧事件，它们也将因为欠缺密闭空间等条件，仅能保持燃烧状态。此外，由于氢气密度低，氢气被排出后将迅速远离储氢瓶及车辆，大大减少爆燃的机会。

在现实场景中，储氢瓶的氢气泄漏也是小概率事件，《车用压缩氢气铝内胆碳纤维全缠绕气瓶》（GB/T 35544—2017）甚至可以保证储氢瓶泄漏的概率比油箱泄漏的概率还要低得多。储氢瓶与燃料电池汽车坚硬的外壳也为其承受撞击而不爆燃提供了另一层保护，即使时速80千米的追尾事故也不会使储氢瓶发生形变。现代汽车名下的氢燃料电池汽车在美国公路安全保险协会（IIHS）测试中获得最高安全评价的检测结果，已经超越了绝大部分燃油车和电动汽车的防撞性能。甚至在一些现实场景中，比如枪击，氢燃料电池汽车最多发生泄漏，但绝不可能爆燃。从这一点来说，氢燃料汽车的安全性能已经赶超电动汽车。

在燃料电池汽车相关的安全标准上，我国目前还远不能说完备，尤其是针对各类氢燃料电池汽车整车测试维保的方法，不管是商用、乘用，还是特殊领域均接近空白，这为氢燃料电池汽车的进一步推广增添了许多阻力。但在《2021年工业和信息化标准工作要点》中，工信部提出将大力开展电动汽车和充换电系统、燃料电池汽车等标准的研究与制定。

因此，就安全性能而言，动力电池的研究和发展在近几年突飞猛进，但氢燃料电池汽车的技术发展也不落下风，在安全性能上正在迅速追赶电动汽车。

二、环保性能，谁更优？

发展新能源汽车最大的动力来自低碳和清洁交通的内在需要。因此，谁能在这个维度上胜出，是决定谁能主宰未来的重要因素。而当前的能源结构则是决定未来赢家的关键。

早在 2010 年，清华大学的一个研究团队曾指出在当前中国的能源结构下，电动汽车造成的碳排放，与燃油汽车相比差别不大；但是在二氧化硫和碳化物方面的排放，要数倍于燃油汽车。燃油汽车目前每百千米的碳排放量为 19.90 千克。而根据 2020 年中国发电能源结构和电动汽车的主流性能计算：纯电动乘用车每百千米的碳排放量为 13.20 千克（计算过程中涉及的各种参数见表 1）。

表 1　一辆电动汽车的碳排放计算

<table>
<tr><th>平均百千米耗电量/千瓦·时</th><th>能源转换效率/%</th><th>远距离输电效率/%</th><th colspan="2">不同发电方式的碳排放（克/千瓦·时）</th><th colspan="2">我国发电量占比（2020 年 12 月）/%</th></tr>
<tr><td rowspan="5">16</td><td rowspan="5">90</td><td rowspan="5">90</td><td>火电</td><td>841</td><td>火电</td><td>77.60</td></tr>
<tr><td>水电</td><td>85</td><td>水电</td><td>10.50</td></tr>
<tr><td>核电</td><td>128</td><td>核电</td><td>4.85</td></tr>
<tr><td>风电</td><td>10</td><td>风电</td><td>5.62</td></tr>
<tr><td>光电</td><td>17</td><td>光电</td><td>1.43</td></tr>
<tr><td colspan="4">一辆电动汽车的碳排放</td><td colspan="3">13.20 千克/百千米</td></tr>
</table>

可以看到，纯电动车的碳排放主要取决于发电结构。随着我国当前能源结构的不断改善，尤其是清洁能源的发电比例逐年提高，电动汽车在未来会占据很大的环保优势。

而关于氢燃料电池汽车，一些研究也表明，车辆储存氢气、驾驶运行对能耗和碳排放的影响极小。但是在制氢过程中，其碳排放量远远大于其他用氢环节的碳排放。因此，在测算氢燃料电池汽车的碳排放量时要把制氢过程中的碳排放量算入其中。

制氢过程中的碳排放很大程度取决于氢气的生产结构。根据公开数据，综合考虑当前氢电转化效率，氢燃料电池乘用车百千米氢耗 1 千克。如果按照全球氢气生产结构计算，氢燃料电池乘用车每百千米碳排放为 12.31 千克；如果按照中国氢气生产结构计算，氢燃料电池乘用车每百千米碳排放为 16.96 千克（见图 1，计算过程中涉及的各种参数见表 2）。

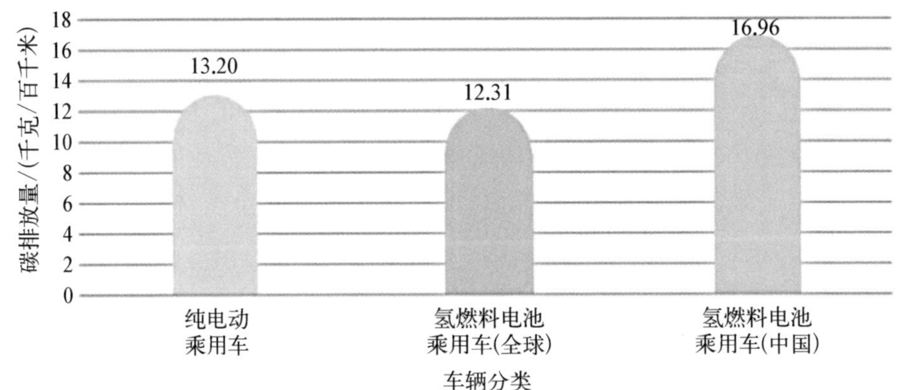

图 1　纯电动乘用车和氢燃料电池乘用车每百千米碳排放

表 2　全球的氢气生产机构

<table>
<tr><th colspan="2">制氢原料及方式</th><th>全球各类制氢原料与方式比例</th><th>中国各类制氢原料与方式比例</th><th>碳排放/（千克二氧化碳/千克氢气）</th></tr>
<tr><td rowspan="3">化石能源制氢</td><td>煤制氢</td><td>18%</td><td>62%</td><td>20</td></tr>
<tr><td>天然气重整制氢</td><td>48%</td><td>19%</td><td>10</td></tr>
<tr><td>石油制氢</td><td>30%</td><td rowspan="2">18%</td><td rowspan="2">13</td></tr>
<tr><td>工业副产制氢</td><td>焦炉煤气、氯碱尾气等</td><td></td></tr>
<tr><td>电解水制氢</td><td></td><td>4%</td><td>1%</td><td>32</td></tr>
<tr><td>其他方式制氢</td><td>生物质、光催化等</td><td></td><td>微量</td><td></td></tr>
</table>

注：以上数据均由作者根据当下的中国电力结构来进行计算。

从全球角度来看，氢燃料电池乘用车的碳排放低于纯电动乘用车，但按照我国能源结构和制氢方式来测算，氢燃料电池乘用车的碳排放高于纯电动乘用车，这是因为我国当前生产的氢气还是以灰氢和蓝氢为主，因此，氢燃料电池汽车相比电动车在环保方面处于下风。

可以看到，在使用端，无论电动汽车还是氢燃料电池汽车，能否逼近人类“真正零排放”的目标，都取决于未来的电力结构。

在未来理想状态下，如果电动汽车所使用的电力是由风能、核能和光伏发电所产生，那么在使用过程中，能够实现零碳排放；如果氢燃料电池汽车使用的氢气是利用风能、核能和光伏发电产生的电力，通过电解水制备而来，那氢燃料电池汽车也能实现“真正零排放”。因此，未来在环保方面的比拼，更重要的环节可能是动力电池的处置以及氢储存中的能耗等。

通过上面的分析，氢燃料电池汽车和电动汽车，无论在安全性能还是环保性能方面，都没有确定的胜出者。所以我们当前还是应当保持着一个开放接纳的心态，让市场选择最能够代表未来的技术路线。

造车新势力带来的两大发展趋势[①]

潘宇超[②]

【摘要】

造车新势力已经呈现了产销一体化与平台化两类发展趋势。产销一体化带来的直营模式虽然会带来更高的固定成本，但有利于企业对于用户数据积累与品牌形象的统一。社群平台与物联网平台为企业提供直接触达用户以及提升用户黏性的有力工具。未来汽车行业竞争将会成为从品牌力、产品力到售后服务、社群运营、网联生态的全方位竞争。

与刚刚落幕的第十九届上海国际汽车工业展览会的主题“拥抱变化”一致，汽车行业正迎来变化，需“拥抱变化”。整车产销原本是造车新势力进入汽车行业的统一路径，而华为在此次车展上提供了另一种思路：配件服务。

如今的造车新势力已经呈现了两类发展趋势：产销一体化与平台化。基于切入行业角度的不同，造车新势力呈现的平台化趋势存在着明显差异。对于整车产销的主机厂而言，平台化的趋势体现在社群运营、车主服务上；对于华为这样的配件厂来说，所涉及的平台不再局限于车辆运行控制的平台，而是以车辆为中心所构建的物联网平台。

---

① 原文发表于上海交通大学行业研究院官方微信公众号“安泰研值”2021 年 5 月 12 日。

② 上海交通大学行业研究院研究专员。

一、产销一体化

特斯拉掀起了去4S店化、销售网点直营的汽车零售革命，这一举动在美国本土引发了激烈争论。基于《特许经营权法》，美国经销商协会组织认为特斯拉的直营模式阻碍了公平竞争；2014年，密歇根州甚至通过了《反特斯拉直销法案》。然而，国内并没有对汽车直营模式的相关限制，国内最大的三家造车新势力，蔚来、小鹏与理想汽车，都采用了直营模式。

直营模式的劣势：相对于传统的4S店分销模式而言，直营模式会占用汽车生产厂家的大量资金与人力进行店铺的租赁搭建并产生相应的员工薪资成本，这也使得采用直营模式的厂家相对于分销模式的厂家会面临更复杂的管理机制与高额的管理成本。以2020年数据为例，蔚来销售、管理及行政费用（SG&A）达到了39亿元，甚至超过研发投入（24.9亿元），占总收入的24.4%。采用同样模式的理想汽车的SG&A占比也达到了23.3%，而该模式的始创者特斯拉经过多年的成熟营运后，其SG&A占比依旧不低于14.6%。与之相对的，采用传统4S店分销模式的福特汽车在2020年的SG&A仅占总收入的7.9%。

直营模式的优势：从营收角度而言，采用直营模式的汽车厂家节约了原本需要支付给4S店的佣金与返点，并且进一步将金融保险、车辆服务、汽车配件这些原属于4S店的主要收入变成厂家的收入来源。从运营的角度来说，直营模式相对于分销模式有如下两大优势：用户数据积累与品牌形象统一度。直营模式取消了4S店作为中间商，打通了厂家与用户之间的沟通壁垒，让厂家直接接触到汽车用户与潜在买家信息，并且根据获取的数据对已有的用户与潜在的买家采用差异化的广告投放模式与营销手段。此外，厂家还能将所有用户统一在一个平台内进行管理，建立起售前营销、售中对接、售后服务与维护的完整用户生态链。直营模式赋予了汽车厂家对店铺直接管理的权力，有助于其建立统一的品牌形象。品牌形象统一度包含了店铺选址的统一、价格的统一、服务质量的统一、外观形象的统一。店铺选址与价格的统一保证了直营店铺在某一区域内的合理分布，同时避免了区域内的恶性竞争。服务质量与外观形象的统一有利于厂家提升品牌价值、增加用户认同感。

对于造车新势力而言，选择直营模式不仅是考量了该模式的优缺点后的抉择，也是为了化解新品牌缺乏对4S店分销商的吸引力而导致无法顺利铺设销售网络的尴尬。同样，选用分销模式的传统汽车厂商由于4S店销售网络的替换成本与利益冲突，也无法从分销模式顺利切换至直营模式。但是，依托传统汽车厂成立的新造车势力既能够获得传统厂商的品牌背书与车辆研发、供应链能力，也可以重新铺设直营销售网络，具有前期的竞争优势。直营模式将会是造车新势力的首选，而传统汽车品牌由于法律法规限制与分销网络的压力，在中短期内将继续保有分销网络。

二、平台化

造车新势力与互联网应用在国内的崛起为汽车行业未来发展带来了新的方向，其中围绕着车辆用户与汽车本体所衍生出的社群平台与物联网平台是未来发展最值得关注的两大方向。

（一）社群平台

直营模式让厂家接触到第一手的用户资料，便于厂家将用户群体进行社群化管理与营销。社群平台不是造车新势力的独享模式，传统的汽车厂家也在尝试搭建社群运营平台。但是，造车新势力与传统厂家的社群运营存在明显的差异。以存在明显社群特征的车友会为例，以前的车友会属于车主自发行为，能够增加车主对该车友会群体的归属感，却无法将这种归属感转嫁至车辆品牌；4S店分销商基于地理位置及与厂家利益不一致的原因，对于车主群体线下的维护寥寥无几。然而，采用直营模式的造车新势力，不仅将直营店铺开设至人流量巨大的高端商场，增加与用户直接交流的概率，还主动推出各类车主活动，提升车主对于品牌的忠诚度。这样的线上线下相结合的社群运营模式是采用分销模式的传统厂家所不能比拟的。

蔚来是目前中国造车新势力中毫无争议的第一。它的优势在于以“海底捞”式服务为依托的高超的用户社群运营能力。在蔚来的App中，不仅可以对车辆从购买到服务进行全方位操作，还能分享日常的生活体验、购买各类日常生活用品。蔚来的App成为一个以服务功能为基础，以朋友圈功能为核心的大型社交平台。2020年，蔚来App注册用户达到120万，同时蔚来的老用户推荐购买率达到69%，形成了典型的互联网口碑营销，而120万用户更是在蔚来的潜在用户资源池中。

在公共传播平台大行其道的今天，传媒的力量从原本的媒体机构逐渐向普通民众中迁移，普通民众也能利用公共传播平台迸发出巨大传播力与社会影响力。广告的模式也从最初的洗脑式传播向口碑式传播转变。蔚来的营销方式颠覆了传统王婆卖瓜式的吆喝，转变为通过优秀的产品满足用户的常规需求，以优质的服务应对用户的额外需求从而提升用户幸福感，最后经由完备的社群运营将用户的满足感进行大范围传播，引起其他用户与潜在买家的共鸣，并激发用户自主传播意愿，从而形成社会影响力。

（二）物联网平台

华为近年来一直对外不断地重申不造车而聚焦信息与通信（ICT）技术帮助车企造好车的观点。从上游供应链切入智能汽车行业，既避免了与车企的直接竞争，也省去了车辆研发、销售的巨额时间与金钱成本，与车企成为利益共同体，推动汽车行业的发展。在汽车产业中，华为不仅进行着 B2B 的配套服务，还通过车辆搭载的鸿蒙车机系统与自身构建的物联网生态圈，比传统车企更近距离地触达用户群体。其推出的鸿蒙车机系统将成为华为用户流量的重要入口，形成“室内+户外、移动+固定”的完整 IOT 生态圈。

不断贴近用户、渗入用户日常生活，构建落地应用场景、争夺用户流量，是互联网企业以智能手机为流量入口而频繁使用的竞争策略。有人提出：“新时代的汽车就是智能手机加四个轮子。”社群平台的搭建是车企的深度营销，最终服务于车辆销售；物联网平台则是互联网企业借助汽车这一新的智能移动终端而打造的新流量池。米家依托智能手机建立的物联网平台，打通的是家居电器间的联动壁垒，是一种非出行状态的物联网。而以汽车为载体的物联网可以完成用户与外部商家之间的远程联动，提供出行状态的物联网服务，如车辆与加油站/换电站的预约与付费、用户行程规划与餐厅酒店预订。甚至在统一通信标准后，物联网能够进行车辆与车辆之间的联动，提升行车安全。汽车的物联网平台提供了大量美好的想象空间，但距离落地应用仍需要长时间的研发培育。

三、结语

在智能化、互联网化的概念进入汽车行业后，新的商业模式、营销模式也逐渐涌现。华为与蔚来代表了智能汽车行业中两类不同的发展模式，前者以搭建平台为主要目的，后者以车辆销售为主要目的。未来汽车市场中的竞争不再局限于品牌力、产品力的竞争，还将扩展至售后服务、社群运营、网联生态的全方位竞争。传统车企若不改变固有的产品设计与营销思维，局限于生产使用新能源的汽车本身，将会在未来汽车市场的竞争中陷入被动。

规范退役动力电池回收再利用，应对碳达峰[①]

张钦红[②]

【摘要】

电动汽车能够降低交通运输领域的碳排放。动力电池退役后可以通过梯次利用或者再生利用进行处理。梯次利用电池能够延长电池的使用年限，也可以作为储能电池配合太阳能和风能发电系统以及智慧电网，进而降低碳排放。当前存在着退役动力电池大量流入非正规企业，行业相关的标准和法规尚不完善，业内企业技术水平有待提高等问题。本文建议，应该从加大政策及资源投入、加强全流程监管以及充分利用物联网区块链技术等来规范行业发展。

碳达峰与碳中和是中国当前面临的重大战略问题之一。2021 年 3 月召开的中央财经委员会第九次会议指出，实现碳达峰、碳中和是一场广泛而深刻的经济社会系统性变革。

根据国家统计局数据，交通领域的碳排放约占中国碳排放总量的 10%，仅次于发电与供热行业的 50%、制造业与建筑业部门的 28%，位居行业的第三位。中国交通运输业（含仓储与邮政）的能源消费占总能源消费的比重从 2000 年的不足 4%提升到了 2018 年的 9%以上，交通运输业的碳排放占比也呈上升趋势。因此，“交通领域要加快形成绿色低碳运输方式”在中央财经委员

---

① 原文发表于“澎湃新闻”2021 年 6 月 10 日。

② 上海交通大学中美物流研究副研究员、上海交通大学行业研究院回收再利用行研团队负责人。

会第九次会议上得到了明确的规定。

大力推广以纯电驱动为主的新能源汽车是降低交通运输领域碳排放的合理、可行手段。

在这方面，我国走到了世界前列，2015 年以来，我国新能源汽车产销量、保有量连续五年居世界首位。根据公安部数据，截至 2020 年底，全国新能源汽车保有量尽管已达 492 万辆，但仅占中国汽车保有量的 1.75%。到 2030 年，我国以纯电驱动为主的新能源汽车将达到 8 000 万辆。我国新能源汽车行业逐渐呈现出“弯道超车”的趋势，成为该行业的世界引领者。

电动汽车保有量的急速攀升，也预示着退役动力电池的数量即将井喷。通常，当动力电池使用 3~5 年，剩余容量下降为初始容量的 70%~80%时，新能源汽车应更换动力电池。

退役动力电池的利用方式主要有梯次利用和再生利用两种。

梯次利用是指将退役动力电池包进行检测，整体性能良好的电池包可以转而用于储能，而整体性能稍弱的电池包将进行拆解，将拆解得到的电池模块通过检测分级，并按照容量分类，然后将一致性好且具有相同容量的电池模块重组，制成梯次利用电池应用于储能及低速电动车等领域。

再生利用是对性能较差的退役动力电池进行放电、拆解、粉碎、分选，分类回收各种有价材料，如钴、镍、铜、铝等。目前再生利用的主要技术包括火法冶金、湿法冶金以及生物冶金等。

从碳排放的视角看，退役电池进行梯次利用能够从三个方面来降低碳排放。

首先，梯次利用电池能够延长电池的使用年限，降低全社会电池的生产量，并降低此过程中的碳排放。实践中，从汽车上退役的动力电池仍有高达 80%左右的剩余容量，这些电池经过重组后，能够用于低速电动车、储能等领域，实现“一次制造多次使用”，降低电池的需求总量。目前，国内不少企业，如格林美等已经开发出用于两轮车、三轮车、高空作业车等的梯次利用电池，相比传统的铅酸电池能够提供更好的性能，并具有较好的经济性。根据自行车协会的数据，中国电动自行车年销量超过 3 000 万辆，其中 80%以上仍在使用传统的铅酸电池。因此，如能充分采用梯次利用电池，则每年可以少生产相应数量的新电池和减少相应的碳排放。

其次，梯次利用电池能够用于缓解太阳能和风能系统等间歇性可再生能源系统的不稳定性，提升其利用率。作为清洁能源的太阳能和风能，在碳达峰和碳中和战略中具有重要地位，然而由于这些能源供给固有的间歇性，增加了整个电网运行的复杂性，因此常常被冠以“垃圾电”的名称。以梯次利用电池构成的储能系统与这些发电系统相结合能够稳定其输出，缓解其不足，提升这些能源的渗透率。一项针对美国加州的研究表明，当梯次利用的动力电池取代燃气发电机组，用于缓解太阳能和风能系统等间歇性可再生能源系统的不稳定影响时，其碳排放的节约量可以占整个地区碳排量的1.5%。

最后，梯次利用电池可以用于电网系统的削峰填谷，构建智慧电网，提升电力系统的效率，降低碳排放。意大利的一项研究表明，将从插电混动汽车上退役的磷酸铁锂电池用于智慧电网时，能够降低25%的环境影响，包括碳排放、富营养化和酸化。

再生利用能够回收动力电池中的各种金属材料，降低这些材料在冶炼和运输中的碳排放。以三元电池中普遍使用的钴材料为例，中国的钴资源紧缺，需求量的95%依靠进口，而这些钴材料70%以上用于制造动力电池。这些材料的开采、冶炼和运输均会产生大量的碳排放。再生利用动力电池，能够避免重金属材料和电解液材料的环境污染，还能将电池中的钴、镍、锂等高价值金属回收利用，在获得经济效益的同时，缓解这些材料由于对外依存度高而产生的被“卡脖子”的风险。

考虑到电池在碳达峰和碳中和领域中的重要地位，欧盟在2020年12月10日发布了新电池法的提议草案，对动力电池的回收再利用进行了明确要求，包括对制造电池所用的再生材料成分、对电池碳足迹的披露、对电池供应链的尽职调查、对电池溯源信息等。显然，这些要求与电池的碳排放和环境影响息息相关。因此，动力电池的回收再利用是中国电池产业保持优势，参与全球竞争的必要举措。中国政府也多次出台相关政策，鼓励动力电池的回收再利用。

2020年国务院在《新能源汽车产业发展规划（2021—2035年）》中明确提出，建设动力电池高效循环利用体系，支持动力电池梯次产品在储能、备能、充换电等领域创新应用，推动报废动力电池有价元素高效提取。

退役动力电池的巨大市场和潜在的经济及社会效益，吸引了诸多企业介入。

然而，作为新事物，动力电池在回收利用方面不可避免地存在较多问题，主要表现在如下几个方面。

首先，正规渠道回收的退役电池占比较低，大量电池流入非正规企业。2018 年中国退役动力电池回收了 1.35 万吨，仅占当年所有退役电池的 22.9%。而 2020 年中国报废的 14 748 辆新能源汽车中，仅有 46.3%的汽车带有电池，其余车辆的电池不知所踪。非正规企业在环保投入、梯次利用产品的保障等方面投入低，能够开出更高的价格回收废旧电池。退役动力电池流入非正规渠道，失去监控，带来了巨大的环境和安全风险。同时也导致正规企业“吃不饱”，产能利用率不足，无法发挥规模经济。

其次，退役动力电池梯次利用比率较低。2018 年回收的退役动力电池中，仅 7.2%得到了梯次利用。背后的原因是新电池的价格下降较快、梯次利用技术尚不成熟、梯次电池质量风险高、市场规模较小，因此梯次利用电池的经济效益不明显。而在没有补贴的情况下，电池梯次利用的环保收益未能体现在市场价格中，不利于提升梯次电池的市场竞争力。较低的梯次利用率不利于降低动力电池的碳足迹。

再次，动力电池梯次利用及回收再利用在政策法规、行业标准、执法力度方面均有待完善。锂电池被国家认定为第九类危险品，其生产、存储和运输过程存在较为严格的规定。而退役的动力电池，其危险性更高，在存放、包装、运输及再处理等环节应该设置详细具体的规范，在市场准入、企业监管、产品标准等方面也应设置较高的要求，而目前这些工作尚在进行中。实践中，不少企业在处理废旧电池时，按照一般货物进行处理，不愿在包装、运输与存储环境方面增加额外的安全投入，因此具有极大的安全隐患。此外，梯次利用电池产品也缺乏明确的标准和强制性的认证规定，其安全性和可靠性不确定，不利于梯次利用产品市场的推广。对非正规企业的监管，以及违法行为的查处与惩罚方面仍存在较大疏漏，不利于市场的健康运行。

最后，动力电池回收再利用行业的技术水平和管理能力仍亟待提升。保障安全性是电池梯次利用和再生利用的最重要的要求，也对企业的技术和管理能力提出了较高要求。目前，由于行业仍处于起步阶段，参与企业在各项技术上仍处于不断研发和改进阶段，技术能力和管理水平进步缓慢，未形成标杆性的企业、技术标准和管理模式。行业在退役电池状态快速准确检测、智能化加工处理、梯次电池状态监控与预警、退役电池供应链优化、信息化溯源等方面仍存在较大的改进空间。

为解决动力电池回收再利用产业面临的问题，促进产业健康发展，需要从如下几个方面进行努力。

首先，要充分认识动力电池回收再利用的战略意义，加大政策与资源投入。动力电池的回收再利用，关系到电动汽车产业能否实现“弯道超车”，关系到电池行业的可持续发展，也关系到交通运输行业的碳减排，是碳达峰和碳中和战略的重要一环。因此，应加大政策与资源投入，优化行业运行的法制和政策环境，提高基础研发投入，提升全社会的环保意识。

其次，要消除因外部性而引起的市场失灵。目前，动力电池的梯次利用及再生利用具有减少碳排放及环境污染的作用，而这部分收益并未体现在企业的收入中，存在较为明显的外部性。为纠正外部性带来的激励不足，可以选择对电池回收再利用进行补贴，或者将电池回收再利用纳入新能源汽车积分核算体系，又或者与碳排放交易制度相结合等手段，提升正规企业在电池回收处理业务中的收益，促进行业健康发展。

再次，从供应链的全过程对动力电池进行监管。从退役动力电池的供给源头上严控电池流向，确保退役电池去向明确、可控。从目前的实践看，对退役电池的个人所有者的监管难度较大，在经济利益驱动下，其更有可能将电池出售给出价较高的非正规企业。因此通过奖励、惩罚、宣传等多种手段，提升动力电池资产所有人和企业的环保意识，并将退役电池提交给正规回收渠道。从需求端看，对动力电池再生利用产品，如梯次电池、再生材料的采购方进行监管，约束企业的采购行为，缩小非正规企业产品的销售渠道。此外，鼓励新电池生产企业，在其产品设计时，考虑产品的可回收、可再利用性，降低电池全生命周期的加工处理成本，实现整个闭环供应链的优化。

最后，充分利用信息技术手段，以物联网、大数据和区块链技术支持动力电池全生命周期的管理。大量的数据将支持退役动力电池性能评估、产品状态预警、物流网络优化、运输路线优化等方面的操作，是企业优化运营、降低成本、提升效率的重要支撑。此外，准确清晰的数据是行业监管与赏罚的依据，是规范企业行为的重要基础。